纪念中央财经大学建校七十周年丛书

龙马七秩
——金融学院篇

中央财经大学金融学院 编

中国财经出版传媒集团
经济科学出版社
Economic Science Press

图书在版编目（CIP）数据

龙马七秩. 金融学院篇/中央财经大学金融学院编.
—北京：经济科学出版社，2019.7
ISBN 978-7-5218-0787-5

Ⅰ.①龙… Ⅱ.①中… Ⅲ.①中央财经大学金融学院-校史 Ⅳ.①G649.281

中国版本图书馆 CIP 数据核字（2019）第 183249 号

责任编辑：于 源 冯 蓉
责任校对：靳玉环
责任印制：范 艳 张佳裕

龙 马 七 秩
——金融学院篇

中央财经大学金融学院 编
经济科学出版社出版、发行 新华书店经销
社址：北京市海淀区阜成路甲 28 号 邮编：100142
总编部电话：010-88191217 发行部电话：010-88191522
网址：www.esp.com.cn
电子邮箱：esp@esp.com.cn
天猫网店：经济科学出版社旗舰店
网址：http://jjkxcbs.tmall.com
北京季蜂印刷有限公司印装
710×1000 16 开 18.75 印张 310000 字
2021 年 12 月第 1 版 2021 年 12 月第 1 次印刷
ISBN 978-7-5218-0787-5 定价：75.00 元
（图书出现印装问题，本社负责调换。电话：010-88191510）
（版权所有 侵权必究 打击盗版 举报热线：010-88191661
QQ：2242791300 营销中心电话：010-88191537
电子邮箱：dbts@esp.com.cn）

目　　录

第一章　历史沿革 …………………………………………… 1
　　第一节　恢复与探索（1978～1991 年）………………………… 1
　　第二节　调整与提升（1992～2002 年）………………………… 4
　　第三节　跨越式发展（2003～2018 年）………………………… 7

第二章　人才培养 …………………………………………… 11
　　第一节　本科教育 …………………………………………… 11
　　第二节　硕士生教育 ………………………………………… 29
　　第三节　博士生教育 ………………………………………… 50
　　第四节　教学改革和课程建设 ……………………………… 62

第三章　科学研究 …………………………………………… 73
　　第一节　研究综述 …………………………………………… 73
　　第二节　论文著作 …………………………………………… 75
　　第三节　科研项目 …………………………………………… 99
　　第四节　获奖成果 …………………………………………… 102

第四章　社会服务 …………………………………………… 105
　　第一节　教育培训 …………………………………………… 105
　　第二节　政策咨询 …………………………………………… 119

第五章　国际合作 …………………………………………… 123
　　第一节　教育国际合作项目 ………………………………… 123

1

第二节　国际学术交流 ································ 128

第六章　师资队伍 ································ 149
　　第一节　师资发展 ································ 149
　　第二节　人才工程 ································ 154
　　第三节　外部引智 ································ 162
　　第四节　博士后工作 ······························ 168

第七章　校友发展 ································ 175
　　第一节　校友总述 ································ 175
　　第二节　杰出校友 ································ 193

第八章　金融学人 ································ 203

第九章　金融学院大事记 ···························· 243

第一章
历史沿革

中央财经大学金融学院起源于1951年中央财政学院银行干部班,历经1952年中央财经学院银行专修科、1954年中国人民银行总行干部学校、1958年中央财政金融干部学校、1960年中央财政金融学院金融系,是新中国最早的金融人才培养基地之一。1969年9月至1977年中央财政金融学院停办,1978年复校,同时恢复了金融系建制,1986年金融系保险教研室分离组建保险系。2003年8月在金融系基础上组建成立金融学院,下设金融学系、应用金融系、国际金融系、金融工程系、国际经济与贸易系,2010年国际经济与贸易系分离组建国际经济与贸易学院。目前金融学院设有金融学系、应用金融系、国际金融系、金融工程系、金融科技系、金融教学现代化研究中心与金融案例教学研究中心等教学单位,以及证券期货研究所、国际金融研究中心、中国银行业研究中心、民泰金融研究所、全球金融治理协同创新中心、中国财富管理研究中心、亚投行(丝路金融)研究中心、CUFE-BOLZ金融科技联合创新实验室、国家金融安全工程与监管科技实验室等科研机构,成为一个以教学为主体、以科研为引领的新型学院。

第一节 恢复与探索(1978~1991年)

一、复校前夕的努力

1977年8月4日到8日,邓小平同志组织召开科学教育工作座谈会,决定立即恢复高校招生考试。8月13日至10月5日召开的高校招生工作会议,通过了教育部新制定的高校招生工作意见,其中规定,凡是工人、农民、上山下乡和回乡知识青年以及应届毕业生等,符合条件均可报考,当年12月举行了

"文革"后第一届高考。在此背景下，中央财政金融学院老一代校领导积极努力推进复校工作。

1977年9月15日，国务院财贸组姚依林主任在全国银行工作会议上提出"恢复中央财政金融学院"的建议，并得到时任副总理李先念的同意。同年11月15日财政部〔(77)财政字第14号张劲夫签发〕向国务院报送了《关于恢复中央财政金融学院的请示报告》。

二、教育部批复

1978年2月22日，教育部〔(78)教计字131号〕向国务院报送《关于同意恢复中央财政金融学院的报告》。2月25日，时任副总理方毅在报告上批示："拟同意，请李（先念）副主席、（纪）登奎、（余）秋里、王震、谷牧同志批示。"李先念等几位领导均圈阅。3月16日，教育部〔(78)教计字179号〕向财政部发出通知：根据国务院领导同志的批示，同意在北京恢复中央财政金融学院。该院设置财政、金融、国际金融、会计、统计等专业，学制3年，在校学生规模2000人；面向全国招生，实行财政部和北京市双重领导，以财政部为主。8月4日，财政部党组会议研究决定：中央财政金融学院学制改为4年，当年财政、金融、会计3个专业招生名额为120名。

复校需要办学场地，原来的校址在学校停办后被划拨给北京一轻局，在原校址上建立了北京市卷烟厂。1978年6～7月财政部副部长姚进、中央财政金融学院院长戎子和、副院长张焕彩等同志多次到北京市一轻局，与史方亭副局长商谈关于落实北京市委4月12日批示和烟厂搬迁、归还财金学院校舍等问题。同年9月28日学院筹备组全部工作人员搬回原校址办公，烟厂腾出友谊楼、礼堂、浴室、食堂、大教室供恢复招生使用。

1978年7月1日中央财政金融学院校牌正式挂出，8月27日《光明日报》第三版刊登了中央财政金融学院正式恢复的报道。10月5日至6日，新生报到；12日，举行复校后新生开学典礼，参加开学典礼的有财政部部长张劲夫、副部长姚进、人民银行总行行长李葆华、副行长陈希愈以及北京市委教育工作部、财经出版社、财政科学研究所、金融研究所、总行科教局的负责同志。张劲夫、李葆华、戎子和分别讲话。

三、艰苦条件，砥砺前行

复校后金融系恢复建制。1978年金融系金融专业招收69名本科学生。张玉文教授回忆道："1978年国庆节前后，金风送爽，晴空万里，北京的秋天显得格外宜人。在一片欢欣鼓舞声中，金融学院复校后的首届本科生入学了，沉睡了十二年之久的金融系又开始了新生。"1978级、1979级的同学入校时学习条件非常艰苦，一切皆从零开始，"文革"前的教材和资料已经荡然无存，学校处于"三无"状态——无教室、无操场、无图书馆。学生们只能"头顶木板，身坐马扎"上课，许多从外地调回的教师只能暂住附近的民房（参见图1-1）。

图1-1 复校初期学生露天就餐

在财政部和北京市委的领导下，学校办学条件逐步改善，师资队伍不断充实，招生人数持续增加。为了满足当时对外金融业务发展对专业人才的现实需要，金融系在原有单一金融专业的基础上，陆续增设了国际保险专业和国际金融专业，1980年国际保险专业开始招生，1983年国际金融专业开始招生。同年，金融系货币银行学专业硕士点获批，并于当年开始招生硕士研究生。在这一时期，国内仅有少数综合性大学和财经类院校具备金融专业的办学资格。本学科点传承"文革"前的办学经验，全面恢复了正常的教学和研究秩序，学科建设初见成效，为后来的持续发展和提升打下了良好的基础。张焕彩（任期：1978~1980年）、张玉文（任期：1980~1983年）、俞天一（任期：1984~1987年）、陈传新（任期：1987~1991年）先后担任系主任，负责学科建设。作为当时国内金融人才的主要培养基地之一，本学科点在教学科研方面做了大量工作，取得了突出的成绩，为改革开放初期的经济建设培养了许多优秀人才。

第二节　调整与提升（1992~2002年）

一、抓住机遇，顺势而上

1992年随着社会主义市场经济体制改革目标的确立，中国金融发展进入新的历史阶段，也为金融高等教育带来了契机。1993年，金融系国际金融专业招收硕士研究生。1997年1月，金融系的金融专业被评为财政部部属院校首批重点学科。1998年金融学专业获得博士学位授予权，并于次年开始招生。1999年随着教育部对本科专业的调整，金融学科原有的货币银行学、国际金融、投资经济、保险学等本科专业统一合并为金融学（含保险学）专业。金融系在原国际金融专业的基础上，申报设立了国际经济与贸易专业，并获得教育部批准，同年成立国际经济与贸易教研室。顺应国内外金融发展的新形势，2001申报了金融工程本科专业，成为全国首批五个专业试点单位之一，2002年金融工程本科专业招生。

这一时期，王广谦（任期：1992~1994年）、陈传新（任期：1994~1997年）、史建平（任期：1997~2003年）先后担任系主任，担当起推动学科建设的重任。这11年是本学科点发展过程中非常重要的一个时期。其间，不仅本科和硕士层次的专业结构日趋完善，而且办学层次和社会评价均取得了重大突破。一方面，金融学博士学位授予权的获得，标志着本学科已经具备完整的办学层次；另一方面，2002年，本学科点金融学（含保险学）首次被教育部评定为国家重点学科，在国内金融学科的建设中取得了排头兵的地位。

二、教改成果，奠定基础

（一）面向 21 世纪的金融学系列课程主要教学内容改革研究和实践

1994~1999 年，由厦门大学张亦春教授作为总召集人、中央财经大学等 9 所大学共同完成的教育部《高等教育面向 21 世纪教学内容和课程体系改革计划》中的"金融学系列课程主要教学内容改革研究和实践"课题研究，提出了"素质教育"以及"宽口径、厚基础"的教学要求和主干课程的设置方案。确定了金融专业 6 门主干课程《货币银行学》《金融市场学》《国际金融学》《中央银行学》《商业银行学》《保险学》，并组织编写了教材。中央财经大学王广谦作为主要成员获国家教学成果一等奖。

（二）21 世纪中国金融学专业教育教学改革与发展战略研究

2000 年教育部实施的"新世纪高等教育教学改革工程"研究项目，由中央财经大学王广谦教授作为第一负责人，厦门大学张亦春教授、复旦大学姜波克教授、中国人民大学陈雨露教授共同主持，42 位专家联合攻关开展了《21 世纪中国金融学专业教育教学改革与发展战略研究》（项目编号 127201018）。该项目研究的宗旨是：以邓小平教育理论和"三个代表"重要思想为指导，研究国内外高等教育改革与发展及金融学专业教育教学改革的最新进展，按照国家科教兴国和人才强国战略的要求，分析解决我国金融学教育教学改革和发展中存在的一系列重大问题，在此基础上，为中国一流大学一流金融学科完成金融学教育的赶超战略提供一整套可行的方案，在较短时间内实现向国际先进水平的跨越。项目成果的详细介绍见本书第二章第四节教学改革和课程建设。

三、西宁会议，具有里程碑意义

2001 年 8 月 16 日至 21 日，承担教育部新世纪教改工程项目《21 世纪中国金融学专业教育教学改革与发展战略研究》项目的中央财经大学、中国人民大学、厦门大学和复旦大学在青海省西宁市举行了教育教学改革研讨会。项目主持人、中央财经大学副校长、金融学博士生导师王广谦教授主持了这次会议，全国所有拥有金融学博士学位授权点的高校和科研院所都有代表出席大会。应该说"这是汇集了全国金融学界顶尖级人物的盛会"。出席会议的还有教育部高等教育司刘凤泰副司长和杨志坚处长。与会专家学者回顾了近20年国内外金融业的迅猛发展，分析了21世纪随着经济全球化、金融国际化对我国经济金融带来的机遇和挑战，以及对我国金融研究、金融学科建设和人才培养带来的冲击。大家认识到，经过20年的改革开放和发展，我国在这些领域虽有长足的进步，但仍远远不能适应形势发展的要求。要想把我国金融学科建设成国际一流学科，培养出一流的高素质金融专业人才，还必须进行一系列改革与创新。与会专家教授根据各自的教学实践，提出了许多具有建设性的意见，对推进金融学科建设十分有益。

西宁会议对中国金融学专业教育教学改革与发展的方向产生了重大影响，其主要成果涵盖了中国金融学专业教育教学的各个方面。

（1）金融人才目标：金融理论的基本原理源于市场经济的本质，并从而有其不分国界、不分民族的普遍意义，但共同规律，在不同文化平台上的显示，却绝非必然雷同，以致本质上同一的思想，有时竟然难以相互沟通。为了跨越我们金融学科建设与世界金融学科前沿之间所存在的明显差距，最需要的是能够在东西方两个文化平台上自由往返"漫游"的人才。

（2）金融学专业定位：坚持国内绝大多数高校长期实行的宏观金融与微观金融相统一的定位模式。就一个大学的一个院、系来说，这种探讨对于明确自己的发展方向有重要意义；但就全国来说，统一定位没有必要，应该多种模式并存，鼓励各大学根据各自的优势办出自己的特色。在人才培养上，一流大学与地方大学，工科、农林，包括财经院校办的金融专业，不一定一样，自主权可以交给学校，要有自己的特色。

（3）教学方法与手段创新：提倡教学方法与教学手段的改革与创新，教学方法必须根据课程设置的特点及课程性质而逐步改进，以达到应有的效果。基础课以教师讲授为主，但应注重激发学生的学习兴趣与参与意识；专业基础课应注重对学生专业兴趣和学习能力的培养，在教学方法上，应鼓励讲授与讨论相结合的组合式教学。专业课应注重加强案例教学、聘请业务部门人士授课、增加模拟教学，前沿性课程由实力较强的教师组成小组联合授课。

（4）学生能力培养：本科是培养三基能力（基本理论、基本知识和基本技能），硕士是培养三基的应用能力，博士是培养三基的研究和创新能力，要下大力气加强本科教育。

（5）教材建设：要尽快改变教材落后状况，做到与时俱进。不能将西方的先进性绝对化，金融教材也不存在一个超越国家民族生产力发展需要和金融发展水平的抽象的标准。适合中国需要、能解决中国问题的就是先进的。反对各个学校都自编教材，自成体系，但应鼓励有水平的学校能够在某一领域、某一课程，编出自己高水平的教材。

（6）金融专业教育中，要加强基础理论训练与数学训练，使学生有良好的数学运用能力和掌握现代金融理论的基本技能。数学只是一种分析和表达的工具。

（7）中国金融学科的建设与发展，始终应根植于中国金融业发展的实践，既要继承传统，又必须跟踪学科前沿，走创新之路。

西宁会议在中国金融学教育发展史中是具有"里程碑"意义的大会。

四、科学研究，成果显著

在这一时期金融系教授主持许多重要的科研项目，包括刘光第教授主持的国家社科基金"八五"重点项目、张玉文和王佩真教授主持的社科基金课题、徐山辉、王广谦教授主持的财政部课题等，这些课题成果发表在《经济研究》等权威期刊上。刘光第、贺强等对中国证券市场的制度建设进行了有价值的探索，张礼卿、周兴新、贺培、张碧琼等在外债理论与政策、资本账户开放、国际资本流动、金融自由化等问题进行了深入研究，形成了不少具有突出影响的成果。

第三节 跨越式发展（2003～2018年）

一、改革体制，成立学院

2003年8月6日，中央财经大学校党委常委会议研究决定，在金融系的基础上成立金融学院，下设金融学系、应用金融系、国际金融系、金融工程系、国际经济与贸易系，以及学院办公室、教学与科研管理办公室、学生工作办公室。同年 10 月 3 日，金融学院正式挂牌成立。史建平教授担任院长，贺培教授任党总支书记（参见图 1-2）。

图 1-2　金融学院成立合影

二、学科布局，日趋合理

2003 年，由于学校取得了应用经济学一级学科博士学位授予权，金融学科博士指导教师队伍和招生人数均出现较大增长。2004 年，配合学校应用经济学博士后科研流动站的设立，金融学博士后项目启动。同年，学院与澳大利亚维多利亚大学合作举办的"国际贸易/金融风险管理"中外合作办学项目获批。2007 年，金融学专业再次以出色的成绩顺利通过教育部国家重点学科评估；同时，金融学本科专业被列为国家第二批高等学校特色专业建设点。2008 年，金融学专业被列为北京市特色专业建设点。2010 年招收"金融分析与金融工程"专业方向硕士研究生。同年，获得金融硕士专业学位授予权，并于次年开始招生。2011 年，在金融学专业下新增"国际货币与国际金融"本科专业方向。2012 年金融工程专业硕士与博士生专业目录独立设置并于次年统一招生。2012 年，在教育部学科评估中，在金融学科等的支持下，学校应用经济学一级学科被评为全国第二名。2014年中外合作项目中央财经大学—荷兰蒂尔堡大学金融学博士项目获得教育部批准，并招收第一届学生；2015年，北京市教委在中央财经大学金融学院设立金融学（互联网金融）、金融学（国际金融）本科双培项目。2017年金融科技系成立，是国内第一家金融科技教学机构，2018年正式举办金融科技实验班，招收金融硕士（金融科技方向）专业学位研究生，并在博士招生中设立金融学（金融科技）研究方向。2018年第六轮学科评估结果公布，包含金融学在内的应用经济一级学科获得A+成绩，位列本学科第一名。2019年上半年，金融安全工程获批北京市高精尖学科，金融科技专业获教育部批准，金融科技硕士、博士项目进入研究生招生目录。

三、注重质量，追求卓越

在这一时期，史建平（任期：2003~2006年）、张礼卿（任期：2006~2015年）、李建军（任期：2015~2021年）先后担任院长。十多年来，学院不仅巩固了过去20年里取得的成绩和优势，同时在教学、科研、社会服务等方面取得了长足的进步，办学水平进一步提升，社会影响明显扩大。在大力推进高层次人才引进和队伍建设的基础上，学科建设的重点由"战略布点、扩张规模"转向"注重质量、提升内涵"。以教育部"高等学校教学质量与教学改革工程"建设为抓手，学院高度重视教学质量的提升，积极推动教育教学改革，并且取得了一系列重要成果。在科研方面，科研课题和论文无论在数量还是质量上均出现明显提升，部分成果产生了重要的学术和政策影响。在国内外学术交流方面同样成果显著，定期和不定期举办的各类讲座、论坛和高水平国际研讨会活跃了学术气氛，不仅提升了学院的社会影响，同时也对正常的教学和科研活动提供了支撑和促进。

四、教学科研，成果领先

本阶段金融学院学科建设成效显著。教学方面，2003年李健教授主持的《货币银行学》获评首批国家精品课程；同年9月，李健教授荣获首届国家教学名师奖；2005年王广谦教授等主持的教改成果《21世纪中国金融学专业教育教学改革与发展战略研究》荣获第五届高等教育国家级教学成果奖；同年，王广谦教授担任首席专家获得教育部重大攻关课题《金融改革与货币问题研究》立项；2007年金融学科再次通过国家重点学科评审，并支撑学校应用经济学一级学科获评国家重点学科；同年金融学专业获批国家特色专业，金融学系获批首批国家优秀教学团队，《当代西方货币金融学说》获评全国首批国家网络精品课程；2013年《金融学》获得首批国家精品资源共享课；2014年，《金融学》作为首批国家开放课程上线；2014年李建军教授担任首席专家主持的国家社科基金重大项目《金融排斥、金融密度差异与信息化普惠金融体系建设研究》获得立项；同年，张礼卿教授获得教育部人文社科重大攻关课题《中国资本账户开放的进程和风险防范》立项。2017年《金融学》被评为首批国家精品在线开放课程；2018年金融学院党委和国际系教工党支部分别入选教育部首批"全国党建工作标杆院系"和首批"全国党建工作样板支部"培育创建单位；金融学院王广谦教授、李建军教授分别担任2018～2022年教育部高等学校金融类专业教学指导委员会主任委员和秘书长。2015～2018年金融学院教师在国际顶级刊物 *Review of Financial Studies*，*Journal of Economic Theory*，*Journal of International Economics*，*Journal of Financial Economics* 等发表多篇论文，其中姜富伟副教授的论文被引次数入选"经济学与商学"领域全球前1%，被ESI（Essential Science Indicator）高被引论文收录；教师在国内权威期刊《中国社会科学》《中国科学》《经济研究》《管理世界》《金融研究》等期刊发文数量快速增长。姚遂教授《中国金融史》获得金羊奖。

第二章 人才培养

人才培养始终是高校的第一核心要务。中央财经大学金融学院在改革开放的40年征程中，紧紧抓住人才培养这个核心，全面建设完善本硕博人才培养体系，大力推进教学改革和课程建设，不断提升人才培养质量，为经济社会发展培养了大量高层次合格金融人才。

第一节 本科教育

一、本科生教育概况

1978年学校复校以来，在学校党委的正确领导和全体教师的共同努力下，学院紧紧把握时代脉搏，锐意进取，开拓创新，推动本科人才培养的发展，使本科生教育蓬勃发展，取得了显著成绩。40年来，学院共培养了5000多名本科毕业生。本科招生规模从1978年的69人发展到现在（2018年）的318人（含双培生73人）。截至2018年12月，学院本科生的在校人数达1160多人，较1978年增长了约16倍。

学院一直以来就高度重视本科教育，在确立本科教育在学院各层次人才培养中的中心地位的基础上，勇于开展本科教学教育创新，教育水平一直处于中国高等学校金融专业教育的第一梯队，在引领中国高等学校金融专业教育发展趋势的同时，受到了社会的高度认可。

第一，学院长期以来立足中国金融实际的同时，积极消化吸收国外金融本科教育的有益经验，科学制定各发展时期的本科生培养方案，精心组织教学，不断提升教师的教学能力。要求具有正高级职称的教师、知名教授为本科生授课；对于新入职教师，要求至少有一个学期的助教训练，由经验丰富的教师指导；通过组织观摩、培训、研讨等多种方式，提高教师的教学质量。

第二，学院高度重视本科课程与教材建设，长期以来就以精品课程、网络开放课程、资源共享课程、翻转课堂和实践实验教学等为抓手，全面推动学院所有本科课程的建设。建立课程组、集体备课制度，课程组共同制定教学大纲和教案；选用国家规划教材或精品教材，或引进国外优秀教材；立项支持教材编写，奖励获得国家和省部级规划教材的教师。

第三，大力支持教师开展教学改革研究。鼓励教师申请教育部、北京市、学校等层面的教育教学改革研究项目；设立专项资金支持教师进行教改研究，在教改探索研究中提升教学质量。

第四，设立卓越学术人才、卓越职业人才、卓越领导人才、卓越创新创业人才四位一体的卓越系列人才培养项目。满足不同学生群体的个性化需求，精心设置课程，练学结合，注重实践，不断提升人才培养质量。

二、本科生专业设置变迁

1978年，经中央批复，在北京恢复中央财政金融学院，学校开始恢复本科金融专业招生。1980年，金融系新增国际保险专业并招生，1983年恢复国际金融专业招生。1986年，学校另成立保险系，将国际保险专业从金融系分离出去。1999年，金融系新增国际经济与贸易专业招生，2002年新增金融工程专业招生。

2004年，学院与澳大利亚威尔士维多利亚大学达成本科人才培养合作协议，新设了国际经济与贸易专业（国际贸易/金融风险管理方向），分计划内、计划外招生。该项目经教育部批准，可以"4+0""3+1""2+2"模式学习，计划内招生的学生完成学业后可以获得本校和外方学校的双学位证书及毕业证，计划外招生的学生完成学业后可以获得外方学校的学位及毕业证书。2010年，学校将国际经济与贸易专业从金融学院分离出去，另成立国际经济与贸易学院。

2011年，学院恢复金融学专业（国际货币与国际金融方向）招生，2015年新增金融学专业（互联网金融方向）招生，同年，承担了北京市"双培人才培养"计划项目，设置了双培金融学（互联网金融方向）、双培金融学（国际金融方向）两个专业。2017年，学院单独编制了金融学专业（留学生）培养方案，改变过去金融学专业留学生与国内统招生执行同一培养方案、一视同仁的做法，针对留学生群体特征，实行更为科学合理的个性化培养方案。

学院本科生专业设置变迁具体如表2-1所示。

表 2-1　　　　金融学院本科专业设置的变化态势：1978~2018 年

年份	专业	备注
1978	金融	在北京恢复中央财政金融学院，计划金融招生 40 名
1980	金融、国际保险	拟招生各 40 名
1983	金融、国际保险、国际金融	1983 年恢复国际金融专业
1986	金融、国际金融	1986 年学校另成立保险系
1988	金融学、国际金融	本科专业名称调整
1993	货币银行学、国际金融	使用新专业名称，货币银行学即原来的金融学，1993 级、1994 级国际金融 2 班为自费班
1999	金融学、国际经济与贸易	教育部对专业名称进行了调整，货币银行学、国际金融合并为金融学
2002	金融学、国际经济与贸易、金融工程	
2004	金融学、国际经济与贸易、金融工程、国际经济与贸易专业（国际贸易/金融风险管理方向）	国际经济与贸易专业（国际贸易/金融风险管理方向）分计划内、计划外招生
2010	金融学、金融工程	学校另行成立国际经济与贸易学院，国际经济与贸易专业划入新学院
2011	金融学、金融工程、金融学（国际货币与国际金融方向）	
2014	金融学、金融工程、金融学（国际货币与国际金融方向）	设立金融实验班，实行单独的培养方案
2015	金融学、金融工程、金融学专业（国际货币与国际金融方向）、金融学（互联网金融方向）、双培金融学（国际金融方向）、双培金融学（互联网金融方向）	设立金融实验班，实行单独的培养方案。承担北京市"双培人才培养"计划项目，双培金融学（国际金融方向）学生来自北京物资学院，双培金融学（互联网金融方向）学生来自北京工商大学、首都经济与贸易大学
2016	金融学、金融工程、金融学专业（国际货币与国际金融方向）、金融学（互联网金融方向）、双培金融学（互联网金融方向）	设立金融实验班，实行走班制，不单独编制实验班培养方案
2017	金融学、金融工程、双培金融学（国际金融方向）、双培金融学（互联网金融方向）、金融学专业（留学生）	设立金融科技实验班，实行单独的培养方案。金融学专业留学生，开始实行单独的培养方案
2018	金融学、金融工程、双培金融学、双培金融学（金融与监管科技方向）、金融学专业（留学生）	双培金融学学生来自北京第二外国语学院，双培金融学（金融与监管科技方向）学生来自北京工商大学、首都经济与贸易大学、北京物资学院

三、本科生招生及毕业情况

1978~2018 年，学院的本科生招生规模稳定增长，近几年每年的本科毕业生维持在 250 人左右。40 年来，本科生招生规模近 6700 多人，累计授予学士学位人数超过 5200 人（参见表 2-2、表 2-3）。

表 2-2 金融学院本科生招生人数统计：1978~2018 年

年份	金融	国际保险	国际金融	金融学	货币银行学	国际经济与贸易	国际经济与贸易留学生	金融工程	金融学（国际货币与国际金融）	金融学（实验班）	金融学（互联网金融）	金融学类	金融学（留学生）	双培国际金融	双培互联网金融	双培金融学	双培金融与监管科技	总计
1978	69																	69
1979	69																	69
1980	40	40																80
1982	40	39																79
1983	37	41	19															97
1984	40	42	25															107
1985	42		25															67
1986	31		20															51
1987	38		39															77
1988			22	52														74
1989			48	44														92
1990			44	45														89
1991			48	54														102
1992			45	47														92
1993			79		47													126
1994			79		45													124

续表

年份	金融	国际保险	国际金融	金融学	货币银行学	国际经济与贸易	国际经济与贸易留学生	金融工程	金融学（国际货币与国际金融）	金融学（实验班）	金融学（互联网金融）	金融学类	金融学（留学生）	双培国际金融	双培互联网金融	双培金融学	双培金融与监管科技	总计
1995			81		48													129
1996			97		50													147
1997			103		49													152
1998			68		46													114
1999				101		49												150
2000				143		48												191
2001				103		49												152
2002				106		40	1	46										194
2003				97		44	12	36										189
2004				100		49	20	36					11					216
2005				99		38	8	44					8					197
2006				125		42	5	55					12					239
2007				112		42	11	53					13					231
2008				118		46	25	50					37					276
2009				111		49	6	104					8					278
2010				107				91					4					202

15

续表

年份	金融	国际保险	国际金融	金融学	货币银行学	国际经济与贸易	国际经济与贸易留学生	金融工程	金融学（国际货币与国际金融）	金融学（实验班）	金融学（互联网金融）	金融学类	金融学（留学生）	双培国际金融	双培互联网金融	双培金融学	双培金融与监管科技	总计
2011				113				97	50				8					268
2012				102				102	49				2					255
2013				105				95	49				1					250
2014				89				94	42	28			2					255
2015				75				82	34	30	26		4	15	30			296
2016				102				77	37		28		3	7	33			287
2017				142				79		34			8	15	30			308
2018												226	18			30	43	317
总计	406	162	842	2292	285	496	88	1141	261	92	54	226	140	37	93	30	43	6688

表 2-3　金融学院本科毕业及学位授予统计表：1978~2018 年

年份	金融	国际保险	国际金融	金融学	货币银行学	国际经济与贸易专业	国际经济与贸易专业金融风险管理方向	金融工程	金融学（国际货币与国际金融）	总计
1982	69									69
1983	69									69
1984	41	40								81
1986	38	38								76
1987	37		18							55
1988	37		21							58
1989	42		25							67
1990	31		21							52
1991	36		40							76
1992			20	50						70
1993			47	43						90
1994			42	43						85
1995			37	48						85
1996			45	42						87
1997			75		48					123
1998			79		46					125
1999			78		43					121
2000			85		49					134
2001			95		48					143
2002			88		44					132
2003				98		47				145
2004				143		45				188
2005				101		49				150
2006				107		39		46		192
2007				92		53		36		181

17

续表

年份	金融	国际保险	国际金融	金融学	货币银行学	国际经济与贸易专业	国际经济与贸易专业金融风险管理方向	金融工程	金融学（国际货币与国际金融）	总计
2008				109		60	34	35		238
2009				99		43	37	43		222
2010				126		46	38	55		265
2011				116				52		168
2012				134				49		183
2013				139				100		239
2014				146				90		236
2015				109				98	49	256
2016				110				100	49	259
2017				102				89	50	241
2018				110				100	37	247
总计	400	78	816	2067	278	382	109	893	185	5208

从生源质量上看，近20年来随着金融行业在国家经济运行中核心地位的不断深化，学院本科生的总体素质非常高，不但在与校内各专业相比录取分数遥遥领先，与国内其他高校相比，录取分数也始终名列前茅（参见表2-4）。良好的生源已经成为学校的重要资本和学科发展的宝贵资源，这也是金融学院本科生教学质量得到社会广泛认可的体现。

表2-4　金融学院各专业在部分省市高考理科录取分数统计

年份	北京		山东		河南		湖南		吉林	
	最高分	最低分	最高分	最低分	最高分	最低分	最高分	最低分	最高分	最低分
2010	667	646	676	669	637	629	657	650	653	652
2011	644	628	673	668	666	659	677	665	666	661
2012	660	624	688	680	652	638	643	640	659	654

续表

年份	北京 最高分	北京 最低分	山东 最高分	山东 最低分	河南 最高分	河南 最低分	湖南 最高分	湖南 最低分	吉林 最高分	吉林 最低分
2013	693	678	675	672	636	623	635	629	670	659
2014	681	665	694	689	663	658	667	655	688	680
2015	686	678	686	676	646	638	660	652	674	663
2016	668	660	686	674	668	653	661	652	677	668
2017	662	651	674	660	648	640	646	637	667	656
2018	674	665	674	669	665	661	675	665	679	667

年份	陕西 最高分	陕西 最低分	四川 最高分	四川 最低分	广东 最高分	广东 最低分	云南 最高分	云南 最低分	甘肃 最高分	甘肃 最低分
2010	663	659	621	619	687	680	640	634	646	646
2011	675	669	642	640	648	641	627	609	616	613
2012	670	666	637	631	669	658	638	629	638	629
2013	669	654	678	661	663	653	655	645	626	624
2014	678	670	643	638	658	651	670	656	640	637
2015	666	655	653	638	672	662	664	654	630	609
2016	680	669	673	668	646	642	673	655	650	633
2017	672	670	671	655	635	629	656	634	626	610
2018	678	673	673	670	653	648	674	663	648	639

四、本科生各专业培养方案

从1983年起，学校各本科专业实行学分制培养方案。本科各专业的培养方案一般包含课堂教学和非课堂教学两部分，其中课堂教学包括必修课和选修课两种类型，其中选修课又设有限选修、任选修两种，非课堂教学主要有劳动与安全教育、社会实践、创新创业实践、毕业实习、毕业论文/设计与专题报告等（参见图2-1和图2-2）。

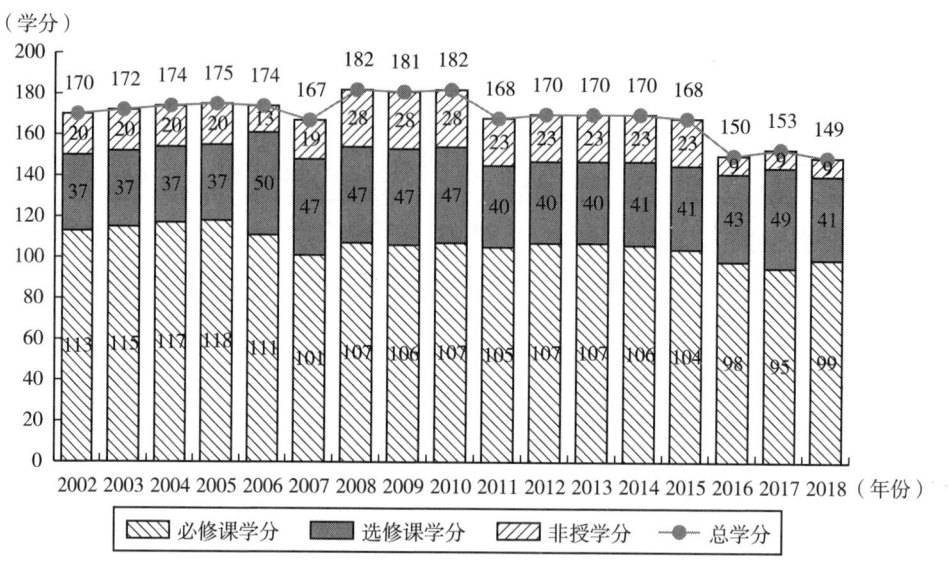

图 2-1 2002~2018年金融学专业培养方案学分变化

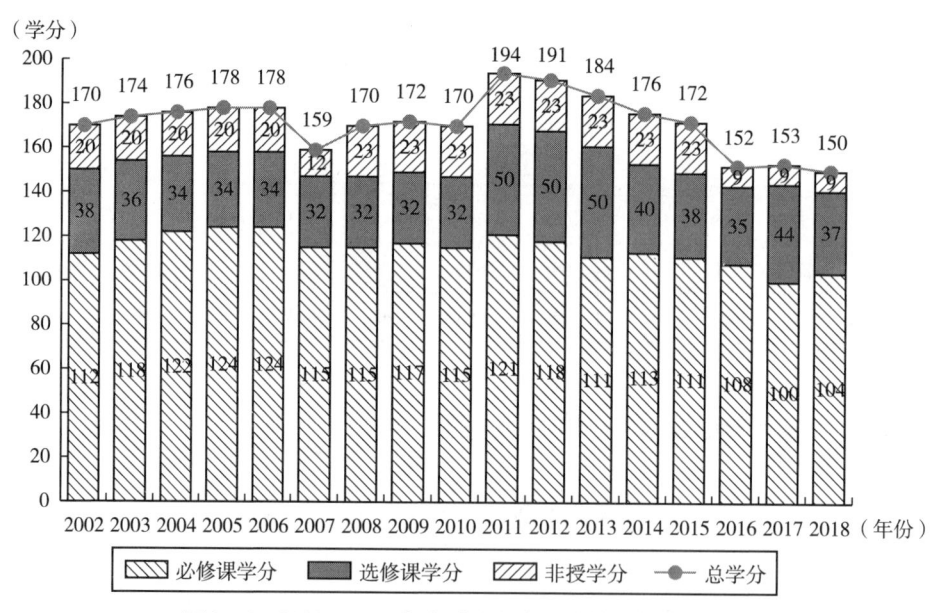

图 2-2 2002~2018年金融工程专业培养方案学分变化

学院本科专业培养方案发展变迁参见表 2-5。

表 2-5　　　　　　　　　　金融学院本科专业培养要求变化

年份	专业名称	培养目标	主要培养要求
1980	金融	本专业培养德、智、体全面发展的、适应四个现代化需要的社会主义金融管理、教学和科学研究的专业人才	程设置有必修课、选修课。必修课的总学时为2385学时，政治理论课为391学时，占16.4%，文化基础课为762学时，占31.9%，专业课为1232学时，占51.7%。选修课至少选修四门，大约250学时
1982	国际保险	本专业培养德、智、体全面发展的、适应四个现代化需要的社会主义国际保险业务、教学和科学研究的专业人才	课程设置有必修课、选修课。必修课的总学时为2380学时，政治理论课为419学时，占17.6%，文化基础课为812学时，占34.1%，专业课为1151学时，占47.5%。选修课至少选修五门，大约300学时
1985	国际金融	培养目标是本专业培养德、智、体全面发展的从事国际金融、国际经济实际工作干部、教学和科学研究高级专业人才	课程设置有必修课23门，2371学时。选修课分有：一般基础类10门（至少选三门），一般经济类12门（至少选三门），专业基础类6门（至少选三门）
1988	金融学	培养目标是培养能在银行系统、其他金融机构、学校和科研单位从事金融经营管理以及金融学教学、研究工作的德才兼备的高级专门人才	课程设置有必修课、必修课开设29门，2080学时，129学分，限制性选修课开设15门，684学时，37学分，要求选满28学分；院和系定任意选修课开设若干门，要求选满15学分
1993	货币银行学	培养能在银行系统、非银行金融机构、公司企业、事业单位从事金融业务、经营管理、财务业务及学校、科研单位的教学、研究工作的德才兼备的高级专门人才	本专业学生应取得197个学分，其中：课堂教学160个学分，包括必修课119学分，限选课开设46个学分，要求选满25个学分，任选课要求选满16个学分；其余37个学分的构成按学校统一安排执行
2000	金融学	本专业培养具金融学方面的理论知识和业务技能，能在银行、证券、投资、保险及其他经济管理部门和企业从事相关工作的高级专门人才	本专业学生应取得170个学分，其中：课堂教学150个学分，包括必修课113学分，限选课开设73个学分，要求选满27个学分，任选课要求选满10个学分；其余20个学分的构成按学校统一规定
2000	国际经济与贸易	本专业培养具备比较扎实的马克思主义经济学理论基础和国际经济、国际贸易的基本理论，掌握国际贸易的基础知识和基本技能，能在涉及经济管理贸易部门、外资企业及政府机构从事实际业务、管理、调研和宣传策划工作的高级专门人才	本专业学生应取得170个学分，其中：课堂教学150个学分，包括必修课112学分，限选课开设69个学分，要求选满28个学分，任选课要求选满10个学分；其余20个学分的构成按学校统一规定
2002	金融工程	本专业培养具备经济、管理及金融、财务知识，能够开发、设计、运作新型的金融工具和交易手段，创造性地提出解决金融问题的策略和方案，有一定的市场分析技能和业务素养，可在金融机构和企业从事财务、风险管理等工作的高素质专业人才	本专业学生应取得170个学分。其中：课堂教学150个学分，包括必修课112个学分，限选课开设65个学分，要求选满28个学分，任选课要求选满10个学分；其余20个学分的构成按学校统一规定

续表

年份	专业名称	培养目标	主要培养要求
2004	国际经济与贸易专业国际贸易/金融风险管理方向（计划内）	本专业培养具有国际化视野，既掌握国际贸易理论、政策与实务，又熟悉金融风险管理理论和技术，适应经济全球化发展要求，在对外经济与贸易及金融风险管理领域具有显著竞争优势的复合型人才	本专业学生应取得199个学分。其中：课堂教学179个学分，包括必修课149个学分；限选课开设57个学分，要求选满20个学分；任选课要求选满10个学分；其余20个学分的构成按学校统一规定执行。本专业授予中央财经大学经济学学士学位和澳大利亚维多利亚大学商学学士学位
2011	金融学	本专业旨在培养具有全球视野，掌握系统金融知识，熟悉金融理论，具备金融实务专业技能，具有较强的社会适应能力，胜任银行、证券、保险等金融机构及政府部门和企事业单位的专业工作，具有深厚理论功底、精湛专业技能、良好综合素质、优秀人格品质的创新型金融人才	本专业学生应取得168总学分。其中：课堂教学145学分，包括必修课105学分，选修课40学分（其中专业选修课开设83学分，要求选满30学分；素质教育选修课要求选满10学分）；实践模块23学分
2011	金融工程	本专业旨在培养具有全球视野，金融理论，具备金融实务专业技能，具有较强的社会适应能力，胜任银行、证券、保险等金融机构及政府部门和企事业单位的专业工作，具有深厚理论功底、精湛专业技能、良好综合素质、优秀人格品质的创新型金融人才	本专业学生应取得194总学分。其中：课堂教学171学分，包括必修课121学分，选修课50学分（其中专业选修课开设65学分，要求选满40学分；素质教育选修课要求选满10学分）；实践模块23学分
2011	金融学专业（国际货币与国际金融方向）	本专业方向旨在培养通晓国际货币与国际金融理论，把握国际货币政策协调动向，掌握国际货币与国际投融资业务技能，熟悉国际金融风险管理技术的战略型复合人才	本专业学生应取得188总学分。其中：课堂教学165学分，包括必修课115学分，选修课50学分（其中专业选修课开设69学分，要求选满40学分；素质教育选修课要求选满10学分）；实践模块23学分
2015	金融学专业（互联网金融方向）	本专业旨在培养具有宽广（学科交叉）的视野和良好的科学素养，具备扎实的经济金融理论知识，掌握计算机信息技术（含大数据和云计算等最新发展）和电子商务运行的基本原理，了解互联网金融理论创新并熟悉以第三方支付、P2P网贷平台、网络众筹等新型金融业态的运行模式，能够胜任银行、证券、保险、新型互联网金融企业等各类机构及政府部门和企事业单位的专业工作，具有精湛专业技能、良好综合素质、较强的社会适应能力的应用型创新金融人才	本专业学生应取得168总学分。其中：课堂教学145学分，包括必修课110学分，选修课35学分（其中专业选修课开设73学分，要求选满25学分；素质教育选修课要求选满10学分）；实践模块23学分

续表

年份	专业名称	培养目标	主要培养要求
2018	金融学	本专业旨在培养具有全球视野，系统掌握经济、金融基本理论和基础知识，熟悉金融技术与实务，具有较强的人文、科技素养和实践创新能力，能够胜任银行、证券、基金、信托、期货和保险等金融机构，以及监管部门、政府企事业单位等相关专业工作的金融精英人才	本专业学生应取得149总学分。其中：课堂教学140学分，包括必修课99学分，选修课41学分（其中专业选修课开设80学分，要求选满31学分，即金融理论模块至少10学分，金融实务模块至少12学分，金融科技模块至少6学分，专业拓展模块至少3学分；通识课要求选满10学分）；其他模块9学分
2018	金融工程	本专业旨在培养具有全球视野，系统掌握现代经济金融理论、数学、统计学、计算机科学、智能科技等领域的知识，具备金融产品设计、资产定价、风险管理等专业技能，具有较强数理、人文与科技素养，以及较强实践创新能力，能够胜任金融机构与金融市场等专业领域工作的复合型金融精英人才	本专业学生应取得150总学分。其中：课堂教学141学分，包括必修课104学分，选修课37学分（其中专业选修课开设72学分，要求选满27学分，即金融理论模块至少8学分，金融实务模块至少10学分，金融科技模块至少6学分，专业拓展模块至少3学分；通识课要求选满10学分）；其他模块9学分
2018	金融学（外国留学生）	本专业旨在培养具有全球视野，系统掌握经济、金融基本理论和基础知识，熟悉金融技术与实务，具有较强的人文、科技素养和实践创新能力，能够胜任银行、证券、基金、信托、期货和保险等金融机构，以及监管部门、政府企事业单位等相关专业工作的一流金融人才	本专业学生应取得145总学分。其中：课堂教学136学分，包括必修课91学分，选修课45学分（其中专业选修课开设65学分，要求选满35学分，即金融理论模块至少10学分，金融实务模块至少10学分，专业拓展模块至少15学分；通识课要求选满10学分）；实践模块9学分

五、本科生培养模式创新探索

（一）财经应用型创新人才培养模式改革

2010年，学校启动财经应用型创新人才培养模式改革，总体目标是在总结学校近几年开展的应用型创新人才培养模式分项改革的基础上，回顾我国财经高等教育改革实践，借鉴国外经验，通过整合与创新，优化理论教学，构建完整科学的知识架构，搭建多种财经教育实践平台，促进理论与实践的紧密结合，提升实践效果，探索出一套具有中国特色的学校教育和实践锻炼相结合、国内培养和国际交流合作相衔接的开放式财经应用型创新人才培养模式，突出培养学生的科学精神、诚信精神和创新能力，从而造就满足国家经济和社会发展需要的，具有扎实的专业基础、创业能力、实践能力，具备全球战略眼光和社会责任感的财经高端人才，为国内高水平财经院校人才培养提供经验与借鉴。

金融学院根据学校的部署要求，认真梳理本科人才培养方案，调研兄弟院校相关经验，并组织召开学生座谈会，细致开展学生问卷调查和分析，形成了改革方案。主要改革措施有以下几方面。

1. 科学设计专业课程体系。

（1）专业课程体系设计的指导思想。以科学发展观为指导，按照《国家中长期教育改革和发展规划（2010~2020年）》的要求，全面贯彻全国教育工作会议精神，根据"培养能够适应经济与社会发展需要，成为富有高度的历史使命感和社会责任感、具有深厚理论功底、精湛专业能力、良好综合素质、优秀人格品质和国际视野的创新型精英人才"的人才培养目标，突出创新精神和实践能力培养，整体设计试点专业课程体系。

（2）试点专业课程体系设计的基本原则。理念：按照素质教育基础的专业教育的方针，为每一个学生的个性发展和人格养成提供充分条件，为财经应用型创新人才创造优良环境。

根据一个现代化专门人才合理的知识结构：即比较宽厚的基础知识、一定深度的专门知识、一般的前沿知识、必要的横向学科知识、科学方法论知识、一般基本文化知识，制定课程框架体系。具体原则为宽口径、厚基础、强实践，重创新，实现5个结合：

——整体结构与个性选择相结合；

——知识广度与深度相结合；

——理论学习与实践活动相结合；

——知识传授与创新能力培养相结合；

——科学精神与人文素养相结合。

（3）试点专业课程体系框架方案。按照财经应用型创新人才培养目标，通过有效衔接本科生教育与专业硕士教育（即4+2直通车模式），将本科课程体系进行整体优化。该课程体系主要包含四部分：基础课、专业课、选修课、其他环节（含社会实践、学年实习/实训、毕业实习和毕业论文/设计等）。总学分170左右，其中课堂教学145学分左右，结构与比例安排：校定课65学分、专业课50学分、选修课30学分。

第一，基础课。基础课包括思想政治理论课与军事理论课、公共基础课两部分。

思想政治理论课与军事理论课：思想政治理论课为10学分，在一、二年级集中开设。其中思想道德修养2学分，中国近代史纲要2学分，马克思主义基本原理2学分，毛泽东思想和中国特色社会主义理论体系概论4学分。改革原思想道德修养与法律基础课，将"法律基础"部分改为"法律通论"，作为通识课的组成部分，为全校必修课；改革"形势与政策"教育课为必修课0学分，开设"形势与政策"教育系列讲座，供学生选修。思想政治理论课应不断充实教学内容、创新教学方法，切实发挥思想政治教育的作用。军事理论课必修0学分，由开课单位组织考核，教务处备案，不通过者不能毕业，不能申请学位。

公共通识课：50~60学分，包括大学英语、大学数学、计算机与信息处理、大学体育、通识课程组、专业指导与职业规划六个部分，具体学分安排与改革方案如下：

大学英语课：8~20个学分，其中，一年级、二年级重点加强口语与写作能力的训练。三年级后开设高级英语选修课程，以满足学生学习需要；继续实行分级教学；充分利用大学英语自主学习中心、英语竞赛、英语角（在全职外教聘任合同中强化每周组织英语角条款）等组成全方位、多渠道的英语辅助学习手段。大学英语着重突出培养学生应用英语进行思考和交流的能力。

大学数学课：15~20学分，一、二年级集中开设，三年级开设数学提高课程，供有需要的学生选择。数学课的培养目标为：既要重视学生升学的现实需要，更要重视培养学生的数学思维。

计算机与信息处理课程：6学分，开出系列课程模块供学生选择。改革计算机应用基础为必修课0学分，实施计算机基础课程自主学习制，即学生自主学习，参加学校统一考核；开设计算机网络课程，利用现代信息技术进行教学、辅导、答疑，解决学生自主学习过程中的问题。计算机课程的培养目标为：满足财经应用型创新人才所需要的信息技术处理能力，保证

"够用"。

  大学体育课：4 学分，一年级 2 学分，每学期各 1 学分，以技能、体能达标为目标；探索体育俱乐部制，由俱乐部开出丰富的专项体育课程菜单，学生在四年中根据自己兴趣进入俱乐部学习，完成 2 个学分。教学目标为：让每位学生通过在俱乐部学习掌握一到两项自己喜欢的项目，锻炼身体，增强体质，陶冶情操。在此基础上，用 5 年的时间逐步过渡到完全俱乐部制。

  通识课程组：15 学分，包括汉语写作 2 学分、逻辑学 2 学分、哲学 2 学分、法律通论 3 学分、世界文明通论 3 学分、生命科学与伦理学概论（3 学分）。课程培养目标为：有效提升学生的汉语应用能力，特别是写作能力和表达能力，提升学生的逻辑分析能力，使学生对哲学、法律、世界文明史和生命伦理有一定深度的了解。

  专业指导与职业规划：专业指导与职业规划课由各学院自主组织开设，必修 0 学分，不低于 36 学时，根据实际分布在不同学年，课程大纲制定、教学和考核由学院组织，考核结果报教务处备案。课程培养目标为：让学生了解大学学习的内容、方法、提供的资源、相关的制度等情况，在此基础上引导学生做好职业规划。

  第二，专业课。专业课包括专业基础课、专业主干课两部分，50 学分左右。专业课改革的基本要求是：夯实专业基础课，精炼专业主干课。

  专业基础课：专业基础课共 30 个学分，按照"厚基础"的培养要求，各专业要进行深入调研，系统论证，并参考国内外著名大学相关专业的专业基础课设置，不断夯实专业基础课。要求至少开设一门本学科的研究方法类课程。

  专业主干课：专业主干课 20 学分，结合 4+2 直通车模式改革专业主干课，改革思路是：a. 精炼专业主干课，避免三个重复，即避免本科课程之间的重复，避免教学内容之间的重复，避免本科生课程与专业硕士课程之间的重复，实现本科生课程与专业硕士课程之间的有效衔接；b. 充实专业课教学内容，提升每门课的知识含量，提高课堂教学效率，每门课不得低于 3 学分，各专业可根据本专业实际开设 5~8 门专业主干课。

  第三，选修课。选修课（30 学分），包括专业知识深化模块（专业选修课，12 学分）与知识拓展模块（18 学分）。专业知识深化模块（专业选修课）以继续深化专业知识为目标；知识拓展模块以拓展知识为目标，要求打通原有的专业选修课壁垒，按照不同学科专业设置模块，总体划分三大门类，即人文类、社科类、自然科学与工程类。选修课改革的基本思路：一是尊重人才成长的基本规律和学生的兴趣爱好，重视学生学习的自主性，扩大学生选课空间；二是既要重视专业知识的深化和拓展，也要重视人文精神和科学素养的养成。通过改革，形成体系合理、内容连贯、知识复合的选修课模块。

第四，其他环节。其他环节包括：社会实践、毕业实习、毕业论文/设计与专题报告，多维能力拓展学分，共25学分，具体改革方案见后相关部分论述。

2. 强化实践教学。

实践教学是培养财经应用型创新人才的重要手段，实践教学内容体系总体上由实验、实训、实习、毕业论文（设计）四大部分组成。

（1）改革原则。

——坚持实践教学与理论教学紧密结合；

——坚持能力提升与素质培养并重；

——坚持结合各专业特点稳步推进。

（2）改革内容。

第一，加强和改进实验教学，增强实验教学系统性、开放性和综合性，建立科学的实验教学体系。建立平时课程实验和毕业前综合仿真模拟实验训练相结合的体系。

第二，加大专业实训力度。扩大与校外企业的合作，积极拓展校内外实训场所，让更多的学生参与企业真实的业务操作，增强对专业知识和课程内容的理解，增强动手操作能力和对各种技术设备、软件的应用能力。

第三，强化专业实习与管理，建立课程实习、学年实习和毕业实习相结合的实习体系。鼓励各教学单位积极、稳妥地推进实习教学制度改革，由"分散的个体实习"为主逐步向"集中的成建制实习"为主过渡。集中实习既可以采用班级整建制的实习形式，也可以采用实习小组或实习小分队的形式。建议将学生实习与就业联系起来通盘考虑，鼓励学生去可能实现就业的用人单位实习。

调整毕业实习时间，从现在的第8学期调整至第6学期，增加实习时间，建议系统连贯的实习3~6个月，完成6~12个实习学分。探索"暑期小学期"实习、实训制度，邀请国内外著名专家、学者在暑期小学期讲授相关课程。

加强对于学生实习的过程监督与成绩考核。学生外出实习必须由带队老师和指导老师进行过程管理。实习期间，学生每天都应做实习笔记；实习结束时，完成实习报告。各试点教学单位根据学生完成实习情况给予学分认定。

第四，改革毕业论文（设计）制度，构建多样化的毕业论文/设计形成方式，既可以是传统形式的毕业论文/设计，也鼓励毕业论文/设计与本科生科研创新项目、专业实习/实践/实训调研报告结合进行的方式。同时，应针对多样化的毕业论文/设计方式制定规范要求和评价标准。

3. 辅修/双学位。

为了培养厚基础、宽口径、一专多能的复合型人才，在现有辅修/双学位制基础上，设置复合知识构成模块，供学有余力并学有所好的学生选择。该模块课程由各专业的专业基础课、专业课与专业选修课构成，学生按照相关要求修完课程，即可获得辅修结业证书或者双学位，具体要求如下：（1）获得辅修、双学位的前提是学生必须完成本专业的学习要求，否则不得申请辅修、双学位。（2）辅修、双学位课程的设置必须保证合理的课程体系与知识结构，具体课程设置及学分要求由相关单位统一研究，制定详细的管理办法。学生必须按照相关规定修读。（3）同一学科门类下，若学生在本专业已经修读完某门课程，而该课程同时也是辅修、双学位所要求的课程，则学分可互认。（4）建议学生跨学科修读辅修、双学位课程，有效实现复合知识结构。（5）严格辅修、双学位课程的考核标准，保证其教与学的质量。

4. 建立暑期学校。

每学期聘请国内外各类兼职教授、讲座教授、客座教授、特聘教授等开设20门左右课程，优化学校课程结构，推进国际化办学和开放办学，为学生提供更加完善的知识架构。

（二）卓越金融人才训练营校内创新实践基地建设

卓越金融人才训练营校内创新实践基地紧紧围绕"如何提高学生创新素质和实践能力"这一中心任务，以培养"具有历史责任感和社会责任心，具有创新精神和实践能力的拔尖应用型创新金融人才"为目标，充分利用学院教学科研等优秀成果，整合校内外专家资源和学院既有的品牌项目，以"突出创新、注重特色、开放共享"为原则,坚持三个结合(第一课堂与第二课堂相结合,校内资源与校外资源相结合,"请进来"与"走出去"相结合),着力打造四个平台,不断强化学生的创新思维和创新意识,完善学生的知识架构,提升学生的实践能力和综合素养。

以专业能力竞赛为基础的学科竞赛平台。在学院开设的实验课程基础上,紧密结合课堂教学进行延伸和拓展,开展金融资产规划大赛、金融精英赛、模拟炒股大赛、模拟基金经理大赛、期货衍生品等系列竞赛以及美国大学生建模竞赛、全国大学生英语竞赛、CFA大学生全球投资挑战赛指导、鸿基世业大赛、中金所杯期货衍生品大赛等专业指导,引导学生通过竞赛来发现问题、解决问题,提升学生的综合素质。

以职业素养提升计划为核心的实习实践平台。围绕高水平创新应用型人才的培养目标,开展行业分析、职业素养提升、求职技能提升、职业生涯规划等四个板块的专题指导,举办行业分析及人才需求论坛、职业胜任心理素质体验式工作坊、演讲与口才、商务礼仪、简历指导及简历册推介、模拟面试等专题讲座和团体辅导,为学生配备校友导师,提供实习机会,搭建学校教育与职业世界的立交桥。

卓越学术人才培养项目为主体的研究训练平台。2011年该项目启动,通过配备20余名政治素质过硬的青年骨干教师做导师,开设《金融学研究前沿导论》等选修课程,组织报名、面试筛选、阅读文献训练、专题研讨、导师一对一指导、中期答辩、终期答辩、师生座谈会,提升学生的学术水平。项目实施五年来,165名已经毕业的学生中,有91%赴牛津大学、北京大学等国内外知名高校攻读硕士学位,40余名本科生在国家A级期刊杂志上发表学术论文或参加国内外学术论坛,100余人次学生获得美国大学生数学建模竞赛特等奖等省部级以上奖励。

第二节 硕士生教育

一、硕士研究生教育项目总体概述

金融学院是新中国成立之后最早招收金融学研究生的院校单位之一——

早在1953年国家试办研究生教育时，当时的金融系就作为首批试点单位开始招收银行、保险方向的研究生。1968年，受"左"的思想影响，由于学校的停办而中止。改革开放之后，为促进我国科学专门人才的成长，促进各门学科学术水平的提高和教育、科学事业的发展，以适应社会主义现代化建设的需要，全国人大常委会在1980年2月通过了《中华人民共和国学位条例》，研究生教育得以重新启动。在这样的大背景下，学校金融学科于1983年开始恢复招收硕士研究生，1984年1月13日，国务院学位委员会下达第二批博士和硕士学位授权学科、专业名单，金融学院货币银行学专业获得硕士学位授予权。

整体上看，从1983年到2018年的35年间，学院硕士生教育大致经过了三个发展阶段：1983～2000年的恢复与夯实培养基础阶段、2001～2010年的数量扩张与质量强化并重的内涵提升阶段和2011年至今的学术型硕士与专业型硕士并重发展阶段。

第一阶段：1983～2000年的研究生教育恢复和基础夯实时期。

从历史来看，从1983年学院恢复研究生招生到2000年学科获评国家重点学科这17年间，学院的硕士研究生项目处于恢复和基础夯实阶段。之所以有这样一个判断，是因为存在几个明显的发展特征：首先，当时整个国家的硕士研究生教育带有较强的精英教育色彩，旨在培养高层次学术型专业人才。因此，硕士研究生指导教师的审批极为严格，具有招生资格的教师数量极为有限，硕士研究生招生指标也极为有限。1983年学院研究生教育项目起步时仅有三名硕士研究生指导教师，当年只招收了3名硕士研究生，直到1999年，学院具有硕士研究生招生资格的教师也仅有16人，招生数也只有25人。其次，由于中国金融体制改革和发展的相对滞后，直到1995年《中央银行法》《商业银行法》等基本法律法规才得以通过，在之前相当长的一个时期内，中国金融研究生教育仍围绕着计划经济向市场经济的转轨培养高层次专业人才展开，金融机构与金融市场的运行带有较为明显的转轨色彩、变化较大，专业课程的设置相对不稳定，整个硕士教育项目的规范性仍处于探索和建设过程之中。最后，由于客观存在的人才断层，学院硕士研究生课程授课和指导教师队伍尚处于不断完善过程中，梯队结构以及研究方向也经历了较大的变化。

第二阶段：2001～2010年间的数量扩张与质量提升并重阶段。

自 2001 年学院所属的金融学科获评国家重点学科之后，学院研究生教育进入了一个全新的发展阶段。在这一阶段，首先，由于学科人才队伍建设较前一阶段有了长足的进步，以王广谦教授为学科带头人的教学科研团队日益成型，研究方向也不断拓展，在中国金融体制改革和发展不断深化的背景下，研究领域从之前的宏观金融转向宏观金融和微观金融并重，学院硕士研究生教育项目的专业设置日益多样化，在传统的货币银行学（金融学）专业之外，增加国际贸易专业、金融学（国际金融方向）、金融学（证券投资方向），2010年独立设置金融工程专业硕士研究生项目；其次，随着国家硕士研究生教育项目的跨越式发展，学院硕士研究生招生数量较前一阶段实现了迅猛的扩张，2000 年的硕士研究生招生数达到了 51 人，2005 年突破了 200 人大关，硕士研究生逐渐成为学院人才培养的主体；最后，硕士培养课程体系不断完善，培养质量日益得到社会的广泛认可。

第三阶段：2011 年至今的学术型硕士与专业硕士并重阶段。

2010 年，教育部增设了金融硕士专业学位，学院成为国家首批招收金融硕士专业学位的培养单位之一。于是，从 2011 年开始，学院的硕士研究生教育正式进入学术型硕士和专业硕士并重发展的全新阶段。

在这一发展阶段，学院研究生教育初期仍以学术型硕士项目为主、专业型硕士项目为辅，但整体上看学术型硕士招生培养人数逐年下降、专业型硕士招生数逐年上升。经过 3 年左右的发展，从 2015 年开始，专业型硕士的招生数量开始超过学术型硕士，学院的研究生教育重心实现了从学术型硕士向专业型硕士为主的转变。从 2016 年开始，学术型硕士大致维持在 45 人左右的规模（其中硕博连读生为 7~11 人），专业型硕士的招生规模维持在 145 人左右。

在硕士研究生培养重心逐渐转移到金融专业硕士的同时，学院加大对金融专业硕士项目的建设力度，专业硕士的培养方向随着中国经济金融环境的变化进行了调整，在推出量化投资等专业课程的同时，国内率先开设了互联网金融概论、国际金融组织管理、金融伦理等特色课程，形成了银行管理、证券投资、公司金融等传统培养方向与量化投资、国际金融组织管理、金融科技等新兴培养方向的协同发展。

此外，从 2014 年开始，学院还设置了面向留学生的金融学硕士教育项目，以全英文方式开展授课和论文写作。

经过长期的探索和实践，金融学院的硕士研究生教育形成了鲜明的特色。

（1）科学合理的培养方案设计。学院金融硕士专业学位的培养方案强调中西融合、知行合一的理念，方案中既有关于金融实际工作和研究所需专业知识、方法和工具等必修课程，又有《国际金融组织管理》《中级金融科技学》《大数据与互联网金融》等体现项目培养方向，密切结合国内外金融理论和金融科技实践发展、时效性极为突出的专业选修课。

（2）高水平的专业授课指导师资团队。依托学院雄厚的专业师资力量，现有专业硕士项目涉及的所有专业必修和选修课程均构建了结构合理的课程组，并发挥教师的专业特长合理规划设计专业课程的教学内容。项目的研究生指导教师整体专业实力位居国内同类项目前列。此外，部分研究生专业课程还引入了校外实务老师或国外知名教授，实现了校内校外合作授课或联合指导。

（3）金融理论与实务的有机融合。金融硕士项目在实行"校内+校外"的双导师制度的基础上，强调通过理论解读、案例分析和现实问题研讨等多种教学方式实现金融理论与实务的融合，着重培养学生的创新意识、市场意识和服务意识，切实提升学生的实际专业问题分析处理应用能力。

（4）丰富的各类教学支撑资源。学院研究生校外导师均为北京地区各类金融企业的高管或业务骨干，具有极为丰富的金融实务知识并为学生提供多种形式实践机会的同时，学院还借助经济金融名家讲座、金融街论坛等多个平台，让学生有机会密切跟踪国内外金融科技理论和实务的最新发展。

（5）较高的社会认可度和良好的就业质量。学院研究生项目的人才培养质量向来受到社会的高度认可，在近年来的毕业生就业率接近100%的同时，就业质量保持了较高的水准，超过40%的毕业生就职于各家商业银行，近40%的毕业生就职于证券公司、基金公司等其他各类金融机构。

二、硕士生导师以及培养方向设置

（一）校内研究生导师

在硕士研究生培养过程中，硕士生导师扮演着极为重要的角色，其学术成就、研究方向直接影响着硕士的培养质量。自项目创设以来，随着学科建设的推进，学院硕士研究生导师队伍从少到多，在导师队伍规模得以稳健扩大的同时，研究领域也逐渐拓展，研究生的培养方向也随着国家经济金融需求的变化呈现出较为明显的多元化态势。

学院在1983年开始招收硕士研究生时，招生专业为货币银行学专业，导师则有张玉文、俞天一和王佩真三位教授，研究方向则为货币银行理论和货币信用理论。这样一种状况持续了大概3年时间，直到1986年才有所变化，当年导师人数较之前明显增加的同时，培养方向调整为货币银行理论与实践。此后五六年间（直到1992年），学院货币银行学专业的硕士生导师队伍及研究方向相对保持稳定（1987年保险系也开始招生硕士研究生，由于按当时的专业划分，保险理论等方向也属于货币银行学专业范畴，所以招生目录上货币银行学专业的硕士指导导师及招生数实际涉及了金融系和保险系两个单位）。

1993年，随着王广谦教授等一批新的教师加入学院的硕士研究生指导队伍，导师队伍数量较之前有了明显的增加，研究领域也进一步拓宽和细化。在这样一个背景下，学院的研究生招生专业设置发生了较大的变化。1995年国际金融专业得以独立设置，与货币银行学专业平行招生的同时，货币银行学专业的培养方向也有所拓展，设置了银行经营理论、中国金融史等新的领域。1999年，随着教育部学科目录调整，学院的货币银行学与国际金融两个硕士研究生招生专业统一调整为金融学专业。

2004年，学院新设国际贸易学硕士研究生招生专业，学院的硕士研究生指导教师人数增长为43人，培养方向也出现了较大的扩展，覆盖了金融学和国际贸易两个二级学科，在金融理论与政策、银行管理、国际金融、证券投资等方向以外，增加了国际资本流动、国际贸易理论与政策等。

2005年起，证券投资和国际金融两个专业开始独立招收硕士研究生。为了更好地开展硕士教育，学院在这一时期吸收了巴曙松、何德旭等为典型的一批校外导师，整体的研究生导师队伍持续壮大，到2009年学院导师人数达到72人。

2010年，国际贸易学脱离金融学院整体转移到新设的国际经济与贸易学院，学院的硕士生导师人数出现了短暂的下降。随着2011年金融硕士专业学位研究生和2012年金融工程专业硕士研究生开始招生，学院研究生导师的人数稳定在60人左右。

2015年，硕士招生专业归并为金融学、金融工程、金融（专硕）三个专业。目前，学院所有专业硕士研究生招生均以导师组方式进行，培养方向中学术型硕士有金融理论与政策、国际金融、金融机构与市场、金融风险管理等，金融专业硕士涉及银行管理、公司金融、量化投资、国际金融组织管理、金融科技5个方向。

（二）业界导师

金融专业硕士实行"双导师"制度。为了更好地推进金融专业硕士的培养，自项目创设以来，学院广开渠道，充分发挥校内教师的社会资源，积极吸收具有较高理论和实务能力的金融业界人士加入导师队伍，业界导师数量呈较快增长态势，从2011年项目运行之初的49人已增长到2018年的120人（参见表2-6）。

表2-6　　　　　　　　历届金融专硕业界导师人数统计

年份	2011	2012	2013	2014	2015	2016	2017	2018
人数（人）	49	56	72	78	92	106	118	120

学院业界导师不仅数量较多，而且来源较为宽泛，大多是中国金融实务领域的业界精英（见图2-3）。

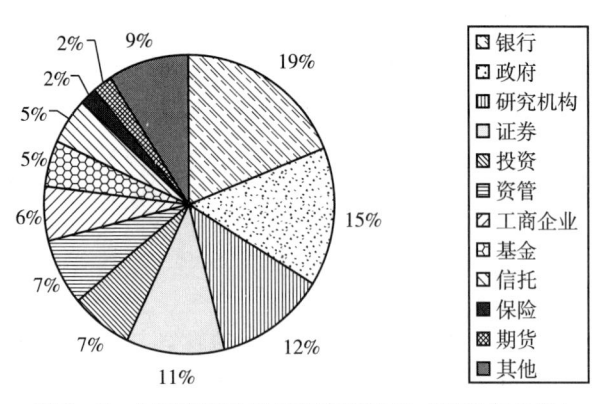

图2-3　金融专硕业界导师来源结构（2018年9月）

三、硕士生招生和学位授予情况

(一) 硕士研究生招生情况

1. 招生规模。

学院自 1983 年开始招收货币银行学专业硕士研究生时,数量极为有限,仅王广谦、陈绍、唐美霞 3 人。由于当时整个国家的研究生招生均较为有限,在 1983~1992 年间学院硕士研究生招生规模整体上看是和硕士生导师队伍的增长相对应的,从 3 人逐渐增加到 16 人左右。1993 年,随着国际金融专业开始招生,金融系研究生招生规模开始逐渐扩大,从之前的 10 人左右一度增加到 1995 年的 49 人,随后有所回落,1999 年的招生数为 37 人(参见表 2-7)。

表 2-7 金融学院历届硕士研究生招生情况 (1983~2018 年) 单位:人

年级	招生总数	招生专业	招生分专业总数	全日制招生人数	委托培养	计划外	自筹
1983	3	货币银行学	3	3			
1984	8	货币银行学	8	8			
1985	8	货币银行学	8	8			
1986	12	货币银行学	12	12			
1987	16	货币银行学	16	9	7		
1988	16	货币银行学	16	6	10		
1989	13	货币银行学	13	13			
1990	10	货币银行学	10	10			
1991	10	货币银行学	10	10			
1992	10	货币银行学	10	10			
1993	39	货币银行学	39	10		29	
1994	22	货币银行学	22	10		9	3
1995	49	货币银行学	42	10	9		23
		国际金融	7	4	2		1
1996	32	货币银行学	24	12	9		3
		国际金融	8	5	2		1

续表

年级	招生总数	招生专业	招生分专业总数	全日制招生人数	委托培养	计划外	自筹
1997	47	货币银行学	39	12	9		18
		国际金融	8	5	2		1
1998	33	货币银行学	25	13	3		9
		国际金融	8	5	1		2
1999	37	金融学	37	18	3		16
2000	30	金融学	30	14	3		13
2001	40	金融学	40	18		22	
2002	63	金融学	63	63			
2003	66	金融学	66	66			
2004	108	金融学	93	93			
		金融学	15	15			
2005	109	国际金融	17	17			
		金融学	66	66			
		证券投资	10	10			
		国际贸易学	16	16			
2006	114	证券投资	10	10			
		国际金融	18	18			
		金融学	70	70			
		国际贸易学	16	16			
2007	108	国际贸易学	12	12			
		金融学	65	65			
		国际金融	18	18			
		证券投资	13	13			
2008	100	金融学	62	62			
		国际金融	16	16			
		证券投资	12	12			
		国际贸易学	10	10			
2009	117	金融学	72	72			
		国际金融	18	18			
		证券投资	15	15			
		国际贸易学	12	12			

续表

年级	招生总数	招生专业	招生分专业总数	全日制招生人数	委托培养	计划外	自筹
2010	171	金融学	96	96			
		国际金融	21	21			
		证券投资	14	14			
		金融分析与金融工程	40	40			
2011	177	金融学	86	86			
		国际金融	19	19			
		证券投资	17	17			
		金融	55	55			
2012	182	金融学	81	81			
		证券投资	13	13			
		国际金融	21	21			
		金融	67	33			
2013	191	金融学	70	70			
		证券投资	15	15			
		国际金融	13	13			
		金融工程	4	4			
		金融	89	75			
2014	201	金融学	58	58			
		证券投资	7	7			
		国际金融	11	11			
		金融工程	6	6			
		金融	116	116			
		全英文留学生	3	3			
2015	206	金融学	89	89			
		金融工程	12	12			
		金融	96	96			
		中文班留学生	3	3			
		全英文留学生	6	6			

续表

年级	招生总数	招生专业	招生分专业总数	全日制招生人数	委托培养	计划外	自筹
2016	208	金融学	57	57			
		金融工程	13	13			
		金融	133	133			
		中文班留学生	1	1			
		全英文留学生	4	4			
2017	233	金融学	44	44			
		金融工程	11	11			
		金融	142	142			
		中文班留学生	1	1			
		全英文留学生	35	35			
2018	199	金融学	36	36			
		金融工程	12	12			
		金融	144	144			
		中文班留学生	2	2			
		全英文留学生	5	5			

进入21世纪，随着国家层面研究生招生规模的扩张，学院的硕士招生规模进入了一个新一轮的发展阶段。2000年和2001年的硕士招生规模分别为30人和40人，2004年则达到了108人。2005年，由于学院的硕士招生专业在原有的金融学专业的基础上增设了国际贸易学、证券投资、国际金融三个专业，年度招生人数达到109人。2006年之后的三年间，学院硕士研究生招生规模由于学校计划的调整呈现出下降态势——其中2006年为114人，2007年为108人，2008年为100人，但这一相对稳定的态势在2010年之后出现了变化，硕士招生人数跃升到171人（其中包括新设置的金融工程这一应用型方向）。

2011年学院增设了金融专业学位硕士点，学院研究生招生人数上升为177人。2012年起，学院单独招收金融工程专业硕士研究生，当年招生数在4人左右。2013年招生规模达到191人。2017年，由于商务部留学生项目的引进，学院的硕士招生数达到了233人的阶段性高点。2018年的硕士招生数为199人。

近年来，金融学院硕士研究生报录比超过了10∶1。第一志愿录取率均为100%，金融学、金融工程和金融专业硕士的招生录取分数线均远超国家线（参见图2-4和图2-5）。

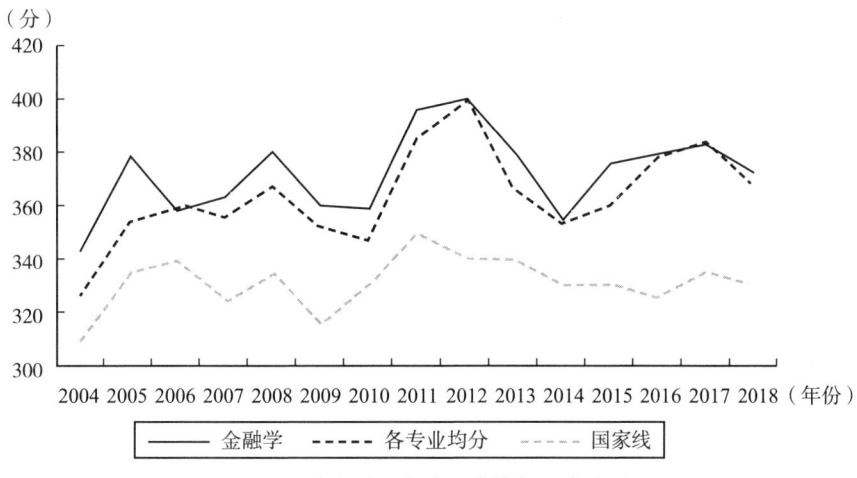

图2-4 学术型硕士统招成绩与国家线对比

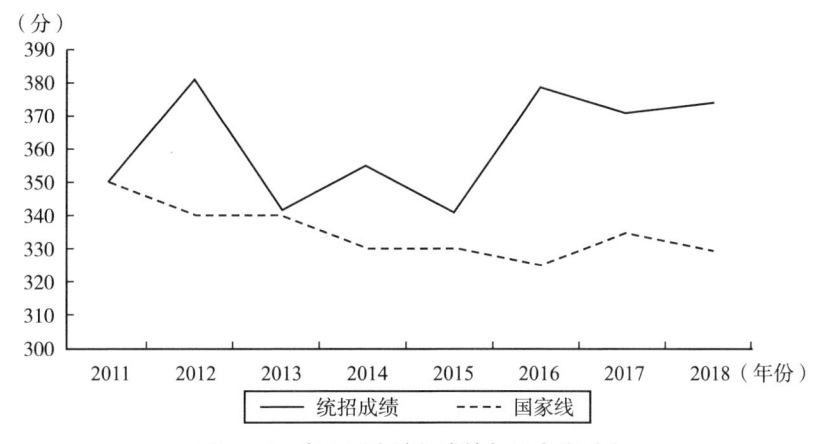

图2-5 专业硕士统招成绩与国家线对比

2. 学术型硕士研究生与专业硕士的结构变化。

2010年之前，学院招收的硕士研究生均为学术型。但自从2011年开始招收金融专业硕士研究生之后，学院的硕士结构发生了较为明显的变化，突出表现为学术型硕士招生人数逐年下降，而金融专业硕士招生人数不断上升，研究生招生类型实现从学术型为主向专业硕士为主的转变——金融专业硕士研究生占比从2011年的31%左右上升至2018年的70%（参见图2-6）。

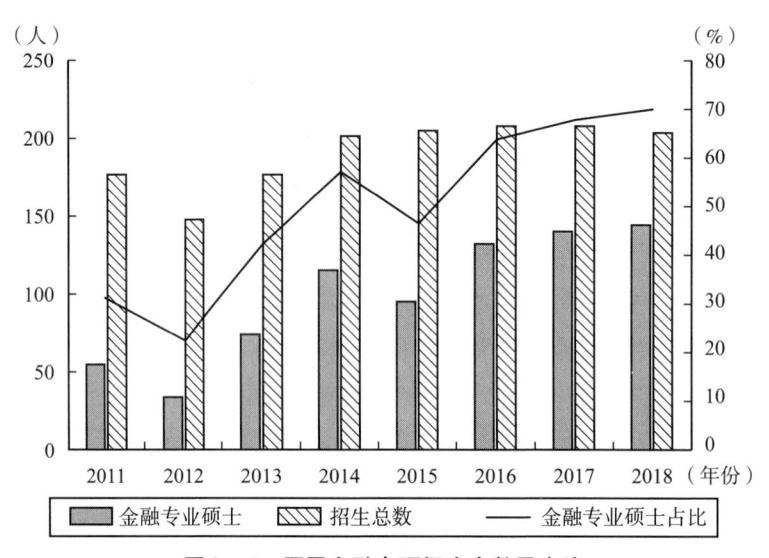

图2-6 历届金融专硕招生人数及占比

3. 硕士研究生招生选拔方式。

2011年之前，硕士研究生主要来自国家统考，保送所占比例极低——按照当时教育部的政策，校内硕士保送生约占当年度招生数的5%，一般为每个班级1~2人。从2012年开始，学院开始创新研究生招生方式，通过组织全国金融卓越学子夏令营来选拔优秀生源，进而借助夏令营的保送推免方式逐渐成为学院硕士研究生的主要来源（参见表2-8）。

表2-8　　　　　　　　　　学院历届夏令营招生情况

年份	类别	总人数（人）	夏令营招生（人）	夏令营占比（%）	类别	总人数（人）	夏令营招生（人）	夏令营占比（%）
2013	学硕	103	22	21.36	专硕	76	12	15.79
2014	学硕	82	18	21.95	专硕	116	22	18.97
2015	学硕	101	17	16.83	专硕	96	23	23.96

续表

年份	类别	总人数（人）	夏令营招生（人）	夏令营占比（%）	类别	总人数（人）	夏令营招生（人）	夏令营占比（%）
2016	学硕	70	8	11.43	专硕	133	40	30.08
2017	学硕	55	8	14.55	专硕	141	33	23.40
2018	学硕	48	13	27.08	专硕	144	66	45.83

4. 硕士研究生生源的院校结构。

在学院的硕士研究生项目中，由于较长时期内学院自身本科招生数较少，所以研究生生源结构整体呈现出以校外学生为主的状况——在1999年、2000年招收的25名和51名硕士研究生中，校外人数分别为13人和33人。2001年的情况较为特殊，72名硕士研究生中有40人来自校内，超过了校外人数。但随着后续学院硕士招生人数的持续扩张，校外生源依然是研究生的主体。

值得一提的是，近年来金融学院硕士生生源来自"211""985"高校的占比不断上升，由2013年的67%上升为2017年的80%（参见图2-7）。

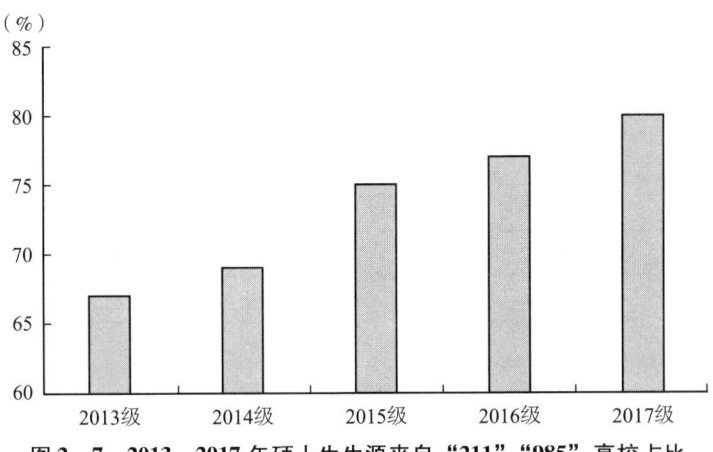

图2-7 2013~2017年硕士生生源来自"211""985"高校占比

其中学术型硕士的上升比例较为明显，由55%上升至70%，提升了近15%，而专业型硕士的来源比例始终保持在70%以上，说明金融学院近年来的硕士生生源质量不断提高，大多均来自国内各大知名高校，为金融学院进一步提升人才培养质量提供了良好的生源保障（参见图2-8）。

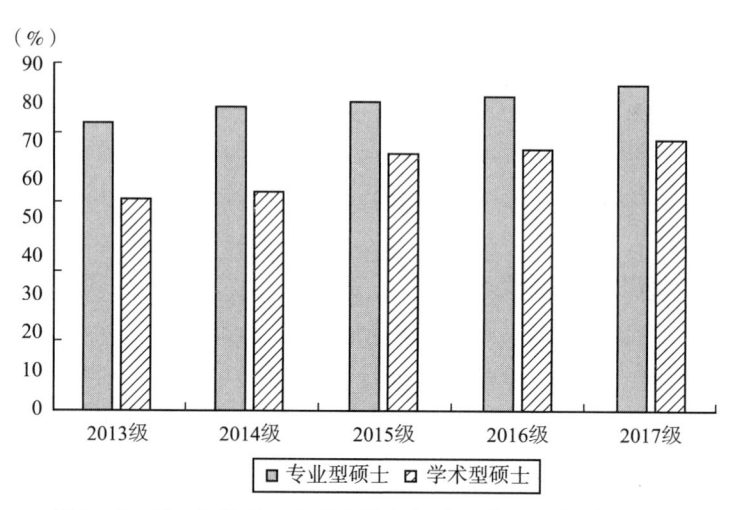

图2-8 近五年学硕、专硕生源来自"211""985"高校占比

从学院录取推免生的院校结构来看，尽管2013年到2018年，夏令营推免生本科毕业学校层次波动较大，但平均来看，专硕中夏令营推免生有大约66.4%本科毕业于"211"院校，26.7%本科毕业于"985"院校，学硕中夏令营推免生中大约有66.10%本科毕业于"211"院校，23.0%本科毕业于"985"院校（参见表2-9）。

表2-9　　　　历届夏令营招收"985""211"高校生源情况

年份	类别	夏令营招生	本科985	本科211	类别	夏令营招生	本科985	本科211
2018	专硕	66	22	34	学硕	13	7	4
2017	专硕	33	3	25	学硕	8	1	4
2016	专硕	40	12	24	学硕	8	2	5
2015	专硕	23	9	12	学硕	17	2	15
2014	专硕	22	7	14	学硕	18	3	15
2013	专硕	12	2	10	学硕	22	4	18

（二）硕士学位授予情况

整体上看，学院硕士研究生的淘汰率并不高，因此，硕士学位授予情况与招生情况密切关联,呈现出类似的阶段性增长态势(参见表2-10)。

表2-10　　　　　　　金融学院历届研究生授予学位情况

年份	授予学位数(人)	分专业人数(人)	专业名称
1986	3	3	货币银行学
1987	4	4	货币银行学
1988	7	7	货币银行学
1989	4	4	货币银行学
1990	8	8	货币银行学
1991	11	11	货币银行学
1992	3	3	货币银行学
1993	10	10	货币银行学
1994	10	10	货币银行学
1995	10	10	货币银行学
1996	17	17	货币银行学
1997	20	20	货币银行学
1998	13	5	国际金融
		8	货币银行学
1999	27	19	货币银行学
		8	国际金融
2000	28	19	货币银行学
		9	国际金融
2001	40	36	货币银行学
		4	国际金融
2002	22	22	金融学
2003	51	51	金融学
2004	70	70	金融学
2005	104	104	金融学
2006	152	134	金融学
		18	国际贸易学

续表

年份	授予学位数（人）	分专业人数（人）	专业名称
2007	154	130	金融学
		24	国际贸易学
2008	162	19	国际贸易学
		91	金融学
		31	国际金融
		21	证券投资
2009	134	15	国际贸易学
		88	金融学
		19	国际金融
		12	证券投资
2010	113	16	国际贸易学
		67	金融学
		18	国际金融
		12	证券投资
2011	106	77	金融学
		15	国际金融
		14	证券投资
2012	133	98	金融学
		19	国际金融
		16	证券投资
2013	221	93	金融学
		21	证券投资
		14	国际金融
		40	金融分析与金融工程
		53	金融
2014	163	95	金融学
		17	证券投资
		19	国际金融
		32	金融

续表

年份	授予学位数（人）	分专业人数（人）	专业名称
2015	226	82	金融学
		18	国际金融
		16	证券投资
		75	金融
		35	金融（三年制）
2016	227	65	金融学
		14	国际金融
		14	证券投资
		4	金融工程
		114	金融
		15	金融（三年制）
		1	全英文留学生硕士
2017	167	51	金融学
		4	证券投资
		9	国际金融
		6	金融工程
		94	金融
		3	全英文留学生硕士
2018	238	84	金融学
		1	证券投资
		11	金融工程
		134	金融
		8	全英文留学生硕士

四、硕士生课程体系

从历史来看，学院硕士研究生课程体系经历了较大的变化，其转折点是在2003年。2003年之前，学院硕士研究生培养课程体系相对较为传统。

1983年招收的货币银行学专业对课程设置有了更详细和明确的规定，将课程分成选修和必修两大类，对选修课和必修课应选的课程数和学习形式做了规定。将所有课程重新划分为马列主义理论课、工具课和专业课，规定选修课至少选四门，并要经过指导教师同意，第一、二学年上课与自学的比例为1∶2。在马克思主义理论课这一类别中，不仅包括马列主义哲学原著选读（4学分）和时事政治学习（4学分），还将草案中的专业课《资本论》选读列入其中，并将学分调整为8学分，并对时事政治学习的内容做了详细规定，要求学习时事和中央文件报告；工具课中依旧分为外语和数学两大类，但对外语的具体种类做了详细说明，外语包括第一外语——专业英语（8学分）、第二外语——俄语或日语（7学分）和经济应用数学（8学分）；专业课分为选修和必修，不仅将原来的学分降低至2~3学分，而且在课程种类上也更加丰富，引入了国际金融、中国金融史、外国银行制度比较等，具体包括社会主义经济问题（必修2学分）、社会主义货币和货币流通（必修3学分）、社会主义资金信用（必修3学分）、我国银行经营管理（必修3学分）、国际金融问题研究（必修3学分）、中国金融史（必修3学分）、金融讲座（必修2学分）、资产阶级货币理论（选修3学分）、外国银行制度比较（选修2学分）、社会主义宏观效果与决策（选修3学分）、社会主义财政理论（选修3学分）。

1984年，课程设置将必修具体划分为学位课和非学位课，将政治课和工具课合并为公共基础课，专业课划分为专业基础课和专业选修课。其中的公共基础课去掉了时事政治学习，并将第一外语的学分下调至6学分，规定第一外语合格才能选修第二外语，增添了不计学分的英语口语选修课；专业基础课除了保留原来的社会主义货币流通（必修3学分）、社会主义资金信用（必修3学分）、我国银行经营管理（必修3学分）之外，还新增了外国银行制度与业务（必修3学分）和资金流量核算（必修3学分）；专业选修课包含了九门课，除了专业相关的课程之外，还加入了电子计算机应用课程，具体包括社会主义经济问题（2学分）、社会主义价格理论（2学分）、经济学说史（4学分）、当代西方经济学流派（3学分）、电子计算机应用（2学分）、国际金融问题研究（2学分）、我国银行及经营管理研究（3学分）、社会主义财政理论（3学分）、社会主义资金与信用研究（3学分）。并对应修满的总学分数和各类课程所需修的学分数和占比情况做了说明，要求各专业研究生要求累计修满60个学分，学位课、非学位的必修课、选修课各占1/3。

1985~1987年，课程设置做了一些调整，在公共基础课中的第二外语学分提至8学分，专业基础课中去掉了外国银行制度与业务，新增了国际金融问题研究（必修2学分），并将资金流量核算改为2学分，在专业选修课中，将选修课程数调整为7门，在保留了原有的社会主义经济问题（2学分）、社会主义经济宏观效果与决策（2学分）、社会主义价格理论（2学分）、当代西方经济学流派（3学分）、经济学说史（4学分）、电子计算机运用（2学分）之外，还新增了现代管理学基础（4学分）。1988~1999年，公共基础课和专业选修课进行了一些调整，公共基础课中新增一门科学社会主义理论与实践课程（2学分），并将《资本论》研究下调至6学分，第二外语下调至6学分、经济数学方法与模型调至7学分，专业选修课中去掉了经济学说史（4学分）。1990~1991年，货币银行学的专业基础课在保留原有课程的基础上，新增了三门课程，分别是我国银行及经营管理研究（3学分）、国际金融问题研究（3学分）、金融理论与金融政策专题（3学分），专业选修课在原有基础上去掉了国际再保险课程。其余规定不变。

1992年，专业选修课由原来的8门课扩增为16门课，课程种类更加丰富，具体包括社会主义货币经济研究（3学分）、社会主义资金与信用研究（3学分）、我国银行及经营管理研究（3学分）、国际金融问题研究（3学分）、金融理论与金融政策专题（3学分）、金融实务问题研究（3学分）、国际经济学（2学分）、国际贸易与国际结算问题研究（2学分）、金融管理与法律研究（2学分）、西方金融理论比较研究（2学分）、中国金融史研究（3学分）等。

1993年，课程设置中增加规定，各专业必修的专业基础课均可作为其他专业或研究方向的选修课，在选择选修课时，可以跨年度进行选修，学分不变。在要求修满学分方面也做了很大调整。1994年，学分要求标准做了一些调整，要求在规定学习年限内研究生累计修满63个学分（其中：课程学习50个学分，德育、调研、教学实践记13学分）。1995年，又将学分标准要求上调为64个学分，其中德育、调研、教学实践记14学分。

1996~1999年，课程设置中对入学前为专科生或者非经济类专业本科生的研究生，规定需要补修本专业的本科课程，并规定补修课程至少为两门。应修满的学分总数下调为63个学分，其中课程学习50个学分，德育教育10个学分，调研实习2个学分，教学实践1个学分。对于上述需要进行补修相关课程的研究生，要求在总学分的基础上，加4~8学分的补修本专业本科课程学分，补修本科课程需随本科生班参加学习和考试，成绩合格后每门课程可计2

学分。

2000~2002年，课程体系对学分要求调整至65个学分，将德育教育、调研实习上调至15个学分。

应该说，一直到2002年，学院硕士研究生课程体系一直处于较大的变化过程之中，缺乏稳定性和系统性。针对我国金融学专业研究生层次课程设置中的问题，2002年夏，中国人民大学黄达教授、陈共教授、陈雨露教授在兰州主持召开了"全国财政金融学专业研究生课程改革研讨会"，集中讨论和研究了研究生的课程设置问题。许多专家提出，在硕士层面，金融学专业可以分设学术学位、专业学位和管理学位三种形式，在课程设计上也要进行相应的调整，一方面加强理论性和学术性课程，另一方面增加专业实践性课程。主要包括：（1）中高级宏微观经济学、计量经济学；（2）中高级金融学或货币银行学和金融经济学；（3）中高级专业理论课如金融中介学、金融市场学、投资学、公司财务学等；（4）中高级专业方向课，主要是有关应用性、技术性、操作性的实践性课程；（5）重要文献综述、经典论文选编和重要论文选目；（6）重要专题前沿研究，包括学术理论方面的前沿、现实问题中的前沿以及教育教学改革方面的前沿等（参见表2-11）。

表2-11　　2003年学院金融学专业硕士研究生课程设置概览

学校	必修课	
	公共课	专业课
中央财经大学	德育、《资本论》选读、英语 科学社会主义理论与实践 学科基础课：高级西方经济学 社会主义经济理论、经济计量分析 数量经济分析方法与应用 运筹学、投入产出分析 第二外语（日语、法语） 计算机应用	货币银行学（Ⅱ）、国际金融学（Ⅱ） 公司财务学（Ⅱ）、金融市场学（Ⅱ） 银行经营管理学（Ⅱ）、金融工程学（Ⅱ） 制度经济学、金融统计分析、投资银行学 当代西方货币金融理论比较、金融理论与政策专题、投资组合理论、金融调控与监管 中国证券市场问题、中国经济问题研究 国际贸易与融资研究

2003年至今，学院学术型硕士研究生的课程大致保持稳定，主要的变化体现在选修课的设置上——随着中国经济金融运行环境的变化，量化投资、大

数据与互联网金融等新的课程不断涌现。

相对而言，2011年开始的金融专硕课程体系构成较为规范，主要参考了教指委关于课程体系的模块构成体系。按照教指委的指导意见，专业硕士的课程主要由三个模块构成：公共基础课（目前学院设置了中国特色社会主义理论与实践研究和英语两门课程）、专业必修课（目前学院设置了经济分析、金融理论与政策、金融机构与金融市场、投资学、高级公司金融、国际金融专题、财务报表分析7门课程，其中经济分析和国际金融专题两门课程是学院自设的，而其他5门则是教指委建议的6门必修课中选择的）、选修课（含公共选修课和专业选修课，其中公共选修课包括马克思主义与社会科学方法论和自然辩证法概论两门，专业选修课设置了19门课程，涉及商业银行经营管理、资产定价与风险管理、金融衍生工具、金融伦理、量化投资、大数据与互联网金融、国际金融组织与全球治理、金融热点问题讲座等）。目前，金融硕士必须累计修满37学分，其中课堂教学33学分（其中必修21学分，选修12学分），专业实习4学分。

五、硕士生培养模式创新的探索

（一）招生环节

近年来，为了更好地提升硕士研究生的生源质量，学院尝试在加大项目宣传的同时，依靠暑期夏令营不断提升保送推免生的占比，实现选拔方式多元化的同时，确保选拔公开、公平、公正。

从2012年起，暑期夏令营代替传统推免保送方式成为学院选拔优秀研究生的主要方式。暑期夏令营全名为"全国卓越金融学子夏令营"，由学院于2012年创办，以"创造、分享、交流、合作"为主题，通过讲座、研讨、团队活动等形式，为学生提供免试攻读金融学/金融专业硕士研究生以及硕博连读研究生的机会。学院通过资料审核、论文宣讲、综合面试和专业笔试等多种方式考察学生的综合素质，确保选择最优秀的学生。首先，进行资料审核，参加夏令营的同学本科成绩排名要在专业前10%（含）以内，两名副教授及以上职称的专业教师进行推荐。其次，进行论文宣讲，学院组织加入夏令营的同学进行论文宣讲展示，考察学生的科研潜力和专业素质。最后，进行综合面试和专业笔试，采用英语面试、专业面试等多种方式相结合的方法，挖掘学生的综合能力；通过对数学、经济学、金融学等学科的笔试考试，考察学生的基础知识。自 2012～2018 年，夏令营共计收到来自全国高校的入营申请近 5000 份，接收来自近 70 所高校的 850 余名学生入营，最终录取 359 名同学免试攻读金融学院硕士研究生，其中硕博连读研究生 51 名，为学院提供了大批优质生源。

为了更好地提升夏令营生源质量，确保研究生推免工作的顺利进行，从 2018 年开始学院还精心组织教师队伍前往部分重点高校进行项目推荐，取得了良好的效果。

（二）培养环节

（1）密切结合我国经济金融发展实际，不断调整金融硕士培养方向，推出国际金融组织管理、金融科技方向，更好地满足社会对高层次应用型金融专业人才的需求。

（2）培养模式创新：广泛吸收社会资源，积极贯彻双导师制度的基础上，鼓励案例教学在硕士层面的推广。

为了更好地开展硕士研究生教育，学院从 2013 年开始就推出了学院层面的教学案例大赛，并专门设置了金融专硕案例教学中心。

（3）校内校外专家联合授课的同时，通过金融街论坛、双周学术论坛、经济金融名家论坛等形式邀请学界、业界专家参与研究生培养。

（三）学术论文质量控制环节

学院在学校硕士研究生论文写作过程管理办法的基础上，专门制定出台了金融学院硕士研究生论文写作管理办法，不断强化论文开题、评阅和答辩等环节的质量控制。

第三节 博士生教育

一、博士生教育项目总体概况

从历史来看，尽管学院所属的学校金融学科在中国金融领域有着很大的影响，且对我国金融人才培养和金融事业的发展作出了很大贡献，但金融学博士点获得却比较晚。之所以会出现这样一种情况，是因为在20世纪80年代初国家研究生教育起步和大发展时期，学校因校舍及指导思想等方面的原因错过了最初的机会，到了20世纪80年代末，当学校的校舍大部分收回时，金融学科以及财政学、会计学等支柱学科的旗帜性人物已到退休年龄，错过了这一发展机遇。直到以王广谦教授等为代表的新一代专家学者成长起来以后，学院才于1998年获得金融学的博士授予权。

自1999年开始招收金融学博士研究生之后，学院的博士生培养大致经过了三个阶段。

1999~2005年，学院博士生培养的起步阶段，招生专业仅限于金融学一个学科。这一阶段从王广谦教授一个博士生指导教师起步，之后在校内外多位导师的支持帮助下，逐渐形成了博士培养的规模化，博士项目培养日趋规范化。

2005~2010年是学院博士研究生培养的第二阶段，培养专业从金融学一个专业到金融学与国际贸易学两个专业，博士生导师数量实现了快速增长的同时，博士招生规模也明显扩大，曾一度达到29人的年度招生规模。

2010年随着国际贸易学专业转移到学校新设立的国际经济与贸易学院，学院的博士招生规模出现了一个短暂的下降，学院博士生教育项目重新进入一个专业聚焦、质量提升的阶段。2012年，学院新设金融工程专业博士项目，进而形成了金融学与金融工程两个专业博士生教育项目携手发展的时期。在这一阶段，尽管最初由于国际贸易学专业的分离使导师及招生数量出现了下降，但院内博士生导师队伍经过2012年、2015年和2017年三次遴选，实现了数量的快速增长，总体的博士生招生保持了相对稳定。

经过长期的探索和实践，金融学院的硕士研究生教育形成了鲜明的特色。

（1）培养方向的设置密切结合我国经济金融改革和发展，在体现学科特色的基础上，服务我国金融发展大局。值得一提的是，学院博士点在日益关注资本市场、公司金融等主流方向的同时，一直将中国金融史作为学科建设和人才培养的特色方向。

（2）课程设置科学合理。经过长期的探索，在广泛借鉴国内外金融学博士研究生培养课程体系的基础上，学院目前构建了科学合理的博士课程体系，重视夯实经济金融基础理论。

（3）师资队伍（授课团队）梯队结构合理的同时具有较高的学术水平。现有的博士教育项目注重发挥深谙中国经济金融发展历史的资深教授和熟悉国内外相关领域最新前沿的年轻教师的协同作用，共同授课，以期让博士研究生熟悉中西方两个学术平台的现状，更好地开展学术研究活动。

（4）高度关注博士生的学术训练，构建了包括学术交流、联合培养、学年论文等较为完整的学术研究支持体系。

（5）较高的社会认可度，培养的博士研究生就业去向良好，在工作中得到了单位的认可。

二、博士生导师以及培养方向设置

学院博士生导师队伍在过去的 20 年间从无到有、从少到多，经历了较为明显的变化。

1999～2001 年，学院仅获得金融学专业博士授予权，当时的博士生导师仅王广谦教授 1 人，主要培养方向为金融理论与政策。

2001 年，李健教授和史建平教授经学校学位委员会评审成为博士生导师，再加上从中国人民银行金融研究所引入的吴念鲁教授，学科点的博士生导师达到 4 人，研究方向也相应地从金融理论与政策一个方向增加到金融理论与政策、银行管理和国际金融三个方向。

2004 年，随着国际贸易学专业博士点的设立，学院为了更好地开展博士研究生教育，在新聘张礼卿教授、贺强教授、姚遂教授、张碧琼教授四位校内教授担任博士生导师的同时，将戴相龙研究员、吴晓灵研究员、李扬研究员、谢平研究员、王松奇研究员、张松涛研究员、张汉林教授等已在校外具有博士生指导资格的教授聘任为学院的博士生兼职导师，博导总数达到 15 人。其中，金融学专业的博士生导师为王广谦教授、李健教授、史建平教授、张礼卿教授、贺强教授、姚遂教授、张碧琼教授 7 位校内教师，戴相龙研究员、吴晓灵研究员、李扬研究员、谢平研究员、王松奇研究员 5 名兼职导师，培养方向涉及金融理论与政策、银行管理、国际金融、证券市场和货币金融思想史 5 个。张礼卿教授、张碧琼教授 2 名校内导师和张松涛研究员、张汉林教授 2 名校外兼职导师为国际贸易学专业博士指导教师，研究方向涉及国际贸易理论、国际资本流动等。

2010年，随着国际贸易专业从金融学院独立出去，张松涛研究员、张汉林教授2位校外兼职导师转到了新成立的国际经济与贸易学院，学院的博士生导师减为12人（其中，戴相龙研究员未上当年博士研究生招生目录，学院实际博士招生导师为11人）。

2012年，经校学位委员会评审，李建军教授、郭田勇教授、韩复龄教授被遴选为金融学专业博士生导师，学院实际招生的博士生导师人数增长为14人，培养方向较之前稍有调整，改为金融理论与政策、国际金融、金融机构与金融市场和货币金融思想史等。同年，经学院申请、学校学位委员会评审，金融工程专业开始以导师组形式招生。

2015年，经校学位委员会评审，应展宇教授、张学勇教授、谭小芬教授、王遥研究员（财经研究院教师）被遴选为金融学专业博士生导师，刘向丽教授被遴选为金融工程专业博士生导师。进而，2016年学院实际招生的博士生导师（含兼职）达到了19人。

2017年，经校学位委员会评审，尹力博副教授被遴选为金融学专业博士生导师，王辉教授被遴选为金融工程专业博士生导师，进而学院博士生导师（含兼职）达到21人。

三、博士生招生及学位授予情况

（一）博士研究生招生

1. 招生规模。

金融系博士研究生招生始于1999年，第一届博士生为姚克平、丁向阳，第二届为曹军、马丽娟。从2001年开始，学院博士生招生规模逐渐扩大，2001年、2002年招生人数分别为7人、8人，2003年、2004年招生人数有较大幅度的上升，达到17人、18人。2005年，增设国际贸易学专业的博士，招生规模稳定在20～30人，2009年、2010年学院博士生招生数达到峰值35人。2010年，国际贸易学专业开始从金融学院分离，2012年第一届金融工程专业开始招生，第一届金融工程博士生为朱莉（参见表2-12）。

表 2-12　　　　　　金融学院历届博士生招生情况　　　　　　单位：人

年级	招生总人数	分专业招生人数	招生专业
1999	2	2	金融学
2000	2	2	金融学
2001	7	7	金融学
2002	8	8	金融学
2003	17	17	金融学
2004	18	18	金融学
2005	20	18	金融学
		2	国际贸易学
2006	24	21	金融学
		3	国际贸易学
2007	26	19	金融学
		7	国际贸易学
2008	27	23	金融学
		4	国际贸易学
2009	35	28	金融学
		7	国际贸易学
2010	35	35	金融学
2011	28	28	金融学
2012	29	28	金融学
		1	金融工程
2013	27	26	金融学
		1	金融工程
2014	19	18	金融学
		1	金融工程
2015	18	17	金融学
		1	金融工程
2016	21	20	金融学
		1	金融工程

续表

年级	招生总人数	分专业招生人数	招生专业
2017	18	17	金融学
		1	金融工程
2018	22	21	金融学
		1	金融工程

目前学院的博士生报录比约为8∶1。第一志愿录取率均为100%。

2. 选拔方式。

近年来，学院博士研究生的选拔方式出现了较大的变化，突出表现为硕博连读生占博士研究生的比例逐年提升，2017年占到了26%，相应地通过统考招收的博士生比例总体呈现下降态势。

3. 博士生源结构。

学院博士生生源由非定向和定向生源构成。其中定向生源分为在职委培和少数民族骨干计划生源。2015年以前，学院博士生定向与非定向生源约各占50%，2016~2018年，学院博士生定向（含在职委培）生源约占30%，自2019级开始，学院博士生定向（含在职委培）生源将控制在5%左右。

（二）学位授予

学院在2002年才有首位博士生毕业并获得博士学位。从2002~2018年，共有206人获得了博士学位，其中2人获得金融工程专业博士学位（参见表2-13）。

表2-13　　　　2002~2018年金融学院历届博士生授予学位情况　　　　单位：人

年份	授予学位数	年份	授予学位数
2002	1	2008	15
2003	2	2009	20
2004	6	2010	11
2005	7	2011	15
2006	13	2012	27
2007	6	2013	29

续表

年份	授予学位数	年份	授予学位数
2014	33	2017	25
2015	27（含金融工程1人）	2018	10
2016	14（含金融工程1人）	合计	261

四、博士生培养方案与课程设置

随着国内金融行业不断发展，结合当前国内外金融领域前沿研究方向，也为提升学院博士研究生培养质量，以便更好地适应行业及研究需要，学院在博士研究生培养方面不断吸收先进经验，多次修改培养方案，使培养工作改革取得显著成效，具体包括以下几个方面。

一直以来，金融学院为博士研究生设定的总体培养目标为：全面贯彻党和国家的教育方针，坚持质量第一、贯彻理论联系实际的原则，培养德、智、体、美全面发展，基础扎实、知识面宽、能力强、素质高，富有创新精神和实践能力的高层次金融研究人才。以此目标为核心，结合国内外金融人才培养前沿形式和国内金融行业、金融研究需要，学院于2012年开始将金融学博士生培养拓展为金融学和金融工程双专业共同培养。

随着学院师资队伍的不断壮大和研究经验的不断积累，金融学院为学生提供的研究方向选择呈现多元化趋势。至2018年，金融学博士研究生的培养方向逐步扩展为6个方向，包括：货币理论与政策、金融发展与金融结构、国际金融、金融史和金融思想史、银行管理、资本市场和公司金融。专业方向设置更为科学、合理，涵盖了当前金融研究领域的全部主要方向。新增的研究方向丰富了博士研究生的选择，更契合了当前金融学研究向多学科交叉，专业领域深化、细化的趋势。形成了宏观、微观金融领域并重的全面培养体系。

自2014年起，根据教育部相关文件精神，同时遵照《中央财经大学博士研究生执行培养方案的规定》，结合金融学院实际情况，将博士研究生的基础修业年限由原本的3年延长至4年，最长修业年限延长至6年。延长修业年限有助于学生在打下坚实的理论基础的同时，有充裕的时间开展自己专业领域的研究工作；也为学生赴国外交换、访学，开拓国际视野提供了便利；开展社会调查、文献研究，积累研究经验；更可以使学生能够反复打磨学位论文，从整体上提升培养质量。

在课程设置方面，学院坚持"基础扎实、知识面宽"的核心理念，在博士一年级开设高级微观经济学、高级宏观经济学和高级计量经济学三门专业基础课，以夯实学生专业基础知识，为后续研究打下牢固基础。此外，随着师资队伍建设的稳步前进和专业方向的不断完善，金融学院陆续为博士研究生开设高级公司金融专题、高级资本市场专题、中外货币理论源流等专业课程，以及金融史和金融思想史研究、金融实证研究、资产定价理论研究、国际金融问题研究和高级金融经济学等选修课程，促进学生全面、深入地把握专业理论体系。另外，为提升学生研究能力和视野，金融学院还开设有金融学前沿与文献选读和撰写博士论文过程——研究方法课程。除课程学习外，为增加学生对本领域前沿研究进展的了解，也为他们能够学习更多研究方法和经验，同时还在新的培养方案中加入了对学生参加学术讲座和研讨会的要求。

博士生专业知识体系构建是其开展后续研究工作的基础，因此，为促进低年级博士研究生对本专业知识有全面、深入和系统地掌握，金融学院自2017年起，要求博士研究生在第三学期参加开题资格考试。考试分为笔试（主要为考察基础知识和方法论等的掌握）和提交文献综述（与开题报告和毕业论文研究的问题一致）并参加答辩。两项都通过者，方能进入毕业论文写作阶段。

在培养过程方面，自2013年起，金融学院在金融工程方向的博士生中开始试行导师组培养方式，并从2015开始推广到全部专业方向。导师组培养方式具体为：博士研究生在第二学期确定导师，由学生和老师双向选择，导师确定后，由导师在第二学期期末组建博士生论文指导小组。指导小组成员不能超过4人（包括导师），需要在博士生的博士论文开题前组建。指导教师从国内外知名大学、中央财经大学金融学院或其他学院挑选符合学生研究方向、科研成果质量突出、认真负责的青年教师（40岁以下）2~3名，作为副导师，组建指导小组对博士论文进行指导。这样更有利于学生在进入博士阶段伊始更多地了解专业知识和相关研究领域，确定自己的研究方向；也可以让学生获得更多老师的指导，对研究内容有更多角度的认识。同时，吸收其他学院和国内外知名大学指导教师作为副导师，有利于学院、学生更多地了解学术前沿动态，如研究方向的扩展、主流问题的新认识、新兴研究领域和创新的研究方法等，更利于学生提升自己的科研水平。

在学术能力培养和毕业论文写作方面，除为学生开设专门的研究课程和举办各类学术活动外，自2017年开始，学院同时要求博士生在基本学制内，从入学起的前三年需要每一学年完成一篇学年论文（第一年可以采取文献综述的形式，第二、三年采取工作论文形式，最后学年可以学位论文替代），并组织答辩。此举有利于学生提前开展学术研究活动，积累相关经验，并可为毕业论文写作进行前期积累。同时，学年论文制度使学院在此过程中了解学生的选题方向、研究进度和文献积累，便于及时帮助学生找准定位，少走弯路，同时能增强学生的紧迫感，侧面督促其按期完成相关研究工作。

在学位论文方面，2017年修订的培养方案加入了对学位论文整体的明确要求和标准，要求"博士学位论文须是一篇系统完整、符合学术规范的学术论文，应具有重要的理论意义或实践价值。论文应反映作者在本门学科上掌握了坚实宽广的基础理论、系统深入的专业知识和规范科学的研究方法，对所研究的课题在学科或专门技术上做出了创造性成果，表明作者具有独立从事科学研究工作的能力"。对于学位论文，学院建立了预答辩制度和匿名双盲外审制度。博士生达到规定的申请博士学位的科研成果要求，并且完成博士学位论文文稿后，可申请预答辩。预答辩须在博士生申请正式答辩的1个月之前完成；预答辩通过的学位论文，经过进一步修改后，提交学校学位办作学术不端检测处理，然后实施双盲外审。预答辩和匿名双盲外审制度强化了对博士学位论文质量的要求，符合教育部关于研究生学位授予要以"质量导向"的精神，也反映了学院对授予博士学位一贯秉持的审慎原则。

最后，除修完相应课程，完成学年论文及毕业论文并通过评审和答辩外，为进一步推进博士研究生的科研水平和整体培养质量，学院从2015级起要求申请博士学位需要在《中央财经大学中、外文核心期刊目录》规定的A类及以上期刊（包括SSCI、SCI期刊论文）以第一作者（或导师第一作者，本人为第二作者）发表学术论文一篇。此举符合国内外博士研究生培养工作的惯例，既是对学生科研水平的一种评测，也是对学院博士研究生整体科研能力的展示。

五、博士生培养模式创新的探索

（一）招生环节

学院采取暑期夏令营选拔与国家研究生统一考试相结合的方式选拔人才，以保证人才质量。在此基础上，学院还不断优化和完善硕博连读计划，通过此方式进一步选拔优秀人才，提升博士研究生生源质量。

第一，以导师组招生，统一招生标准，确保统考生生源质量，入校之后再开展导师分配。

学院从2014年开始，改变了之前沿袭的按照博士生导师招生的统考模式，转而以导师组方式进行招生。在这一模式下，考试环节中所有考生面对同一张试卷（中国金融史方向的考生专门设有必答的方向性试题），学院按照总分高低统一排序确定复试名单，复试也以导师组方式进行，统一打分，然后根据初试和复试的综合成绩确定录取名单。

统招生待其入学第一年内，根据学生和导师双向选择的方式最终确定其导师人选。

第二，推行硕博连读计划，改变生源来源结构。

学院自2008年开始实施硕博连读计划，硕博连读研究生选拔考试于每学年第一学期期初进行。考试内容为专业素质和科研潜质，考试形式为综合面试和专业笔试。专业素质测试重在根据专业培养目标考查考生对本专业基础知识、学术前沿动态的掌握情况；科研潜质测试重在根据专业培养要求考查考生是否具有在本学科领域发展的科研水平和研究潜质、是否具有科研创新意识和能力。硕博连读选拔主要通过选拔考试、本科推免、夏令营等多种方式进行，经过综合测试，选择具有较强研究能力的学生。通过硕博连读计划，学院建立了更加完整的博士研究生培养体系，显著提升了博士研究生的生源质量。2012~2017年，学院共计录取硕博连读研究生42名，其中金融学（学术型硕士－硕博连读）研究生41名，金融工程（学术型硕士－硕博连读）研究生1名，已获得博士学位共计7名，在读博士35名。

(二) 培养环节

第一，充分利用校内和校外（包括国外）资源，加强博士生课程建设和博士生培养工作。在本校教师开设高水平专业课的基础上，邀请国内金融理论和金融教育界顶尖水平的专家，如吴念鲁、李扬、谢平等讲授《金融理论前沿》课程，每年至少邀请一位国际上著名的经济学家，如威廉姆森、胡永泰等为博士生授课。

第二，构建导师组。学院从2010年左右就率先在院内设立了导师组制度，每位博士生在论文开题之前必须在导师安排下构建2~3人的导师组，导师组由该学生博士生导师担任组长，邀请1~2名院内年轻教师（一般都不具有博士生指导资格）担任导师组成员，在论文开题、写作和答辩过程中发挥导师组中不同老师的学术优势，更好地帮助博士生开展学术研究，完成学位论文的同时提升质量。

第三，专业主文献库建设。学院积极推进专业主文献库的建设，目前在学校支持下，学院已初步完成了金融学和金融工程两个专业的主文献库建设。为学院博士生奠定了科学、合理的文献体系。

第四，鼓励学术交流，积极开拓国际联合培养。学院积极利用学校和学院两级的境外学术资源，鼓励学生利用国家留学基金委和北京市联合培养项目的资金支持开展出国交流（参见表2-14）。

表2-14　近年来金融学院博士和硕士出国交流人数（2013~2018年）　　单位：人

类别	2013年 硕士	2013年 博士	2014年 硕士	2014年 博士	2015年 硕士	2015年 博士	2016年 硕士	2016年 博士	2017年 硕士	2017年 博士	2018年 硕士	2018年 博士
国家留学基金资助出国留学人员	0	1	0	0	1	0	1	0	0	1	0	2
公派联合培养	10	2	13	4	8	1	12	2	8	4	7	3

2013年以来，学院博士生代表共参加了国内、国际高水平学术会议30多场，如：巴西坎皮纳斯大学会议、日本ICSSAM会议、第十六届中国经济学年会、第八届《金融研究》论坛会议、环境经济学年会议、第九届CSBF两岸金融研讨会暨第十三届IEFA经济金融会计研讨会、第五届香樟经济学论坛、

第九届中国金融教育论坛等。2013~2018年,学院研究生赴境外联合培养达80人次,其中,博士生赴境外联合培养20人次,硕士研究生赴境外联合培养60人次。

(三) 培养质量控制

第一,博士研究生学年论文制度。从2018年9月起,实施博士研究生学年论文制度。要求学生每一学年需要完成一篇论文,经过学术不端行为检测(参照学位论文标准)并组织答辩,未通过学年论文答辩的作延期处理。

第二,博士研究生学位论文匿名评阅制度。2018年以前,博士生学位论文匿名评阅由研究生院学位办统一组织5位专家匿名评阅(校内2位,校外3位)。从2018年3月起,博士研究生学位论文匿名评阅工作由研究生院学位办统一组织。每篇学位论文聘请3位校外相关学科的教授或者博士生导师资格的副教授进行匿名评阅。3份评阅书全部评阅意见为"同意答辩"视为通过匿名评阅;2份"同意答辩"、1份"做较大修改后答辩",则由学位申请人根据专家意见修改论文,并提供修改说明,经学院学位评定分委员会审核通过后方可申请参加学位论文答辩;3份评阅书中有2份的专家评阅意见为"同意答辩"、1份为"不同意答辩",由学院学位评定分委员会审核并做出终止申请或再送审1位专家评审的决定。

第三,实行博士研究生学位申请科研成果审核制度。2015级起,开始实行博士研究生学位申请科研成果审核制度。博士研究生在申请博士学位论文答辩之前,科研成果必须达到规定要求,才能进入论文答辩相关环节。

第四,实行研究生学位论文追责制度。对于学校每年在国务院教育督导委员会办公室组织的博士学位论文抽检中被认定为"不合格"的论文,学校追究其所在培养单位的责任,2017年起,以1∶1的比例核减培养单位下一年度的博士研究生招生指标,暂停指导该论文的导师三年招收博士研究生资格。实行研究生毕业与学位授予分离制度。

在研究生学位论文答辩表决票上,对"论文答辩通过"和"同意建议授予学位"两种意见做明确的区分,在统计答辩结果时将两种意见分别统计。论文没有通过答辩再次申请答辩须间隔6个月(博士研究生)和4个月(硕士研究生)以上。

第五,实行校院两级学位评定制度。从2018届博士生起,学校实行校院两级学委评定制度。要求博士学位论文答辩委员会必须有学院学位评定分委员会委员参加，对于在博士学位论文评阅中有不同意答辩意见的和没有全票通过论文答辩的博士学位论文，学院学位评定分委员会需要逐一审议，并作出同意授予、暂缓授予或不授予学位的建议，且学院学位评定分委员会主席须向校学位委员会作专门汇报，由学校学位评定委员会审定。

第四节　教学改革和课程建设

40年来，金融学院秉持"忠诚、团结、求实、创新"的校训，传承"求真求是、追求卓越"的办学理念，始终以人才培养为中心，以国家经济社会建设与发展需求为导向，加强课程建设和教育教学改革，不断改进和创新人才培养模式，着力提升人才培养质量和水平，取得了丰硕的教学成果。

一、2000年之前的教改成果

在1996~1999年由厦门大学张亦春教授主持的教育部《面向21世纪金融学专业教学改革》项目的研究中，金融学院是重要研究单位之一，此项研究获得国家级教学成果一等奖，厦大、复旦、人大和我校是四个获奖单位之一。

在这一时期历年的北京市教学成果评奖中，学院有贺强教授主持完成的教改项目"以科研带教学，以实践促理论——系统化的证券教学改革试验"等8项成果获得各类奖项。

此外，这一时期王佩真、李健教授主编的《金融概论》和《当代西方货币金融学说》还被评为教育部、财政部系统的优秀教材。李健教授主持的"《当代西方货币金融学说》课程建设"、陈颖教授主持的"改进与完善《银行经营管理学》的教学内容与方法"等教改成果获得学校层面的教学成果奖。

二、2001~2005年间教改活动

以教育部"新世纪教育教学改革工程"项目研究为契机，推动金融学科教学改革，不断完善教学内容和课程体系，取得一系列丰硕成果。

（一）国家级教学改革成果一等奖

王广谦教授主持的教育部"新世纪教育教学改革工程"项目——21世纪中国金融学专业教育教学改革与发展战略研究，于2004年圆满完成。在三年多时间的实施过程中，学校牵头举办三次有全国性影响的研讨会，从而奠定了金融学科在全国金融学科中的领先地位。2005年获得国家级教育教学成果一等奖，国务院总理温家宝亲切接见王广谦教授。

"新世纪教育教学改革工程"项目主要内容简介：

关于高等教育教学改革研究，20世纪80年代以来在世界范围内出现了研究的高潮。特别是1989年在法国巴黎召开的第25届联合国教科文大会更以《教育与未来》作为主题，深入讨论了面向21世纪的教育问题，在教育理念、教育创新、人才培养等方面达成了广泛的共识，促进了世界各国对高等教育的研究与改革。为了推动中国高等教育的改革与发展，1994年教育部实施了"高等教育面向21世纪教学内容和课程体系改革计划"，并于20世纪末顺利完成。2000年1月，教育部又在"面向21世纪计划"取得重大成功的基础上，实施了"新世纪高等教育教学改革工程"。金融学作为一门具有特殊重要地位的学科，在教育部实施的两大教改工程中，都被列为重要的研究项目之一。在"面向21世纪计划"课题中，金融学教改项目由厦门大学、复旦大学、中国人民大学、中央财经大学等9所大学共同承担，主要研究了中国高等院校金融学本科专业教育教学的基本规格和基本要求等问题，取得了重要的研究成果，为本项目的研究奠定了良好的基础。

根据经济全球化迅速发展和中国更深度地融入国际社会的新形势及我国经济和社会发展对国际化一流金融人才的特殊需求，结合金融学专业教育教学改革发生的新变化与面临的新形势和客观要求，本项目在更高层面上进行了战略性和前瞻性研究，其核心内容是科学确定了金融学学科发展的定位，并以重点大学一流金融学科为重点，着力研究了在经济全球趋势下真正具有国际竞争力的"高层次、国际化"的一流金融人才。具体研究内容是：

（1）分析了2000年以来中国金融学专业教育教学改革的最新背景、客观要求及其对未来金融人才培养提出的新挑战；

（2）归纳了中国金融学科特别是重点大学一流金融学科的最新发展变化和存在的主要问题；

（3）通过对国内外金融学专业发展的各种理论观点的辨析，从理论和国内外实践两个方面深入研究了现代金融学专业的学科定位问题；

（4）在比较国内外金融学科不同学历层次的培养目标和近年来我国金融学专业毕业生就业领域变化对金融教育教学改革的影响基础上，提出了一流金融人才的综合素质教育和培养的多元化模式；

（5）对改革开放以来我国金融学专业各层次的课程设置和演变进行了具体分析，比较研究了国外若干著名大学不同学历层次课程设置的异同及新形势下我国金融学科各学历层次的课程设置问题，对重点大学一流金融学科课程设置的特色和国际化等问题提出了进一步改革的方案；

（6）对金融学专业在教学方法、教材建设、师资队伍建设等方面的相应改革进行了深入研究；

（7）探讨了重点大学一流金融学科未来发展的方向和进一步改革发展的着力点。

此外，在本项目研究进行过程中，还积极有效地开展了一系列研究与教改实践活动，特别是在转变人才培养模式、与金融实际部门的密切合作、国内外著名高校的联合培养、课程体系调整与实施、教材建设与使用、精品课程建设、教学名师工程、教学方法改革等方面，取得了很好的实践效果。

该项目研究是在中央财经大学、厦门大学、复旦大学、中国人民大学四所大学和四十多位课题组成员的共同努力下完成的。最终研究成果包括四个方面：（1）《项目研究报告》；（2）项目研究专著《金融学科建设与发展战略研究》；（3）项目研究论文32篇；（4）金融专业主干课程系列教材《金融学》《金融中介学》《金融工程学》《投资学》《公司理财》。这项研究成果，对金融学专业教育教学改革具有重要指导意义和推广价值，对提高我国金融学专业教育教学水平，培养高素质的金融人才具有重大意义。

（二）国家级教学名师

注重本科基础教学，实施名师工程计划，推动教学水平的提高，2003年金融学院校李健教授获得首届"国家教学名师奖"。

（三）国家精品课程

实施精品课程计划，加强课程建设和教学改革，以精品课程带动其他课程建设。2003年由李健教授主持的《货币银行学》课程，被教育部评定为首批国家精品课程和北京市精品课程。2004年贺强教授主持的《证券投资学》被评定为北京市精品课程。

国家精品课程《货币银行学》简介：

1. 课程内容体系结构。

本课程的教学内容主要涵盖金融基本范畴、金融市场与金融中介、宏观均衡与货币政策、金融与发展、开放条件下的金融活动与协调五大方面，包括货币与货币制度、信用、利息和利率、金融市场、金融机构体系、存款货币银行、中央银行、货币需求、货币供给、货币均衡与总供求、通货膨胀与通货紧缩、货币政策、金融与经济发展、国际交往中的货币、国际金融体系、国际收支与经济均衡等，信息量大、兼容性强、涉及面宽。课程讲授以马克思主义基本原理和基本方法为指导，系统阐述金融学的基本知识、基本理论及其运动规律，客观介绍国际主流货币金融理论及最新研究成果、实务运作机制及最新发展；立足中国实际，交融历史与现实，概括反映我国经济体制改革、金融体制改革的实践进展和理论研究成果，实事求是地探讨社会主义市场经济发展中的金融理论与实践问题。

2. 教学内容组织方式与目的。

本课程在教学中将教学内容大致分为理论性、应用性、实践性三类，按各类内容的不同特点采用不同的方式组织教学。

（1）理论性教学内容组织方式与目的。理论性教学内容包括金融学的基本范畴、基本原理和基础知识，这部分是本课程教学最主要和重要的内容。教学组织方式以任课教师课堂讲授为主，占总课时的50%以上；课堂讲授的基本目的是增强学生对基本概念范畴、基本理论的理解，使学生在掌握金融学的基本原理和基本知识的基础上牢固树立正确的金融理念、思维方法和金融从业人员的道德观，奠定坚实的金融理论基础。教学中始终坚持教书育人的基本原则，将实现"理论功底扎实、人格完善"的专业人才培养目标融入日常教学过程中。

（2）应用性教学内容组织方式与目的。应用性教学内容包括货币金融政策分析，金融工具价格、收益的计量，货币供应量、货币乘数、派生存款、汇率变动等的测算，金融改革与发展中的现实问题分析与对策研究等。应用性教学内容的教学组织方式采用教师课堂指导与学生课堂或课下完成作业相结合的方式。教师在讲授基本理论内容的基础上，对应用性内容作简要指引，布置作业，作业形式包括课后书面完成的专题分析，课堂完成的计量和测算题目，以及小组协作完成的现实问题解决方案等。采用多样化的教学组织方式，目的是培养学生对金融基本理论和基本规律的理解应用能力、实践与操作技能、分析与解决实际问题能力以及创新能力。

（3）实践性教学内容组织方式与目的。实践性教学内容包括货币市场和资本市场模拟运作、金融工具虚拟交易、中央银行政策工具应用、商业银行业务操作等，教学组织形式以实验教学和现场观摩教学为主。利用金融实验室进行金融市场、金融交易模拟实践；采用分散性现场参观与观摩形式感受真实交易的氛围；通过互联网访问中央银行、大型商业银行网站，了解金融中介业务运作。实践性教学的目的是增强本课程理论与实践结合的紧密程度，增加学生对所学知识的感性认识，培养学生的实践能力和知识技能的应用能力。

3. 实践性教学的设计思想与效果。

本课程的实践性教学设计的基本思想是：立足于学生对基本理论知识的理解应用能力与基本操作技能的培养，通过金融实验室模拟实践教学、实地参观访问学习、网络虚拟空间浏览、专题调研、论文写作等形式，将教材、课堂教学内容与金融实践紧密结合在一起，突出本课程教学的目的性，增强学生学习的趣味性、操作性和感性认识，激发学生学习的主动性和创新性，拓展学习的深度与广度。

本课程实践教学已经取得了显著效果，学生分析问题、解决问题的能力得到提升，许多学生（包括非金融学专业的学生）因此对金融学产生了浓厚的兴趣。他们积极参加校内外有关金融的知识竞赛和征文活动，获得良好的成绩。一些学生的论文还被报刊选用，公开发表，例如近3年金融学院的本科生在《经济日报》等刊物上公开发表了10篇学术论文，获得全国性优秀社会实践奖4项，校级优秀社会实践奖15项，优秀实践论文48篇。从历届毕业生的反馈信息看，应用型人才成为我校人才培养模式的代名词，他们的工作实践能力得到用人单位的肯定。

4. 教学方法。

（1）课堂讲授。面对面进行知识、理论传授是最基本的教学方法。课堂讲授在有限的时间内浓缩课程精华，突出重点难点，是完成教学计划的重要环节，课堂讲授还可以保证信息的充分传递，突破教材内容的滞后性，使教学内容充分吸纳国内外金融学研究的最新成果，反映金融学发展的最新动态。本课程任课教师的教案、课件内容充实，重点难点突出，更新及时，即使1学年讲授两次，教案和课件也进行更新和充实。

（2）课外指导。课外学习是学生巩固课堂知识，扩充学习广度的有效方式。本课程任课教师采用多种形式指导学生进行课外学习，例如，任课教师提出问题，提示思路，引导学生查阅文献资料，阅读参考书目，组织课外研讨，批改作业论文等。课外指导强化了课堂学习效果，通过因材施教，因人施教，充分满足了学生不同学习程度和学习兴趣的要求，活跃了学习气氛，丰富了学习内容，扩展了学生认识问题研究问题的视野。

（3）启发引导。本课程任课教师经过几十年的教学实践，总结出不少行之有效的启发引导教学方法。例如，进行热点问题的专题讨论、典型案例分析、政策实践分析等等，教师提出问题，由学生先行讨论分析，之后由教师总结。再例如引导学生开展专题性学术研究活动，撰写学术论文，部分学生在本课程学习中撰写的专题研究性论文还在相关刊物上公开发表。启发引导式教学法培养了学生分析问题和解决问题的能力，以及将所学知识和理论应用于实践的能力。

（4）双向互动。教师和学生通过经常性的交流相互推动、相互促进，使教与学有机地融合在一起。例如，每一章节授课结束后学生和教师分别进行总结，学生先提出自己的问题或不清楚的内容，或者是现实中的问题，教师鼓励其他学生为提问的同学解答，之后加以补充总结。教师也向学生提出一些基本问题，由学生通过思考、收集资料、课下讨论提出解决方案。教师对学生的解决方案做现场点评。双向互动式教学法增加了教师的动力和压力，促使教师勤于学习，不断更新知识，提高讲课技能；同时，提高了学生学习的主动性和积极性，使他们能够感受到学习的乐趣和师生之间的平等关系，增进师生之间的思想与情感的交流，提高了教学效果。

（5）学生为主。即在教学过程中，选择个别章节作为学生自学、自讲、自评的内容，学生以小组协作形式对自学内容进行研讨，制作自己的讲课课件，并由小组代表在课堂上讲授，小组成员以外的同学点评、提问，小组成员都可以回答问题。组织以小组为单位进行专题辩论，同学们在争论过程中进行思想碰撞，有助于开启心智，激发创造力。以学生为主的教学方法可以培养和锻炼学生的创新能力，团队协作精神，提高学生学习的主动性和趣味性。

（6）模拟实践。借助金融实验设备开展实践教学，可以缩短书本理论和现实之间的距离。如模拟股票市场交易、网上银行业务、电子货币支付结算等。还可以通过互联网访问中央银行、股票期货交易所、国际大银行等网站，了解金融发展的最新动态。实践教学增强了学生对所学内容的感性认识，明确了学习的目的，同时也培养了实践能力。

（7）多元考核。课程考核方式是教学过程的重要环节，是引导学生树立正确的学习态度，建立良好学习习惯的重要标尺。本课程采用统一的"复合式、全程型、多元化"考核方式，平时考核占总成绩的40%～50%，期末考试占总成绩的60%～50%。平时考核包括学风学术、完成作业、讨论发言和测验测试四方面。学风学术以课堂纪律、学习态度和科研能力为主，作业形式有小论文、问答题、创新设计等，讨论发言包括辩论、回答、讲解等，测验测试以小型练习题为主。期末考试采用标准化统一题库组题和任课教师自主命题相结合的形式，由教研室统一流水阅卷。多元考核法注重过程型学习能力的培养，克服了学生突击复习应对考试带来的弊端，真实客观地反映出学生的学习效果。

5. 教学手段。

（1）投影设备。本课程授课全部实现了多媒体化，各任课教师依据授课对象的专业特点、课时数等制作了多样化的教学课件。由于本课程教学内容较多，反映的信息量大，借助投影仪可以增加授课内容的容量。实践证明，本课程使用多媒体授课效率高，效果好。

（2）音像设备。本课程的某些教学内容通过音像播放设备展示出来效果更好。比如，世界主要货币介绍、中央银行最新政策动态、相关新闻评论、金融事件的声像材料等。视听材料展示能够给学生留下较为深刻的印象，增加感性认识。

（3）电子网络。电子网络是克服课内教学时间不足的最有效的技术手段，本课程教学内容作为教学公共资源发布于校园网站上，为校内外学生提供学习参考。同时开设电子课堂，为学生提供网上答疑、咨询和辅导，并通过电子课堂收发和批改作业。

（4）辅导资料。本课程为学生提供了各种辅导资料，包括要求学生精读的指定教材书目，作为学习指导的教学大纲，用于泛读和选读的参考阅读书目和文献，指导作业和答题的学习辅导资料，检验学习效果的习题集等等，基本上能够满足学生的各种需要。

（四）北京市教学成果奖

由王广谦教授等完成的"21世纪中国金融学专业教育教学改革与发展战略研究"和李健等完成的教改课题"《货币银行学》精品课程建设与质量保证体系研究"获得2005年度北京市教育教学成果一等奖。王佩真教授等完成的"《货币银行学》课程教学改革研究"获得2001年北京市教育教学成果二等奖。史建平、贺培、南琪等完成的"加强素质教育，培养学生实践能力和创新能力"获2001年北京市教育教学成果二等奖。

（五）建成若干校级重点课程，取得一批教学改革实践与研究成果

在国家精品课程和北京市精品课程的示范效应下，《商业银行经营学》《当代西方货币金融学说》《国际经济学》《中央银行学》《国际金融》等课程被确定为校级重点建设和一般资助建设的课程。另外还获得一批校级教学改革研究课题。由金融学院自主立项完成的教学研究课题达23项。

（六）积极探索办学新模式

2004年，经教育部批准，本学科与澳大利亚维多利亚理工大学合作设立了"国际贸易/金融风险管理本科培养项目"（简称中澳合作项目）。该项目采取"全程引进"模式，即全部授课及其他教学活动均在中央财经大学进行，外方从第一学年起即介入公共英语教学，从第三学年起介入专业课教学，以培养既掌握国际贸易理论与实务又熟悉金融风险管理理论和技术的复合型人才。该项目于2004年起招收本科生，在中外教学管理服务合作体系建设等现实问题方面进行了积极探索与实践，取得了国际合作办学的宝贵经验和显著成效。本项目详细介绍见本书第五章第一节教育合作。

（七）积极开展课程建设

在实施教育部新世纪教改工程项目"21世纪中国金融学专业教育教学改革与发展战略研究"的直接推动下，本学科点的金融学、保险学、金融工程学本科专业课程体系已经与国际著名院校的金融学专业课程体系已经明显接近。同时，以金融工程专业的开设为契机，增设了金融经济学、衍生工具、固定收益证券等一批微观金融课程。此外，至少有20%以上的专业课程采用了双语

教学，另有《公司理财》等 3 门课程采用英文原版教材授课。

此外，学院在这一时期也获得了多项校级教改成果奖，如王广谦教授和李健教授分别主持的《21 世纪中国金融学专业教育教学改革与发展战略研究》和《〈货币银行学〉精品课程建设与质量保证体系研究》在 2004 年获得校级教改特等奖，王佩真教授主持的《〈货币银行学〉课程教学改革研究》在 2000 年获得校级教改一等奖，史建平教授和黄辉副教授主持的两项成果获得二等奖。

三、2006～2010 年间的教改成果

在这一时期，学院主要获得教改成果丰硕。

第一，李健、左毓秀、贾玉革、蔡如海、孙建华完成的教改成果《金融学教学团队建设中的机制创新与实践》获得北京市教学成果二等奖（2008 年度）。

第二，10 门课程被评为"十一五"国家级规划教材（参见表 2-15）。

表 2-15　　　金融学院"十一五"国家级规划教材入选名单

序号	教材名称	主编	出版社	出版时间	备注
1	中央银行学（第二版）	王广谦	高等教育出版社	1999 年 8 月	"十一五"国家级规划教材
2	中央银行学（第三版）	王广谦	高等教育出版社	2011 年 6 月	"十一五"国家级规划教材
3	中国金融史	姚遂	高等教育出版社	2007 年 9 月	"十一五"国家级规划教材
4	商业银行经营管理	吴念鲁	高等教育出版社	2009 年 7 月	"十一五"国家级规划教材
5	金融监管学	郭田勇	中国金融出版社	2009 年 8 月	"十一五"国家级规划教材
6	金融学	李健	高等教育出版社	2010 年 5 月	"十一五"国家级规划教材
7	证券投资学	贺强	中国财政经济出版社	2010 年 12 月	"十一五"国家级规划教材
8	商业银行管理	史建平	北京大学出版社	2011 年 6 月	"十一五"国家级规划教材
9	金融中介学（第二版）	王广谦	高等教育出版社	2011 年 6 月	"十一五"国家级规划教材
10	国际金融	张礼卿	高等教育出版社	2011 年 11 月	"十一五"国家级规划教材
11	金融风险教程	杜惠芬	中国财政经济出版社	2012 年 1 月	"十一五"国家级规划教材

第三，张礼卿、韩复龄、张碧琼、史建平、王广谦等教师主持的 5 门课程被评为校级精品课程。

四、2011～2018年的教改成果

这一时期，学院有5部教材被评定为国家"十二五"规划教材，5部教材被评定为北京市精品教材，1部教材被评定为财政部特色教材（参见表2-16）。

表2-16   "十二五"期间学院精品教材目录

序号	教材名称	主编	出版社	出版时间	备注
1	金融学（第二版）	李健	高等教育出版社	2014年4月	"十二五"国家级规划教材
2	金融统计分析实验教程	李建军	清华大学出版社	2011年6月	"十二五"国家级规划教材
3	金融中介学（第三版）	王广谦	高等教育出版社	2016年6月	"十二五"国家级规划教材
4	当代西方货币金融学说	李健	高等教育出版社	2006年2月	"十二五"国家级规划教材
5	中央银行学（第四版）	王广谦	高等教育出版社	2017年4月	"十二五"国家级规划教材
6	当代西方货币金融学说	李健	高等教育出版社	2006年2月	北京市精品教材
7	中国金融史	姚遂	高等教育出版社	2007年9月	北京市精品教材
8	商业银行营销教程	陈颖	中国人民大学出版社	2010年6月	北京市精品教材
9	商业银行业务与经营（第2版）	史建平	中国人民大学出版社	2010年9月	北京市精品教材
10	证券投资学	贺强	首都经济贸易大学出版社	2007年6月	北京市精品教材
11	国际贸易理论与政策	张礼卿	高等教育出版社	2012年4月	财政部"本科特色教材建设工程项目"

在这一时期，学院网络课程建设取得了重大进展。李健教授负责的《金融学》课程入选首批国家级MOOC课程，并相继获评国家精品在线开放课、国家精品资源共享课。目前学院加快了本科、研究生层面的慕课课程建设，已有《互联网金融概论》《行为金融学》《金融工程概论》等本科课程新上线，《国际金融学》（本科）、《证券投资学》（本科）、《金融理论与政策》（研究生）等课程正处于建设过程之中。与此同时，李健教授主编的《金融学》获第四届中国大学出版社图书奖优秀教材一等奖与中国金融图书"金羊奖"。

此外，张礼卿教授、魏旭副教授主持的《国际金融》《高级微观经济学》

获评教育部来华留学英语授课品牌课。杜惠芬、贺强和张礼卿等教师主持的4门课程分别入选校级精品课程、精品资源共享课和英语授课品牌课程。

  在这一时期，金融专硕案例建设也取得了较好的成果。学院组织了5届专硕教学案例大赛，并在教指委组织的全国案例大赛中获得了不错的成绩——2016年10月8日，全国金融专业硕士研究生教育指导委员会发布了第二届全国金融专硕案例大赛获奖名单。金融学院方意副教授撰写完成的《泛亚交易模式及"日金宝"流动性挤兑危机案例》与2015级专硕边雯晖、郭少杰同学撰写，黄瑜琴副教授指导完成的《中诚信托诚至金开1号信托案例》分别获得全国金融专硕优秀案例，并拟遴选入教指委全国金融硕士教学案例库。本次优秀案例评选工作全国共40篇入选，金融学院占2篇。第二届全国金融专硕案例大赛和2015全国优秀金融专硕学位论文评奖活动覆盖全国140所金融硕士培养院校，金融学院获奖情况位居全国前列。2017年11月26日，全国金融专业硕士研究生教育指导委员会发布了第三届全国金融专硕教学案例大赛评奖结果。金融学院获全国优秀教学案例2篇，获全国优秀专硕学位论文提名奖1篇。其中，史建平教授与研究生闫思宇、张一凡同学开发的《中资商业银行海外并购折戟：路在何方——中国民生银行并购美国联合银行的案例分析》，陈颖教授与研究生雷毅名、乔玥娇、张浩同学开发的《债券违约风险——2016年东北特钢系列债券违约案例》分别获得优秀教学案例奖。

第三章
科学研究

科学研究是高等学校重要的功能。高质量的科学研究成果是高校学科建设的重要支撑点,也是学者学术地位提升的竞争力所在。改革开放40年来,中央财经大学金融学院紧密围绕国家经济金融发展需要,积极开展金融问题研究与探索,承担了大批重要课题,为国家相关部门、企业与机构单位提供了学术理论研究支持,不少咨政报告的观点被采纳或付诸实践,学院教师在国内外权威期刊发表重要学术研究成果,出版有影响力的学术专著,推动金融经济理论发展。

第一节 研究综述

自20世纪70年代末复校以来,本学科点教师承担了大量的科研课题,包括国家社会科学基金项目、国家自然科学基金项目和教育部人文社科规划项目等纵向课题,以及横向委托课题和国际合作课题,并形成了大量有价值的学术成果。从中央财经大学金融学院科学研究的发展历程来看,大致可以分为以下几个阶段。

第一个阶段,科学研究工作恢复与探索阶段(1978~1991年)。在这一个时期,刘光第、俞天一、张玉文、王佩真、李继熊等著名经济学家和学者回到中央财政金融学院金融系讲学和任教,为这一时期的科研工作奠定了良好的基础。

1979年2月16日,中央财政金融学院教务处制定了《中央财政金融学院1979~1985年科学研究工作规划(草案)》指出:金融学院的科学研究方向和要求,应根据学院的特点,和国家财政、金融机关直接领导的科研单位在选题上有所不同。我们的选题方向和要求应更多地偏重于财政、金融基本理论研究,偏重于财政、金融史料方面的研究(财政史、金融史、税收史),偏重于外国财金学术流派的研究和他们的著作、资料的翻译。所有的科学研究和教学工作紧密结合。根据上述精神，在金融系刚恢复，教学和教材建设任务很重，教师力量不足的情况下，当时科研工作应该首先围绕教学需要，结合教学工作进行，把教材和教学参考书的编著作为一项重要的科学研究工作，同时与有关业务部门和科研机关建立密切联系，根据本教研室和科研所的情况，适当承担和协助完成某些科学研究任务。1986~1990年学院的科研工作继续围绕教材建设和服务经济社会两个中心展开。刘光第、陈昭、王广谦、张礼卿、张燕生等在《经济研究》《管理世界》《世界经济》等核心期刊发表了高水平论文。

第二阶段，科学研究工作调整与提升阶段（1992~2002年）。1991年4月，中央财政金融学院根据《中共中央关于制定国民经济和社会发展十年规划和"八五"计划的建议》精神，制定了《中央财政金融学院"八五"科研工作规划（1991~1995年）》。明确了这一时期的科研发展目标和指导方针：在搞好基础理论研究的前提下，突出搞好应用研究，为我国改革开放、社会主义建设服务；不断提高研究质量，在五年内对我国经济发展、财政金融改革等方面要有一个突破性的研究成果，争取获得更多的国家级科研基金项目；把科研成果尽快运用到教学中去，使教材不断地得到更新。1993年，中央财政金融学院制定了《科研工作量暂行规定》等管理制度，对教师进行科研工作考评，促进学院科研活动的开展。这时期的代表性人物有刘光第、王佩真、俞天一、王广谦。"九五"之初，学校一方面提出了科学研究要为党和政府决策服务，为两个文明建设服务，为学科发展服务；另一方面强调教师要转变研究观念，增强服务社会意识和市场意识，学科研究要面向市场、服务社会，在市场经济中求生存，在改革实践服务中求发展，鼓励教师和科研人员承担国家和地方政府、企事业单位急需的理论和实际课题。在这个时期，以王广谦、姚遂、李健、贺强、史建平、张礼卿等教授为代表的学术团队开始对金融发展战略和经济与金融关系问题的研究。

第三阶段，科学研究工作跨越式发展时期（2003~2018年）。2003年9月29日，经校党委常委会议研究，决定在金融系的基础上成立金融学院。建院后的十五年，金融学院科学研究迈向了一个新的台阶，取得了大量优秀的教学科研成果，形成了较为鲜明的办学特色，在国内同类高校中的地位和影响力明显提升，在国际上的知名度也有所增强。在这个时期，以王广谦、姚遂、李健、贺强、史建平、张礼卿、李建军等教授为代表的学术团队开始对金融发展战略和经济与金融关系问题进行研究。

2003~2013年，学院教师共计承担了各类科研课题138项，在《中国社会科学》《中国科学》《经济研究》《金融研究》《经济学季刊》《国际金融研究》以及在 Journal of Econometrics，Econometric Theory，Economic Letters，Asian Economic Paper，China and World Economy 等高水平的中外学术期刊上发表论文190余篇，出版专著70余部，以及大量的报纸和杂志文章。同时，10余项成果获得高等学校科学研究优秀成果奖（人文社会科学）、中国金融学会优秀研究成果奖、北京市优秀社科成果奖等省部级及以上奖励。其中2部著作获高等学校科学研究优秀成果奖（人文社会科学）三等奖，2部著作获北京市优秀社科成果一等奖，1篇论文获得中国人民银行与中国金融学会优秀研究成果一等奖，2篇论文获得二等奖，5部著作获北京市优秀社科成果二等奖。

2014~2018年，学院教师共计承担了各类科研课题86项，在国内外高水平的学术期刊上发表论文473篇，其中AAA类期刊论文5篇，AA类期刊论文40篇，A类期刊论文115篇，国外学术期刊论文62篇，出版专著40余部，以及大量的报纸和杂志文章。同时，获得高等学校科学研究优秀成果奖（人文社会科学）、广西壮族自治区社会科学优秀成果奖、邓子基奖等省部级及以上奖励。

第二节 论 文 著 作

一、恢复与探索阶段（1978~1991年）

在20世纪80年代，刘光第教授曾对计划经济货币化、社会主义市场经济体制的建立、银行的作用和企业股份制改造等进行了深入探讨，是国内最早对这些问题进行开创性研究的学者之一。1985年，王佩真教授用回归方法分析了我国计划经济下的货币需求函数，成为测算我国货币需求量"系数法"的代表性学者之一。俞天一教授则论证了专业银行市场化改革的必要性和方向、存在的问题与原因。1985年王广谦教授系统阐述了中国货币供应量的计量和稳定控制策略，对当时中国人民银行的货币政策操作起到了重要的参考作用。1988年，张礼卿教授对最适外债规模进行了深入研究，推动了外债理论与政策的探索。

（一）刘光第教授的研究成果

刘光第教授在 1978 年、1979 年的多篇论文对我国社会主义经济为什么是商品经济、银行在新时期的作用进行了系统、深入的思考，他在 1982 年发表的论文《计划经济货币化是我国经济体制改革的主线》。在 20 世纪 80 年代中期刘光第教授就提出了建立社会主义市场经济体制、实行企业股份制改造等观点，并提出了我国金融市场的发展战略，主张以货币市场为基础，货币市场与资本市场共同发展，逐步增加直接融资的比重。到了 20 世纪 90 年代初期，他对我国经济体制转轨时期货币政策及其宏观调控体系问题进行了全面、深入的研究，为中央银行货币政策决策提供了重要参考。他在这一时期的代表性成果为《关于发展股票市场的几个问题》（《经济研究》1993 年）、《论中国宏观经济价值管理》（1989）、《中国经济体制转轨时期的货币政策研究》（1997）。《论中国宏观经济价值管理》是刘光第教授主持完成的一部重要著作。该书指出，宏观经济的价值管理主要是总量控制和需求管理，但是，在我国新旧两种体制并存的转轨时期，必须在进行需求管理的同时，重视改善产业结构，加强供给管理，把宏观价值管理和宏观供给管理结合起来，这样才能真正实现宏观经济平衡。这些富有远见的观点在学术界产生了积极影响，并在实践中证明是正确的。

（二）王佩真教授的研究成果

王佩真教授在 1978～1982 时期则对转轨时期的货币流通、货币需求和供给、货币政策工具和目标、社会主义资金运行、银行信贷、储蓄和经济发展关系等宏观金融问题进行了深入的探索，立足于金融基本原理提出的不少真知灼见对厘清当时货币信用领域各种问题的模糊认识发挥了不可磨灭的作用。她是改革开放初期最早提出社会主义资金管理体制改革的学者之一。1981 年，她提出货币政策首要目标是保持币值稳定，驳斥主张搞通货膨胀的政策；同时澄清了计划经济下的通货膨胀问题，以及财政政策与货币流通、通货膨胀之间的关系；1983 年，她又深入分析了转轨时期货币政策二元目标的合理性，提出"促进生产、繁荣经济和保持货币流通的基本稳定，是货币流通战略目标的两个不可分割的侧面。"王佩真教授在 1983～1989 年间对我国货币需求尝试进行数量研究——1985 年她就从货币数量论的角度最早用回归方法分析了我国计划经济下的货币需求函数，成为测算我国货币需求量"系数法"的代表人物，她提出的"货币容纳量弹性机制"成为实现物价稳定的操作原理。1989年出版的专著《货币经济学》集中体现了她在20世纪80年代对经济与货币信用问题的深入思考。在该书中，她系统地论证了经济与货币的关系，从货币运行的角度研究整个经济的运行规律、机制和调控。

（三）俞天一教授的研究成果

俞天一教授早在1979年就提出了推动银行经营机制从计划向市场化转轨的新办法——销售资金率贷款法，关注企业产品的市场接受度，强调贷款效益。该办法被中国人民银行采纳，在多地试点的基础上，逐步在全国银行系统推广，成为推动银行经营机制转轨的最早措施之一。1980年他在《财贸战线》上撰文，明确提出"要给银行以较大的经营自主权""与此同时银行要建立一整套符合客观经济规律的制度和管理办法"，是国内最早主张专业银行实行企业化经营的学者之一。他还对货币信用理论进行了较为系统的思考，发表了"怎样才算真正的信贷平衡"（1981）、"要搞活国民经济必须强调贷款经济效果"（1982）等多篇学术论文。俞天一教授系统研究了当时中国金融领域在整个经济体制改革背景下的诸多重要问题，论证了专业银行市场化改革的必要性和方向、存在的问题与原因，提出了"专业银行应按市场化原则向商业银行转换"（1986）、"国家专业银行应实行股份制改造"（1991）、"银行经营机制应向市场化方向转换"（1992）、"专业银行应转换经营机制和向综合性银行发展"（1993）等一系列改革建议。

（四）陈昭的研究成果

"试论银行对货币流通的主动调节"（1983）就银行对货币流通的调节分为事后的调节和事先的调节，认为我国银行对货币流通的主动调节功能更为重要。论文"关于货币流通及货币必要量的计量——与林继肯同志商榷"（1985）对如何计算我国货币必要量问题提出了一些有益的看法。"金融微观经济基础的重新构造"认为，信贷约束软化的问题之所以表现得特别突出，其根本原因在于我国目前的金融微观经济基础已不能适应商品经济的金融运行模式的需要，这种不适应性直接根源于财产关系的软约束，之所以会出现预算软约束问题是由于存在着一个更为深刻的经济机理，即任何一种经济机制、运行模式都是特定的经济关系——主要是财产关系及由它决定的分配关系——的运动所提供的外部社会形式。"论宏观失衡之原因"（1986）提出，所谓宏观失衡，是指总供给与总需求的失衡，而在我国主要表现为总需求超过总供给，认为货币信贷投放过多的确表现为总需求的过大，但绝不是引起需求膨胀的原因，希望通过简单的紧缩银根应对总需求的膨胀，很难解决根本问题。"我国货币政策面临战略调整"（1987）就我国金融宏观控制的一些重大理论问题进行讨论，对我国货币政策的一些理论和实践问题提出了政策建议。"纵向产出牵引与外汇需求刚性"（1987）分析了引致外汇短缺的原因，他认为，一国外汇供求状况除去受到国内生产力水平的影响外，与该国的经济体制及其运行机制的基本特征关系极大，如果不能从现有体制的内部功能上去挖掘原因，就很难道出事实的全部真相。

（五）其他研究成果

王广谦教授发表的论文"我国货币供应量的计算与控制"（1985）就如何计算合理的货币供应量提出了计算公式。"稳定货币供应增长率问题"（1985）分析增长的货币供应量中有多少是正常的、有多少是多余的以及是什么原因导致这些多余货币供应量产生的。"货币必要量决定因素之分析"（1986）认为，研究货币必要这一问题的关键在于科学地分析决定货币必要景的因素，在这个基础上，才能正确计算货币流通必要量。"论中央银行的单一政策目标"（1986）较早地关注和分析了中央银行的政策目标。"论'双紧'政策"分析了财政、金融政策紧缩的背景、原因、影响和对策。"完善和发展金融制度的设想"（1991）则提出了发展金融制度的构想。

张礼卿教授发表的论文"适度外债规模问题"（1988），首次提出了"外债规模是效益性概念而非流动性概念""外资对内资具有简单替代和有效替代"等命题，丰富了发展中的资本积累理论，在国内外学术界产生了较大的影响。

二、调整与提升阶段（1992～2002年）

在这个时期，不少科研成果曾经产生了比较重要的学术影响，并为决策提供了参考。以刘光第、王广谦为代表的学术团队开始对金融发展战略和经济与金融关系问题进行研究。1996年，王广谦发表在《中国社会科学》的"提高金融效率的理论思考",发表在《经济研究》上的"现代经济发展中的金融因素及金融贡献度""经济发展中的金融化趋势",发表在《金融研究》上的"金融市场效率的衡量及中国金融市场发展的重点选择"等对我国金融改革与发展实践起到一定的促进作用,产生了良好的社会影响。1996 年,姚遂教授出版专著《中国金融思想史》,贺强教授出版专著《中国企业改制与证券市场运作》,李健教授发表论文"中国金融市场效率与发展战略刍议"。1998 年,张礼卿教授在《国际金融研究》(第 3、4 期连载)发表的论文"发展中国家的资本账户开放",是国内最早对资本账户开放问题进行系统研究的重要文献之一。1999 年,张礼卿教授在《世界经济》发表的"经济全球化的成因、利益和代价"对经济全球化的利益和代价进行了富有新意的阐述。

刘光第教授的专著《中国经济体制转轨时期的货币政策研究》,围绕我国经济体制转轨时期的货币政策,就一些重大理论问题和现实问题,进行了全面、系统和深入的探讨,提出了一系列具有重要理论价值和实践意义的观点,获得了学术界的广泛赞誉和国家有关决策部门的重视。课题成果分十五个分报告、一个主报告和总报告。鉴定专家一致认为"该课题立论正确、思路清晰、视野宽阔、内容充实、有重要的理论成就和实践价值,是国内少有的富有探索和开拓意义的研究精品"。"填补了我国货币政策研究上的一些空白,从金融理论方面丰富了转轨时期的经济学"。

王广谦教授所著《经济发展中的金融贡献与效率》是首届全国优秀博士论文,在该书中,他首次全面地考察了在经济发展过程中金融的贡献问题,提出了金融发展效率的命题。该书获得了很高的学术声誉。王广谦教授主编的《中国经济增长波动与政策选择》,对我国 50 年的经济增长过程进行了可观的描述和分析,对经济增长波动的原因和机制进行了理论分析,并探讨了经济持续稳定增长的战略选择与政策配合,在理论上具有重要突破并颇具现实意义,在国内学术界赢得较高评价。王广谦教授主持完成的《中国证券市场》是国内最早的对中国证券市场进行全面系统研究的学术著作。它以历史、社会、经济、文化为大背景,对中国证券市场的历史和现状进行了高度概括和比较准确系统的描述,对中国证券市场的前景和发展道路作了深入探讨。

姚遂教授所著的《中国金融思想史》,运用马克思主义的立场、理论和方法,对我国自先秦以来到辛亥革命期间的金融思想进行了系统、全面地研究。资料丰富,内容翔实,结构合理,论述精当,具有很高的学术价值。

贺强教授的《关于法人股市场的调查报告》，是受国家有关部门委托，在进行大量调查研究的基础上完成的。该报告针对我国证券市场特别是法人股市场发展中存在的问题，提出了具有独到见解的可行性解决思路，受到中央领导同志的高度重视，国务院总理朱镕基同志做了重要批示，中国证监会等部门具体落实。

《21世纪全球化进程中的中国经济与金融发展研究》，是王广谦教授承担的1999年高等学校全国优秀博士论文作者专项基金项目。该课题侧重于研究全球化进程中的内在规律，探讨如何在新形势下保持中国经济持续稳定增长以及如何主动适应经济全球化过程并在这一进程中取得主动，以期为中国未来经济增长和金融发展建立在更加符合客观规律的基础上寻找理论支撑点，进而对2000～2050年中国经济发展总体格局进行理性预测。该项目形成《21世纪经济增长与金融发展》《2000～2050：中国经济与金融发展战略》《21世纪经济全球化进程中的宏观经济与货币金融政策》等多项重要研究成果。

《中国经济发展阶段演进与金融发展的总量及结构分析》，是王广谦教授2000年承担的教育部"跨世纪优秀人才培养计划（人文社会科学）"基金项目。本课题在经济全球化逐步推进、中国经济面临的国际大背景发生很大变化的形势下，对我国亟须解决却又研究单薄的重要课题——金融发展的总量与结构问题展开深入的研究。着力突破下列难题：（1）对不同经济发展阶段中各增长因素的变化的理论做出新的阐述；（2）找出金融发展在现代经济中作用机制的变化特征和作用力度转移的变化趋势；（3）对经济发展与金融总量及结构之间的内在关系进行数量描述；（4）对经济的实质增长与资产虚拟化的临界点提出理论解释；（5）对中国未来经济增长提出符合经济与金融发展内在规律的政策建议。

《"一国两制"下的金融体制与运行机制研究》，是王佩真教授1996年承担，1999年完成的财政部"九五"规划课题。该课题立足民族统一的大趋势，以大中华金融经济的形成为主线，通过对海峡两岸暨香港、澳门货币金融问题的论证，为加强我国内地与香港、澳门两个特区及台湾地区间的经济、金融合作，促进祖国统一，提供了重要的理论与实践依据。最终成果《"一国两制"下的货币金融比较研究》已由中国财政经济出版社出版，并获北京市第六届哲学社会科学优秀成果一等奖。

三、跨越式发展阶段（2003～2018年）

2003年金融系改制成立金融学院之后，全院教师的科学研究进入跨越式发展阶段。研究成果的数量加速上升，高水平研究成果不断增加，尤其是2014年后出现了爆发式的增长。

（一）2003～2013年的主要研究成果

1. 货币金融理论与政策领域的研究成果。

这一时期，在货币金融理论与政策领域成果显著，代表性成果有：王广谦教授等著的《20世纪西方货币金融理论研究：进展与述评》对20世纪西方货币金融理论的重要成果进行了全面评析，并在一定程度上对金融发展的内在规律进行了创造性的探索。在中国金融发展理论研究中，王广谦教授等著的《中国经济发展新阶段与金融发展》在研究了经济与金融发展阶段演进内在规律的基础上提出，金融的作用在现阶段的中国仍会极其突出，金融总量的增长仍会领先于经济增长，但金融对经济的作用机制会更多地依赖市场机制和资本市场运作。

李健教授编著的《当代西方货币金融学说》，对西方两大经济学阵营的交替主导和两大经济学思潮的变迁进行了概括和评价，系统评介了当代西方十大经济学派在货币金融理论上的研究成果与政策取向，在学科基础理论建设方面具有重要意义。李健教授等著的《中国金融发展中的结构问题》以及多篇论文对中国金融结构形成、变迁及其效应进行了全面深入的研究，论证了影响中国金融结构发展变化的主要因素，阐释了中国金融结构各部分之间的有机联系，揭示了中国金融结构与金融发展、经济发展之间的内在联系与规律性。

王广谦教授、李健教授围绕"金融体制改革与货币问题研究"，对中国金融体制改革"转型"和"定型"进行反思，对我国经济金融改革与发展产生了重大影响。2008年王广谦教授发表在《金融研究》上的"金融改革：转型与定性的现状与未来"，发表在《改革》上的"我国金融体制演进与改革的逻辑起点""总结中国模式推进经济发展新模式的确立"，发表在《财贸经济》上的"中国崛起：北京共识与中国模式"等系列文章，全面阐述了金融改革的逻辑、演进逻辑与改革模式。2011年发表在《经济研究》上的"物价的合理稳定需要完善利率和汇率形成机制"一文对我国利率汇率改革具有重要参考意义。李健教授等著的《中国金融发展中的结构问题》以及1995和1996年发表在《金融研究》上的"论世界金融业强化与统一化监管趋势及我国的对策""转型时期金融监管与货币政策若干相关问题讨论"等篇论文对中国金融结构的变迁及其与金融发展、经济发展之间的内在联系进行了全面论证；专著《国有商业银行改革：宏观视角的分析》对国有银行在中国经济金融发展中的巨大贡献进行了有价值的实证研究；《中国金融改革中的货币供求与机制转换》刻画了中国经济体制变迁中货币的总量变化与结构特征；2012年发表在《经济研究》的论文"差异性金融结构'互嵌'式'耦合'效应——基于泛北部湾区域金融合作的实证"，从一个新的视角论证了差异性金融结构"互嵌"式合作有助于提升金融体系的整体功能。李健教授在《金融研究》2005年第4期提出了金融结构的评价标准与分析指标研究，从理论上探讨了金融结构合理性的评价与衡量问题，为深入研究金融结构问题提供思路和分析工具。2007年在《金融研究》第1期从结构变化的视角对"中国货币之谜"进行了解释，并在《财贸经济》2007年第1期解释了中国货币运行的变化及其影响分析。在《金融研究》2011年第6期讨论了货币因素对房价上涨的推动作用。李健教授在2017年第4期《金融论坛》发表"中国金融创新结构的指数度量与影响因素"，编制中国金融创新的结构指数。

2. 非正规金融、影子银行领域的主要研究成果。

在非正规金融、影子银行领域的研究中，李建军教授的专著《中国地下金融规模与宏观经济影响研究》《未观测金融与经济运行》与论文"非正规经济金融部门资金净流量规模测算"等成果突破了长期以来困扰非正规金融定量研究的难题，创立了新的方法体系，综合采用资金流量分析、国际收支差额分析、货币供给的非经济因素吸收分析、居民部门收支差异分析等方法测度地下金融、未观测金融规模；同时，运用均衡分析、敏感性分析、影响指数等方法分析了地下金融不同指标对宏观经济运行的影响程度。专著《中国地下金融规模与宏观经济影响研究》（2005）是国内第一本定量研究地下金融问题的方法论与实证型著作；专著《未观测金融与经济运行》（2008）提出了未观测金融体系的理论分析框架；英文专著《中国的非正规金融》（*Informal Finance in China*：*American and Chinese Perspectives*）由牛津大学出版社纽约分社出版，全球发行；2008年和2010年发表在《金融研究》上的"中国货币状况指数与未观测货币金融状况指数—理论设计、实证方法与货币政策意义""中国未观测信贷规模的变化：1978~2008 年"，以及发表在《统计研究》《数量经济技术经济研究》《太平洋评论》(*The Pacific Review*)（SSCI）等期刊的系列研究论文，突破了长期以来困扰非正规金融定量研究的难题，创立了新的方法体系，提出货币金融体系的新分析框架，对未观测金融、影子信贷、互联网金融等问题进行了深入研究。

3. 银行管理、证券投资等微观金融领域的主要研究成果。

在银行管理、证券投资等微观金融领域的研究也取得了不少具有影响的学术成果。史建平教授在《求是》杂志发表"金融创新要紧贴实体经济"一文分析了我国金融与实体经济脱节的根本原因，建议以实体经济的现实需求为导向，着力推进金融创新，增强服务实体经济的针对性和有效性。

贺强教授出版的专著《经济周期、政策周期与股市周期互动关系研究》对 20 世纪 90 年代以来我国股市的运行进行了深入研究，开创性地分析了我国经济周期、政策周期与股市周期之间的关系与变动规律，揭示了三个周期互动关系的根本特征及其在实际运行中的相互影响，提出了一系列具有创新性的对策建议，在国内理论界引起了广泛关注。

李俊峰副教授、王汀汀副教授等发表于《中国社会科学》的"上市公司大股东增持公告效应及动机分析"一文研究了 A 股上市公司特殊的股权结构，阐明了大股东增持的特殊意义。

应展宇教授在《世界经济》发表论文"变革中的欧洲金融体系：1980~2000""存在金融体制改革的中国模式"，对中国和中东欧国家的金融体制改革进行了全面的比较研究；在《管理世界》发表的论文"股权分裂、激励问题与股利政策"通过分析中国上市公司 10 年股利政策实践，发现存在"中国股利之谜"。

张学勇教授在《经济研究》发表"股权分置改革、自愿性信息披露与公司治理"，利用中国上市公司股权分置改革逐步推进的特征，实证研究股权分置改革对公司自愿性信息披露行为的影响及其内在机理；在"风险投资背景与公司 IPO：市场表现与内在机理"一文中，研究了风险投资背景对公司在股票市场表现的影响，解释了公司股票 IPO 抑价率较低和回报率较高的原因。

黄瑜琴副教授在《金融研究》发表的论文"机构投资者报价行为、承销商定价策略与 IPO 市场表现研究"，给中国新股发行市场的"三高"问题从询价机构的报价行为角度提供了新的解释。

郭田勇教授自2006年以来活跃在银行界，他在国内各类刊物上发表了200余篇的观点性文章，对货币政策、金融改革、金融监管、银行管理等诸多政策实践问题给出了自己的思考，产生了较大的社会影响；2006年发表在《金融研究》上的论文"资产价格、通货膨胀与中国货币政策体系的完善"阐释了三者之间的关系；论文"中国中小企业融资支持体系构建分析"分析了中小企业融资体系的框架。

4. 国际金融领域的主要研究成果。

国际金融领域的研究成果也受到了国内外学术界关注和重视。张礼卿教授在《求是学刊》和多部合作完成的英文著作中对全球货币金融体系改革进行了研究，对扩大SDRs的使用提出了具体建议；作为国家自然科学基金应急课题的成果之一，他主编的《汇率改革的国际经验及其对中国的借鉴》一书系统考察了20世纪90年代以来新兴市场国家的汇率制度变革趋势及其决定因素，在国内外学术界取得了较大的影响；他在《国际金融研究》、《南开经济研究》《中国与世界经济》（*China and World Economy*）、《经济变革与重组》（*Economic Changes and Restructuring*）等中外期刊对人民币汇率制度改革、中国的"双顺差"和全球经济失衡等问题进行了富有新意的探讨，成为最早主张人民币升值和加快汇率制度改革的学者之一。2005年，张礼卿教授的专著《资本账户开放与金融不稳定》研究了资本账户开放与金融不稳定之间的相关性，探讨了"渐进模式"下的资本账户开放的前提、顺序和相关政策安排，被前辈同行评价为"是一本很有价值的学术著作"（王传纶语）。他在《国际经济评论》等杂志上发表的论文论证了中国现阶段实施适度资本管制和审慎推进资本账户开放的必要性，在学术界和政策制定部门引起了关注。张礼卿教授的专著《汇率改革的国际经验及其对中国的借鉴》，系统考察了20世纪90年代以来新兴市场国家的汇率制度变革趋势及其决定因素，对相关的政策经验进行了全面总结，明确提出了人民币汇率制度的改革必须采取渐进模式的政策主张，在学术界和政策部门引起广泛关注。《资本账户开放与金融不稳定》及其在《国际金融研究》等杂志上发表的相关论文，借助其创建的适度外资流入量理论分析框架，从理论与实证层面研究了发展中国家资本账户开放过程中的资本过度流入倾向及其形成机制、资本过度流入对金融不稳定的传导过程等，并对中国的资本账户开放战略和模式进行了富有创见的讨论。这项研究在国内外学术界引起了关注,并通过直接参与决策部门的政策咨询,对我国资本项目的开放进程和政策实践产生了一定的影响。

张碧琼教授、肖凤娟副教授等学术团队成员围绕"国际资本流动对世界经济体系的影响研究",在《金融研究》《国际金融研究》《中国与世界经济》(China & World Economy)等期刊上发表了多篇论文,从经济安全、股票市场波动、政策非对称性等角度较为系统地研究了国际资本流动对世界经济尤其是中国经济金融的影响,相关研究成果在国内理论界产生了较大影响。

贺培教授及其团队对国际金融实务领域的一些重要问题,如国际支付体系、出口信贷和国际保付代理等进行了深入的研究,在《国际金融研究》《国际贸易问题》等期刊上发表了多篇具有一定社会影响的成果。

谭小芬教授围绕人民币汇率改革和美国量化宽松货币政策作了较为深入的研究;其人民币汇率和人民币升值的系列成果发表在《经济学动态》《改革》等期刊;他系统地研究美联储货币政策的退出工具、退出步骤、退出时机、退出影响,其系列成果发表在《国际金融研究》《国际经济评论》等期刊上,并为财政部国际司撰写了相关咨询报告及进行内部讲解,受到财政部好评。2011年6月,他提交的《当前国际货币体系改革主要倡议评述》,获得时任副总理王岐山批示。

黄志刚教授在《经济研究》中发表的"货币政策与贸易不平衡的调整"一文建立了一个开放小国随机动态一般均衡模型,研究不同的货币政策和汇率政策对调整贸易不平衡的作用,同时考虑了资本开放与否对不同政策效果的影响。

5. 金融工程领域的主要研究成果。

金融工程是一个新的研究领域,但也取得了可喜的成绩。刘向丽教授等在《管理科学学报》中发表的论文"中国期货市场价格久期波动聚类特征研究"分别在四种残差分布假设下对四种 ACD 模型进行参数估计,通过检验模型的性能,分析适合我国期货市场的 ACD 模型及残差的分布。王辉教授在国际顶级期刊《计量经济学期刊》(Journal of Econometrics)发表论文"效能变换和阈值 GARCH 模型的估计和测试"(Estimation and tests for power-transformed and threshold GARCH models);在《世界经济》上发表"国内担保债务凭证定价研究"一文运用 Gaussian Copula 模型和 Student's Copula 模型,并采用蒙特卡罗模拟和 Hull – White 半解析方法对国内的担保债务凭证进行定价研究;另一篇发表于《世界经济》的论文"中国商品期货动态套期保值研究：基于修正ADCC 和 DADCC – GARCH 模型的分析"则准确地测算了中国商品期货的最优套期保值比率。黄瑜琴在期货市场研究方面的论文发表在搜索 SSCI 期刊《期货市场期刊》（*Journal of Futures Markets*）上，周德清在市场过度自信与内幕交易理论研究方面的文章发表在 SSCI《经济学通讯》（*Economics Letters*）和《经济与金融国际评论》（*International Review of Economics and Finance*）上。

（二）2014~2018 年的主要研究成果

2014 年以后，伴随着年薪制海归学者的引进，金融学院取得的国际成果开始出现质的飞跃。5 年时间发表的高水平论文数量是之前 11 年的 3 倍。学院一批青年学者开始崭露头角，在国内外高质量期刊发表大量学术文论，研究成果涉及的领域也远比之前宽广。下面以代表性的学者为线索回顾总结这一时期的主要研究成果。

1. 王广谦教授的主要研究成果。

王广谦教授在继续金融改革研究的基础上，开始了高等教育和人才培养方向的研究。2015 年发表"提高人才培养质量必须适应新常态的社会需求"；2018 年 11 月 20 日，王广谦教授在《光明日报》发表文章——"改革开放 40 年中国金融学理论和金融实践的发展与创新"，分析改革开放 40 年中国金融学理论发展的两条线路，认为随着经济转型的基本完成和中国在全球经济中占比的快速提升，未来经济金融发展将会面临新的环境，金融实践的快速发展呼唤金融理论的不断创新。他提出，经济金融研究领域需要对中国特色社会主义市场经济下的金融实践做出理论上的阐释和总结，并通过进一步的理论创新，建立和完善能够解释和指导我国现实金融改革和发展的现代金融理论，为金融更好地服务经济社会发展提供理论支撑。

2. 李建军教授的主要研究成果。

李建军教授在原有非正规金融研究的基础上进一步深入研究影子银行、互联网金融、普惠金融与民间金融等。这一时期代表性成果包括："中国影子银行部门系统性风险的形成、影响与应对"（2014）运用投入产出法构建影子银行系统性风险测度模型，以 2007~2012 年中国影子银行业务数据进行检验，分析了影子银行风险传染机制及其影响，指出防控系统性风险应从影子银行业务风险隔离机制、资本与杠杆率监管、信息透明度、宏观审慎框架和风险应急机制等建设着手;"互联网借贷债权转让的合法性、风险与监管对策"(2014),该文深度剖析了互联网借贷模式存在的内部和外部风险并针对风险提出了相应的建议;"中国分离均衡信贷市场的利率定价——搜寻效率与风险因素检验"(2014),立足于中国分离式信贷市场结构,运用搜寻理论构建了分离均衡信贷利率定价模型,对利率市场化因素进行理论推演和实证检验,提出要继续推进利率市场化改革,打破资金垄断,提高融资搜寻效率,降低搜寻成本,培育信贷市场基准利率;"搜寻成本、网络效应与普惠金融的渠道价值——互联网借贷平台与商业银行的小微融资选择比较"从小微经济体融资搜寻成本和网络效应两个基础理论命题入手,对比商业银行与互联网借贷平台的搜寻成本和网络效应对融资行为的影响,发现搜寻成本和网络效应共同作用于融资行为,提出规范互联网借贷平台发展,提升其透明度,对普惠金融体系建设具有重要现实意义;"非金融企业影子银行化与融资结构——中国上市公司的经验证据"(2017)从理论角度剖析了非金融企业从事影子银行活动的内、外部驱动因素和机制,发现融资结构对非金融企业从事影子业务的规模产生显著的影响,经济增长放缓、社会固定资产投资下降引致的宏观经济环境变化加剧了非金融企业影子银行化趋势,国有、大型企业外源融资和股权融资占比高,影子银行化动机强烈,并提出抑制企业过度金融化的建议;"金融排斥、金融密度与普惠金融——理论逻辑、评价指标与实践检验"(2017)编制了2010～2014年中国分省金融排斥、金融密度和普惠金融指数,利用面板固定效应模型和门限回归方法检验了地区金融排斥、金融密度的决定因素,测评了普惠金融在经济增长、收入分配和贫困减缓方面的效应;"数字货币理论与实践研究进展"(2017)对数字货币的技术与实践源流、理论模式演进与实践进展脉络进行了梳理,试图归纳出数字货币的演进规律和趋势,分析数字货币对主权国家以及全球金融体系可能产生的影响;"'一带一路'基础设施建设、经济发展与金融要素"运用RSR和TOPSIS综合评价法,对"一带一路"沿线国家基础设施建设综合水平进行了评价,检验基础设施建设与经济发展的关系,发现基础设施建设综合水平对提升经济总量、人均产出水平,降低失业水平具有显著作用,由此提出"一带一路"金融合作的启示性对策建议;在"中小企业过桥贷款投融资的财务效应——来自我国中小企业板上市公司的证据"一文指出,企业参与过桥投融资活动并不能改善企业的财务绩效,甚至对于企业财务绩效具有负向效应,企业不切实际的金融化选择,反而会恶化财务绩效,企业的持续发展应依托主营业务的创新驱动。

3. 黄志刚教授的主要研究成果。

黄志刚教授发表在《世界经济》上的"资本账户开放与利率市场化次序对宏观经济稳定性的影响"（2016）一文中，采用动态随机一般均衡框架建立了一个小国开放经济模型，考察资本账户开放和利率市场化的先后顺序对宏观经济波动和社会福利的影响。发现扰动来源对金融自由化次序有重要影响。如果经济只面临国内扰动，不同改革路径对经济波动性的影响差别不大；如果经济同时还面临明显的国外扰动时，资本账户开放先行的经济波动性显著高于利率市场化先行。发表在《经济研究》上的"住房市场波动和宏观经济政策的有效性"（2017）一文中，提出过高的杠杆率会加剧房价波动，面对住房市场繁荣和非住房商品部门的下滑。他提出，不恰当的政策或政策组合不利于经济结构的平衡和房地产市场的稳定。面临投资低迷引起的实体经济下滑，有效的政策是采取供给侧改革、积极货币政策和宏观审慎政策搭配，这一组合能够同时实现宏观经济稳定、结构平衡和房地产市场稳定的多重目标。

4. 张学勇教授的主要研究成果。

张学勇教授对基金与风险投资研究的代表性文章有"共同基金经理的先前工作经验及其投资技巧"（Mutual Fund Managers' Prior Working Experience and Their Investment Skills）（2018）、"共同基金经理的时间安排能力"（Mutual Fund Managers' Timing Abilities）（2017）、"国内外风险投资在创新中的作用：来自中国的证据"（The Role of Foreign and Domestic Venture Capital in Innovation: Evidence from China）（2018）、"我国风险投资本地偏好研究"（2016）、"券商背景风险投资与公司IPO抑价——基于信息不对称的分析视角"（2014）、"风险投资、创新能力与公司IPO表现"（2016）。这一系列研究对刻画我国公、私募基金与风险投资的特征起到了非常重要的作用，他发现我国风险投资存在十分明显的本地偏好，风险投资在IPO之前会促进被投资公司的创新能力，以及券商背景风险投资持股的上市公司IPO抑价率显著较低等重要结论。张学勇教授在公司并购、重组、IPO与价值创造研究中的代表性文章有"创新能力对上市公司并购业绩的影响"（2017）、"会计师事务所声誉能有效降低上市公司权益资本成本吗？"（2014）。他提出上市公司聘用的会计师事务所声誉越高，其权益资本成本越低等观点，这些结论对公司在IPO策略的选择提供了有益借鉴。近年来，张学勇教授在资产配置以及投资策略领域进行了不少研究，代表性文章有"基于网络大数据挖掘的实证资产定价研究进展"（2018）、"行业配置与基金业绩：基于行业集中度和行业活跃度的研究"（2018）、"大类资产配置理论与实践综述"（2017）。张学勇教授在这一领域的研究实践性极强，他全面地梳理了大类资产配置理论的演变过程，为大类资产配置的实际操作提供了有益借鉴。他还紧跟学科前沿，关注了网络大数据挖掘等新兴研究领域。这些研究不光在学术上具有极高的价值，还极有可能转化为真实应用的投资策略，对促进产学结合能够起到重大意义。

5. 姜富伟副教授的主要研究成果。

姜富伟副教授主要研究资产定价、行为金融、金融大数据与机器学习和中国股票市场实证研究等，尤其关注资产预期收益在时间序列和横截面上的变动规律和驱动机制。（1）利用文本大数据分析法，从新闻、网络、公司财报、社交媒体等提取金融市场参与者的大数据信息，开创文本度量投资者情绪和市场风险的全新方法。代表性文章有"管理者情绪和股票收益"（Manager Sentiment and Stock Returns）（2018）、"金融市场文本情绪研究进展"（2016）。（2）开创具有基于机器学习方法的资产定价模型，对高维预测变量信息集和市场异象信息集进行归因、整合和分析。代表性文章包括"投资者情绪协同：一个强有力的股票收益预测变量"（Investor Sentiment Aligned：A Powerful Predictor of Stock Returns）（2015）、"企业特征和中国股票"（Firm Characteristics and Chinese Stocks）（2018）、"中国股票市场可预测性的实证研究"（2011）。（3）从过度外推、现金流预期偏误、过度投资等行为金融和宏观风险角度理解金融资产预期收益变动的经济机制。代表性文章包括"Q理论、错误定价和盈余溢价：来自中国的证据"（Q‐theory，Mispricing，and Profitability Premium：Evidence from China）（2018）、"国际波动风险与中国股票收益的可预测性"（International Volatility Risk and Chinese Stock Return Predictability）（2017）、"中国债券市场：风险、收益和机遇"（The Chinese Bond Market：Risk，Return and Opportunities）（2014）。这些论文深入分析了资本市场信息有效性和风险溢价决定机制等资产定价领域的核心问题，探究了金融市场固有的高维、复杂、不确定以及非稳定等特征，他的研究成果对于财富管理、公司资金成本估算、资产配置效率、金融稳定等重要经济金融问题都有潜在的重大应用意义。"经理人情绪与股票回报预测"（Manager Sentiment and Stock Returns）被国际顶级金融学期刊《金融经济学期刊》（*Journal of Financial Economics*）

录用，论文提出了一个全新的上市公司经理人情绪指数，并研究了经理人情绪对金融市场资产价格、公司盈余、宏观经济和公司投资行为的影响和预测能力。"投资者情绪协同：一个强有力的股票收益预测变量"（Investor Sentiment Aligned：A Powerful Predictor of Stock Returns）发表在国际顶尖金融学期刊《金融研究评论》（Review of Financial Studies），这篇论文极大改进了投资者情绪的测度精度，证明了投资者情绪可以显著预测未来一个月到一年的股票市场总收益和横截面收益，揭示了过于乐观的现金流预期是投资者情绪的收益预测能力的核心驱动因素。这篇论文被引次数入选"经济学与商学"领域全球前1%，并被ESI（Essential Science Indicator）高被引论文收录。该论文Web of Science被引次数达到了42次，在行为金融和资产定价领域产生了重要的影响，被RFS杂志评为2015~2017年度最高阅读次数奖和最高被引论文奖。

6. 顾弦副教授的主要研究成果。

顾弦副教授2018年发表在《国际经济学期刊》（Journal of International Economics）上的"经济结构是否决定了金融结构？"（Does Economic Structure Determine Financial Structure？）用全球经验对经济结构与金融结构的因果关系进行了论证；2018年发表在《金融与发展手册》（Handbook of Finance and Development）上的"金融结构与经济发展"（Financial Structure and Economic Development）对最近三十多年来金融结构与经济发展相关关系的文献进行了回顾；2018年发表在《金融服务研究期刊》（Journal of Financial Services Research）上的"监管与金融稳定之间的相互作用"（The Interplay between Regulations and Financial Stability）提出了金融系统性风险的六种来源，并详述了其中的三种。顾弦等2018年发表在《金融稳定期刊》（Journal of Financial Stability）上的"债权人权利如何影响公共债务的发行：信用评级的作用"（How Creditor Rights Affect the Issuance of Public Debt：The Role of Credit Ratings）和2016年发表在《国际货币与金融期刊》（Journal of International Money and Finance）上的"债权人权利和公司债市场"（Creditor Rights and the Corporate Bond Market）分别从国家与公司层面上研究了债权人如何影响公司债的发行。顾弦等2015年在《牛津银行手册》（Oxford Handbook of Banking）上发表的"银行在金融体系中的作用"（The Roles of Banks in Financial Systems）从理论上论述了银行在金融体系中资源分配的作用；2017年在《金融经济学评论年刊》（Annual Review of Financial Economics）上发表的"中国金融体系概述"

(An Overview of China's Financial System)回顾了中国近三十多年以来金融体系的发展，尤其是非正式融资对经济增长的作用；2018 年在《银行与金融期刊》(Journal of Banking and Finance)上发表的"政治影响与金融弹性：来自中国的证据"(Political Influence and Financial Flexibility：Evidence from China)研究了中国市场中政治影响如何影响公司的财务灵活性以及向目标杠杆率的调整速度。

7. 王辉教授的主要研究成果。

王辉教授在金融计量理论及其在衍生品定价和风险管理中的应用方面开展了进一步研究。理论方面：2016 年在《中国科学》发表论文"厚尾 TGARCH 模型非平稳性检验"，研究了平稳及非平稳 GARCH 类模型在厚尾情况下的估计问题，在一个统一的框架下研究了该类模型非平稳性和非线性性检验问题；2018 在《中国科学》发表论文"标量动态条件相关模型：结构和估计"(A scalar dynamic conditional correlation model：Structure and estimation)，提出了一类刻度 DCC – GARCH 模型，该模型仍旧具有时变性以及参数节约的性质，给出了该模型的概率结构并研究了其估计问题。应用方面：2015 年发表在《国际金融研究》的"基于内部视角的中国房地产业与银行业系统性风险传染测度研究"，该文基于扩展矩阵模型研究了房地产行业与银行业组成的金融系统的风险传染问题。

8. 刘向丽教授的主要研究成果。

刘向丽教授 2014 年在泰勒和弗朗西斯（Taylor & Francis）出版社出版《信息溢出效应和自回归条件持续时间模型》(Information Spillover Effect and Autoregressive Conditional Duration Models)，系统研究了期现货两个市场间的联动与溢出关系。2017 年出版《沪深 300 股指期货市场结构与功能研究》，系统研究了我国股指期货市场的发展现状、微观结构以及与股指现货市场的相互关系。

9. 方意副教授的主要研究成果。

方意副教授主要研究领域为金融风险与监管政策。在金融风险领域的研究，方意副教授主要围绕金融机构部门系统性风险、金融市场风险传染（或一体化）等角度进行展开。关于研究金融机构部门的系统性风险的代表作有："我国银行系统性风险的动态特征及系统重要性银行甄别"（2013）、"货币政策与房地产价格冲击下的银行风险承担分析"（2015）、"系统性风险的传染渠道与度量研究——兼论宏观审慎政策实施"（2016）、"系统性风险在银行间的传染路径研究"（2016）、"中国银行业系统性风险研究——宏观审慎视角下的三个压力测试"（2017）、"资本账户开放对银行风险的影响机制研究"（2017）、"影子银行系统性风险度量研究"（2019）。基于这些研究，方意副教授发现：（1）中国金融业的系统性风险来源于三类关联性，这三类关联性的波动导致了中国金融业风险的波动。包括：由于直接的债权债务关系形成的直接业务关联性，该类关联性主要关注信用风险的传染；由于持有类似资产形成的间接业务关联性，该类关联性主要关注流动性风险的传染；由于金融机构发行金融工具形成的金融市场数据关联性，该类关联性主要关注心理预期的传染。（2）系统性风险有两类：显性系统性风险与隐性系统性风险，这来源于系统性风险的两类基因：显性基因与隐性基因。显性系统性风险发生较为频繁，但是并不危险，且主要由系统脆弱性的中小银行驱动；系统中隐性系统性风险发生非常罕见，非常危险，主要由系统重要性银行驱动。（3）对系统性风险的关注不仅仅要关注冲击源头（风险源），更应该关注金融部门的内在风险生成机理。风险生成机理可以由金融机构部门的资产结构相似度、直接关联性等指标来刻画。（4）度量系统性风险的累积比度量系统性风险爆发更重要，更能实现前瞻性系统性风险防范。关于研究金融市场风险传染（或一体化）的代表作有："金融市场化改革进程中人民币汇率和利率动态关系研究"（2013）、"人民币汇率定价权归属问题研究"（2013）、"中国多层次资本市场间非线性关联效应研究"（2014）、"主板与中小板、创业板市场之间的非线性研究"（2016）、"中国期货市场价格发现功能研究"（2016）、"中国碳市场一体化程度研究"（2017）、"金融市场对银行业系统性风险的溢出效应及渠道识别研究"（2018）等。基于这些研究，方意副教授发现：（1）金融市场一体化与金融市场风险传染是同一枚硬币的两面。金融市场一体化程度越强，金融市场风险传染越可能发生。（2）金融市场风险传染具有非线性特征，且这种非线性对于捕捉系统性风险非常关键。可以通过甄别更代表投机因素的创业板市场与更代表基本面因素的主板市场的非线性溢出特征来监测系统性风险。（3）金融市场一体化、价格发现包括基准利率的形成，都可以通过金融市场数据的联动关系进行量化研究。在监管政策领域的研究，方意副教授主要围绕宏观审慎政策、货币政策、房地产调控政策以及财政政策角度展开。代表性文章有："中国审慎政策框架"（2013）、"货币政策与房地产价格冲击下的银行风险承担分析"（2015）、"宏观审慎政策有效性研究"（2016）、"系统性风险的传染渠道与度量研究——兼论宏观审慎政策实施"（2016）、"结构性货币政策、产业结构升级与经济稳定"（2016）、"房地产调控政策的实施和退出效果研究"（2016）、"'金砖国家'宏观审慎政策有效性研究"（2017）、"中国宏观审慎政策工具的有效性和靶向性研究"（2018）。基于这些研究，方意副教授发现：（1）尺有所短、寸有所长。不同的宏观审慎政策工具在限制系统性风险方面存在差异，应该让更适合限制某一类风险的政策工具限制该类风险，才能更好地实施政策。具体而言，维持房地产价格稳定的政策应该采用住房首付比、维持信贷稳定的政策应该采用法定准备金率政策、维持银行稳定的政策应该采用资本充足率政策等。（2）宏观审慎政策实施可能对不同的部门产生差异影响，有可能会出现改进一部门的福利而恶化另一部门的福利。因此，宏观审慎政策的顺利实施需要考虑各个部门的利益变动情况。（3）制定了包含政策工具、操作指标、中介指标以及最终目标的金融稳定政策框架，并认为金融稳定政策依赖于金融周期，在上行周期应该关注房地产市场膨胀，在下行周期应该关注银行间市场紧缩。（4）鉴于货币政策影响银行的风险承担，且资本充足率在其中起重要作用，央行在制定货币政策时应该审时度势地处理价格稳定及金融稳定的关系，对于经济状况以及银行资本充足率的不同给予不同的政策方案。（5）非对称地实施结构性货币政策、盯住产业的外部性将有助于金融支持产业结构调整和转型升级。需要指出的是，结构性货币政策的实施具有很强的现实背景，虽有效但不能作为常规性政策长期实施。经济结构的转型最终要靠产业政策、财政政策以及经济体制改革实现。

10. 尹力博副教授的主要研究成果。

尹力博副教授主要研究资产定价和金融市场（含大宗商品市场）。自2014年在《实证金融期刊》（*Journal of Empirical Finance*）、《期货市场期刊》（*Journal of Futures Markets*）、《数量金融》（*Quantitative Finance*）、《中国社会科学》《管理世界》等重要期刊发表论文30余篇。代表性成果包括："大宗商品战略配置——基于国民效用与风险对冲的视角"（2014）、"量化宽松与国际大宗商品市场：溢出性、非对称性和长记忆性"（2015）。在"大宗商品战略配置——基于国民效用与风险对冲的视角"一文中，尹力博从国民收入长期配置的战略性动机出发提出基于国民效用优化和输入性通胀风险对冲的国际资产长期配置方法并主张增加国际大宗商品的指数化投资。在"量化宽松与国际大宗商品市场：溢出性、非对称性和长记忆性"一文中，尹力博研究了考虑金融因素情况下量化宽松政策对国际大宗商品市场的直接影响和间接溢出效应。"对冲通胀风险的战略视角与微观选择"（2015）、"公众预期与量化宽松冲击效应：来自国际大宗商品的证据"（2015）、"中国商品期货金融化了吗？——来自国际股票市场的证据"（2016）和"对商品价格的宏观经济影响：中国与美国比较"（Macroeconomic impacts on commodity prices：China vs. the United States）（2016）等。在"对冲通胀风险的战略视角与微观选择"一文中，尹力博基于随机混合整数规划模型构建了具有通胀保护功能的大宗商品期货投资组合，实现了对通货膨胀率的动态跟踪，有助于建立长期价格稳定机制，为企业和机构投资者在既定通胀水平下对冲通胀风险提供了一个具有战略意义的微观选择。在"公众预期与量化宽松冲击效应：来自国际大宗商品的证据"一文中，尹力博通过建立一个投资者具有异质性信念下的理性预期均衡资产定价模型分析了公众异质性预期对货币政策有效性的潜在影响。在"中国商品期货金融化了吗？——来自国际股票市场的证据"一文中，尹力博提出中国期货市场存在金融化现象但金融化程度不高。在"对商品价格的宏观经济影响：中国与美国比较"（Macroeconomic impacts on commodity prices：China vs. the United States）一文中，尹力博基于因素增强型向量自回归模型体系，对比分析了美国与中国多个宏观经济指标，对国际大宗商品价格影响因素进行多视角实证研究。在"技术指标能够预测商品期货价格吗？来自中国的证据"（2018）和"商品价格结构性共同运动的可预测性：技术指标的作用"（Predictability of structural co-movement in commodity prices：the role of technical indicators）文中，尹力博基于移动价格平均、动量和移动交易量平均三类技术指标，研究了其对国际和中国大宗商品期货价格的预测效果，并为大宗商品的金融化提供了有力证据。在"投资者关注对商品期货市场的影响"（The effects of investor attention on commodity futures markets）（2017）和"新闻不确定性对商品期货市场是否重要？能源和非能源部门的异质性"（Does news uncertainty matter for commodity futures markets? Heterogeneity in energy and non-energy sectors）（2018）文中，尹力博考察了行为类定价因素对大宗商品市场的影响。基于 Google Trend 搜索量数据构造了投资者关注指标，针对 13 个流动性高的商品期货类型，通过比较投资者关注能否预测商品期货收益来衡量该市场的有效性。此外，基于新闻层面的股票市场恐慌指数对大宗商品市场存在显著的波动溢出效应，且对能源和非能源类商品存在结构性差异。在"石油和股票收益波动的短期可预测性"（Oil and the short-term predictability of stock return volatility）（2018）一文中，尹力博尝试对油价波动率所蕴含的信息进行充分挖掘，发现其对股票市场的短期波动具有良好的预测效果。

11. 黄瑜琴副教授的主要研究成果。

黄瑜琴副教授 2016 年在《实证金融期刊》（*Journal of Empirical Finance*）发表的"投资者关注的局部偏见：来自中国互联网股票消息板的证据"（Local bias in investor attention：Evidence from China's Internet Stock Message Boards），利用网络新媒体数据研究了有限关注现象，发现本地人更关注本地股票，本土偏差很大程度上来自关注效应。论文"管控股指期货的救市政策有效吗？——基于现货市场波动率的视角"（2018 年）研究了限制股指期货政策对于不同组别股票波动率的影响，发现该政策短期内显著降低了股票现货市场的波动率。

12. 魏旭副教授的主要研究成果。

魏旭副教授主要研究公司金融理论、行为金融理论、金融监管理论。在政府监管与管制方面的研究包括，2017 年发表在《银行和金融期刊》（Journal of Banking & Finance）上的"净稳定资金比率要求对银行债务期限选择的影响"（The impacts of Net Stable Funding Ratio requirement on Banks' choices of debt maturity）首次分析了巴塞尔Ⅲ协议提出的新的流动性监管工具 NSFR；2018 年发表在《环境经济与管理期刊》（*Journal of Environmental Economics & Management*）上的"监管、创新和企业选择：垄断竞争下的搬运工假设"（Regulation，innovation，and firm selection：The porter hypothesis under monopolistic competition）考察了环境污染税对于异质性企业的影响；2014 年发表在《经济学（季刊）》上的"银行资产证券化的风险自留监管"讨论了对证券化进行不同形式的风险自留监管产生的不同影响；2016 年发表在《经济学通讯》（*Economics Letters*）上的"国有企业偏好和信用分配错误——来自中国的模型和一些证据"（SOE preference and credit misallocation：A model and some evidence from China）分析了政府对国企的偏好对信贷资源错配的影响。魏旭在行为金融方面的研究包括，2015 年发表在《审计：实践与理论期刊》（*Auditing*：*A Journal of Practice & Theory*）上的"投资者异质性、审计师选择和信息信号"（Investor Heterogeneity，Auditor Choice，and Information Signaling）提出投资者异质性会影响公司对审计师的选择；2014 年发表在《经济学通讯》（*Economics Letters*）上的"具有不同信念的最优分层"（Optimal tranching with diverse beliefs）以及 2016 年发表在《应用经济学》（Applied Economics）上的"投资者异质性和分层"（Investors heterogeneity and tranching）均认为投资者异质性会提高证券化资产的价格；2017 年发表在《应用经济学》（Applied Economics）上的"投资者信念的多样性如何影响股票价格信息量"（How does the diversity of investors beliefs affect stock price informativeness）发现投资者的看法差异程度会影响资产定价的效率；2018 年发表在《金融研究通讯》（Finance Research Letters）上的"异质的信仰和差异化的折现"（Heterogeneous beliefs and diversification discount）证明投资者异质性会提高分拆上市后股票的价格。

13. 王雅琦副教授的主要研究成果。

王雅琦副教授关注进出口企业转型升级、创新等研究，代表性成果包括：（1）研究汇率变动对企业微观行为的影响。代表作有"汇率、产品质量与出口价格"（2015）、"人民币汇率变动与企业出口产品决策"（2015）、"汇率波动、金融市场化和出口"（2016）；（2）研究企业的转型升级行为以及其对宏观经济的影响。代表作有"人民币汇率变动与出口企业研发"（2018）、"人民币汇率、贸易方式与出口产品质量"（2018）"出口产品质量与中间品供给"（2018）、"汇率低估、金融发展与经济增长"（2017）。这些成果深入分析了宏观政策影响下的贸易企业的出口定价、生产决策、创新决策等微观决策，对于理解宏观政策对企业的微观影响具有丰富的借鉴意义。其中，论文"人民币汇率、贸易方式与产品质量"基于 2000~2006 年合并的中国海关数据库和工业企业数据库，考察了人民币汇率变动对制造业企业出口产品质量的影响，发现人民币升值有利于提升出口产品质量。《本币币值低估、金融发展与经济增长》（2018）基于两部门的小国开放模型，证明本币币值低估在一定程度上能够纠正金融部门的扭曲，通过同时提升可贸易部门的生产率和份额以促进经济增长，并且这一效果对借贷约束越紧的国家越明显。论文"汇率变动、融资约束与出口企业研发"（2018 年）基于 2000~2007 年匹配的中国海关和工业企业数据库数据，发现企业层面实际有效汇率上升（本币升值）显著促进了出口企业研发支出增加，且企业受到的融资约束越轻，这种效应越明显。竞争渠道和中间品进口渠道为实际有效汇率上升促进出口企业研发的两个可能渠道。论文"出口产品质量与中间品供给"（2018 年）从出口产品质量，特别是从中间品供给对出口产品质量的影响，来审视我国对外贸易，对全球金融危机前后我国出口产品质量的变化及其影响因素进行了分析，对我国从贸易大国迈向贸易强国这一进程具有较强的政策价值。

14. 谭小芬教授的主要研究成果。

谭小芬教授在国际大宗商品、人民币汇率和跨境资本流动方面进行了广泛的研究。代表性成果有："国际大宗商品价格波动中的中国因素——基于 2000~2013 年月度数据和递归 VAR 模型的分析"（2014）基于 2000~2013 年的月度数据和递归 VAR 模型，研究国际大宗商品价格的变化及中国因素的相对重要性，发现实体经济需求和流动性水平相对供给因素对大宗商品价格的影响更为显著。"基于油价冲击分解的国际油价波动对中国工业行业的影响：1998~2015"（2015）基于短期约束的 SVAR 模型，考察了 1998~2015 年导致国际油价波动的三种结构性冲击对中国 37 个工业行业的影响及其机理，提出中国需要转变经济增长方式，完善成品油价格形成机制，构建原油期货市场和能源金融体系。才能有效应对油价波动带来的负面效应。"汇率波动、金融市场化与出口"（2016）基于高度细化的企业—产品—出口目的地层面海关出口交易数据，考察 2002~2009 年间汇率波动对我国企业出口的影响。结果表明，当中国与目的地汇率波动增加时，中国企业出口额、出口产品的种类都会显著减少，并且在产品结构上企业出口会更多集中于核心产品，而金融市场化程度的提高会显著抑制汇率波动的负面作用，从微观层面上为加快国内金融市场化进程、降低信贷约束提供了支持。"经济政策不确定性影响企业投资的渠道分析"（2017）分析了经济政策不确定性影响中国企业投资行为的传导机制，发现经济政策不确定性通过实物期权和金融摩擦两种渠道抑制了中国企业投资，并且实物期权渠道占据主导地位。谭小芬教授在政策分析方面也做过相关研究工作，受邀参加过中国人民银行金融稳定局与国际货币基金组织金融稳定评估项目会谈、财政部的发达经济体货币政策效应评估会议和杠杆率的咨询会议，德意志银行第 16 届中国区会议，北京大学国家发展研究院第 67 次［朗润·格政］论坛演讲嘉宾，合作编写《全球金融治理报告：2015~2016》。

15. 其他教师的主要研究成果。

金谷博士的论文"分散中的货币非中性：重访休谟"（Nonneutrality of Money in Dispersion: Hume Revisited）被国际顶级期刊《国际经济评论》（*International Economic Review*）接受。论文发现，在一个有非退化分布与一般化偏好及生产假设的货币搜寻模型中，由于个体经济人的生产意愿取决于其财富水平且呈现强烈非线性，一次性的货币注入可以通过改变货币分布，带来实际总产出显著而持续的反应，即短期的货币非中性。朱一峰博士的论文"股票收益的非对称性：偏度之外"（Stock Return Asymmetry：Beyond Skewness）被国际金融学期刊《金融与数量分析期刊》（*Journal of Financial and Quantitative Analysis*）接受。游五岳博士的论文"中国妇女的政治参与和教育性别差距：1950-90"（Women's Political Participation and Gender Gaps of Education in China：1950-90）（2018年），通过将县志数据电子化、系统整理出中国1950年以来县一级的党员结构、人口的教育结构以及其他历史信息，发现女性的政治参与对于缩小教育的性别差距有着长远而重要的作用，且这一影响更有可能是通过改变父母的性别观念，尤其是对女儿受教育水平的期许，从而增加对女儿的教育投资而发生的。

苟琴副教授的论文"我国信贷配给决定因素分析——来自企业层面的证据"（2014）采用世界银行提供的中国企业投融资环境调查数据分析了信贷配给决定因素，发现企业规模、盈利性、是否获得政府贷款帮助以及企业所在省份金融发展和金融市场化程度等都是影响信贷配给的显著因素，但没有发现所有制歧视的证据。郭豫媚博士的论文"央行沟通、适应性学习和货币政策有效性"（2018年）基于沟通已成为发达国家央行引导市场预期的主要方式，在适应性学习框架下，构建了一个包含央行公共信息和公众私人信息的动态随机一般均衡模型，刻画了央行沟通影响公众学习和预期的传导机制，探讨了央行究竟是否应该进行沟通，以及央行沟通是否能够提高货币政策的有效性。彭俞超博士的论文"企业'脱实向虚'与金融市场稳定——基于股价崩盘风险的视角"（2018年），针对近年来经济中出现的"脱实向虚"问题，从企业金融投资如何影响股价崩盘风险的视角，通过构建一个包含市场、公司和经理人的三期博弈模型，研究了企业"脱实向虚"对金融市场稳定的影响。彭俞超博士、黄志刚教授的论文"经济'脱实向虚'的成因与治理：理解十九大金融体制改革"（2018年）被选为《世界经济》学习十九大专题文章、刊首文，该文以金融体制为出发点，通过构建两部门内生融资约束模型，研究中国经济出现的"脱实向虚"问题。彭俞超博士的论文"房地产投资与金融效率——金融资源'脱实向虚'的地区差异"通过构建一个包含投资结构和金融发展的内生增长模型，发现房地产投资占固定资产投资的比重偏离其最优结构继续上升对金融效率有抑制效应，而且，这一抑制效应在西部地区、经济欠发达地区、房地产销售状况差的地区更强。王忓博士的论文"汇率传递异质性、中间品贸易与中国货币政策"（2018年）分析了汇率不完全传递和中间品贸易对货币政策的影响，发现货币政策的福利依赖于进口中间品与消费品的相对汇率传递程度。当进口中间品传递程度低于消费品时，中央银行应钉住本国消费品价格；反之，则应稳定中间品价格。王忏博士的论文"土地财政和中国经济波动"通过对我国2008~2016年的数据整理发现，经济上升时，住宅用地价格与基础设施投资同步上升，但地方政府对企业的征税却反向变化，即存在地方税收政策的反周期现象；同时还发现，住宅用地价格在大小和波动上均显著大于工业用地价格。该文通过对模型的贝叶斯估计，从理论和数量上剖析了土地财政动态加速器机制，并发现这一机制能够很好地解释上述中国经济波动的特征事实。黄昌利副教授、黄志刚教授的论文"开放经济下中国的货币需求函数——基于ARDL边限检验法的证据"（2018年），基于具有微观基础的开放经济理论，并考虑我国金融账户管制等特征，构建了开放经济的货币需求函数（MDF）。发现在长期内，持续的汇率升值（及预期）将降低货币需求，存在"资产组合调整效应"；短期内汇率升值（及预期）将增加货币需求，存在"预期效应"。

本阶段学院教师科研成果质量显著提升，出版的专著有多部获奖，发表在AA类以上论文和国际顶级期刊论文的引用率上升，出现了ESI高被引论文。金融学院的学术研究进入质量提升导向阶段。

第三节 科研项目

一、1982~2002年的科研项目

刘光第教授在20世纪90年代初期主持了由多个国家宏观部门参与的国家哲学社会科学基金"八五"重点研究项目"我国货币政策及其宏观调控体系的研究"，对我国经济体制转轨时期货币政策及其宏观调控体系问题进行了全面、深入的研究，为中央银行货币政策决策提供了重要参考。

俞天一教授主持了国务院发展研究中心、国家计委委托和社科基金"八五"国家重点科研项目"中国金融运行机制转换研究"，向中央领导和决策部门提交了12份内部研究报告，发表了近60篇相关的论文和讲话稿。

王广谦教授承担的1999年高等学校全国优秀博士论文作者专项基金项目"21世纪全球化进程中的中国经济与金融发展研究";2000年承担的教育部"跨世纪优秀人才培养计划（人文社会科学）"基金项目。

二、2003~2013年的科研项目

2003~2013年，金融学院教师承担各类专项课题及项目共133项，其中，国家社会科学基金类项目4项，国家自然科学基金类项目13项，教育部项目15项，国际合作项目3项，横向课题项目98项。2014~2018年，学院教师共计承担了各类科研课题86项。

由王广谦教授任首席专家的教育部哲学社会科学重大攻关课题"金融体制改革与货币问题研究"，采取联合攻关模式，以本学科作为平台，汇聚了中国人民大学、南开大学、中国社会科学院金融所与中国人民银行研究局等国内十几位著名专家学者共同参与研究，极大地提升了研究的层次和水平，有些研究成果（如关于中国金融体制改革"转型"和"定型"的反思、"中国模式"的提出和论证等）已经对我国经济金融改革与发展产生了重大影响。

三、2014~2018年的科研项目

李建军教授在非正规金融、影子银行、普惠金融等领域的研究中，先后获得国家社会科学基金重大项目、国家自然科学基金、国家社会科学基金、教育部人文社科基金等的立项资助。2014年，李建军教授作为首席专家申报的《金融排斥、金融密度差异与信息化普惠金融体系建设研究》项目，获得2014年第一批国家社科基金重大项目立项资助。

2014年，张礼卿教授课题"中国资本账户开放进程安排和风险防范研究"获得教育部哲学社会科学研究重大课题攻关项目立项资助。

2014年获得国家自然科学基金3项，国家社会科学基金1项，包括尹力博主持的自科青年项目"大宗商品资产战略配置模型研究"、魏旭主持的自科青年项目"'影子银行'部门最优债务期限结构的决定机制研究——基于不对称信息的视角，刘向丽主持的自科面上项目"基于高频数据的金融市场间信息溢出与风险传染的微观机理、动态模型及其应用"，李俊峰主持的国家社科基

金项目"债务通缩、跨部门债务风险传染及其对宏观经济的冲击影响研究"。2015年获得国家自然科学基金1项,方意主持的"货币政策、房地产价格与金融稳定",张碧琼主持的国家社科基金项目"中国海外投资的国家战略规划与风险防范研究"。

2016年度获得6项国家自然科学基金项目,其中面上项目2项,青年科学基金项目4项。尹力博副教授主持的面上项目"考虑行为因素的多元耦合商品资产定价模型研究"、黄瑜琴副教授主持的面上项目"噪音还是信息？——基于关注度和社交网络理论对股票论坛的研究"、姜富伟副教授主持的青年科学基金项目"市场情绪与资产价格行为：基于经理人情绪指标构建的研究"、王雅琦主持的青年科学基金项目"汇率变动与出口企业产品升级——基于中国微观企业数据的视角"、鄢莉莉主持的青年科学基金项目"新常态下非线性财政货币政策的产业效应研究"、苟琴主持的青年科学基金项目"资本管制、宏观审慎监管与国际资本流动管理——基于双重金融市场不完备性视角"。

2017年度金融学院6个项目获得立项资助,其中面上项目2项,青年科学基金项目4项。其中,王辉教授主持的面上项目"基于线性及非线性模型的高维金融实践序列建模：理论及应用"、张学勇教授主持的面上项目"风险投资作用于中国企业成长的机制、路径和成效"；吴偲立博士主持的青年项目"上市公司管理层薪酬激励合约研究——基于委托代理与资产定价混合模型"、郭豫媚博士主持的"预期管理提高中国货币政策有效性的理论机制与政策研究"、顾弦副教授主持的"政府隐性担保与中国式影子银行——理论与基于微观数据的实证研究"、陶坤玉博士主持的"债务杠杠、金融风险与产出波动——基于金融摩擦与不确定性理论的研究"。

2018年获得两项国家自然科学基金面上项目,姜富伟副教授主持的"投资Q理论、投资者情绪与资本市场资产定价：大数据的视角"、尹力博副教授主持的"金融化背景下国际原油市场多维信息含量研究——基于涟漪扩散双重网络结构"。谭小芬教授主持、联合中国银行国际金融研究所共同申报的课题"汇率市场变化、跨境资本流动与金融风险防范"获得国家自然科学基金2018年应急管理项目《防范和化解金融风险》的立项资助,谭小芬教授主持申报项目《中国非金融企业杠杆率的分化与结构性去杠杆研究》获得2018年度教育部哲学社会科学研究后期资助重大项目。

第四节 获奖成果

一、1982~2002年的获奖成果

刘光第教授在1982年发表的论文《计划经济货币化是我国经济体制改革的主线》获得北京市哲学社会科学二等奖。刘光第教授的《中国经济体制转轨时期的货币政策研究》获得1998年北京市哲学社会科学优秀成果一等奖，《论中国宏观经济价值管理》获得1991年北京市哲学社会科学优秀成果二等奖。俞天一教授1987年发表的论文《关于中央银行如何管理货币和信用的意见》获得北京市哲学社会科学和改革研究优秀成果奖二等奖。

王佩真教授在1996年完成的专著《"一国两制"下的货币金融比较研究》获2000年北京市第六届哲学社会科学优秀成果一等奖。

张礼卿教授在1988年发表的"适度外债规模问题"，于1991年获得首届中国金融学会优秀论文二等奖、中国金融教育基金"金晨杯"优秀论文奖。

贺强教授1996年的专著《中国企业改革与证券市场运作》获得第四届北京市哲学社会科学优秀成果二等奖。

王广谦教授的"经济发展中的金融贡献与效率"被评为首届全国优秀博士论文奖（1999年），也是当年经济学科全国唯一获此项奖励的著作。这本著作获得北京市哲学社会科学优秀成果一等奖。他主编的《中国经济增长波动与政策选择》获得2000年北京市哲学社会科学优秀成果二等奖。

李健著《当代西方货币金融学说》（教材）荣获全国第二届高等学校优秀教材"全国优秀奖"、财政部第二届财政系统大中专优秀教材荣誉奖、中国金融教育发展基金会首届院校"金晨"优秀科研成果一等奖。李健教授的论文"中国金融市场效率与发展战略刍议"获得北京市哲学社会科学优秀成果二等奖，专著《金融创新与发展》2000年获北京市哲学社会科学优秀成果二等奖。

姚遂教授著的《中国金融思想史》1996年获北京市哲学社会科学优秀成果一等奖。随后修订完成的《中国金融思想史》于2012年出版，2013年即获得中国金融优秀图书"金羊奖"，2015年获得第七届高等学校科学研究（人文

社会科学）优秀成果奖获奖二等奖。

二、2003～2013 年的获奖成果

2003～2013 年，2 部著作获高等学校科学研究优秀成果奖（人文社会科学）三等奖，2 部著作获北京市优秀社科成果一等奖，1 篇论文获得中国人民银行与中国金融学会优秀研究成果一等奖，2 篇论文获得二等奖，5 部著作获北京市优秀社科成果二等奖。2014～2018 年，学院教师获得高等学校科学研究优秀成果奖（人文社会科学）、广西壮族自治区社会科学优秀成果奖、邓子基奖等省部级及以上奖励。具体包括：贺强教授的著作《论我国经济周期、政策周期与股市周期的互动关系》获得北京市第八届哲学社会科学优秀成果奖（2004）二等奖；王广谦教授的著作《20 世纪西方货币金融理论研究：进展与述评》获得北京市第八届哲学社会科学优秀成果奖（2004）二等奖；李健教授的著作《中国金融发展中的结构问题》获得北京市第九届哲学社会科学优秀成果奖（2006）二等奖；王广谦教授的著作《中国经济增长新阶段与金融发展》获得第四届中国高校人文社会科学研究优秀成果奖（2006）三等奖，《经济全球化进程中的中国经济与金融发展》获得北京市第九届哲学社会科学优秀成果奖（2006）一等奖，《中国经济增长新阶段与金融发展》获得第四届中国高校人文社会科学研究优秀成果奖（2006）三等奖；李建军的著作类《未观测金融与经济运行》获得第六届高等学校科学研究优秀成果奖（人文社会科学）（2012）三等奖；姚遂教授的著作《中国金融思想史》2013 年获得中国金融优秀图书"金羊奖"；李建军的论文"中国地下金融规模与经济影响"获得中国人民银行与中国金融学会优秀论文二等奖；郭田勇发表的论文"中国中小企业融资支持体系构建分析"获得中国金融学会优秀论文三等奖。

三、2014～2018 年的获奖成果

《中国金融思想史》（专著，姚遂著）2015 年获得第七届高等学校科学研究（人文社会科学）优秀成果奖获奖二等奖。王雅琦在《金融研究》上的论

文"人民币汇率变动与企业出口产品决策"入选《世界经济年鉴 2016》"国际金融学 2015 年十佳中文论文"(TOP10);方意撰写的论文"宏观审慎政策有效性研究"(发表于《世界经济》2016 年第 8 期)入选《世界经济年鉴 2017》世界经济学总榜 2016 年 TOP10 中文第 6 名以及分榜"全球宏观经济学"TOP10 中文第 1 名。该文还被《中国社会科学文摘》2016 年第 11 期全文转载。张学勇教授和陈锐副教授的论文"共同基金经理的工作经历和投资能力"(Mutual Fund Managers' Prior Work Experience and Their Investment Skill)获得《财务管理》(*Financial Management*)的 2018 春季最佳论文奖;姜富伟副教授论文"债券风险溢价的实时宏观因子"(Real Time Macro Factors in Bond Risk Premium)获得亚洲金融协会年会 WRDS(沃顿数据服务中心)最佳论文奖;吴锴博士的论文"共同基金管理不善的经济后果"(The Economic Consequences of Mutual Fund Advisory Misconduct)获得亚洲金融协会年会最佳博士论文奖。

第四章
社会服务

40年来，金融学院通过凝练研究方向，汇聚优秀人才，构筑学术平台等措施，以人才培养、科学研究、服务社会为己任，积极参政议政，向中央和北京市政府提供各类政策建议和咨询意见，参与各项法律法规的制定和修改工作；着力培养各类金融人才，承担各种社会性培训考试、评审评估、评奖考核、知识普及、舆论宣传等方面的工作，积极服务于社会，取得了良好的社会效益。

第一节 教育培训

一、银行干部培训（南口班）

1978年党的十一届三中全会之后，随着当时中国人民银行"大一统"金融体系的终结，中国农业银行于1979年恢复设立。随后，中国银行从中国人民银行分设出来，中国（人民）建设银行从财政部分离出来。在银行等金融机构迅速发展的同时，金融机构的业务活动较"大一统"时期有了较大的改变，这在客观上对于银行等金融从业人员的专业素质提出了新的要求。在这样的背景下，银行干部的专业培训就成为迫在眉睫的任务。

为了满足这一社会需求，1981年9月中国人民银行南口管理干部学院和高校金融系联合主办了南口银行高管培训班。这个培训班当时定位于面向中国人民银行、中国农业银行等全国性银行的高管培训项目。南口银行高管培训先后开设了3期，于1984年初项目结束，先后培训学员40余人。张玉文教授、俞天一教授、王佩真教授等金融专家参与了培训班的授课，培训了包括秦池江、周正庆、魏盛鸿等众多之后跻身我国主要银行业金融机构负责人行列的学员。

二、电大、函授与社会自考教学

（一）电大教学

改革开放之初，王佩真教授就以开放包容、勇于创新的心态积极参与包括电视大学、函授教育、自学考试等各种新兴金融人才培养模式的开创活动。1981年王佩真教授以其在金融教育领域的崇高声望成为中央广播电视大学（简称"电大"）的第一批特聘教授，与中国人民大学的王克华教授共同主编了《货币信用学》教材并担任主讲教师；1987年前后，这门课程更名《货币银行学》，分上下两册，其中上册是《货币银行学原理》，当时由张玉文教授担任主编并主讲；下册是《中国货币银行学》，由王佩真教授和王克华教授担任主编并主讲。

20世纪80年代后期，姚遂教授开始承担电大的《货币银行学原理》授课任务。李健教授在80年代后期也开始为电大主讲《当代西方货币金融学说》《货币银行学》等课程。在当时，李健教授尝试采取了将电视、纸质教材和指导书、面授辅导相结合的多媒体课程教学模式，在社会上产生很大的影响力，深受广大金融专业电大师生的喜爱，被推选为中央电大的"优秀主讲教师"。

进入21世纪，以李健教授为主持人的《货币银行学》（后改为《金融学》）课程教学团队一直积极参与电大（现改名为国家开放大学）的教学活动，李建军、左毓秀、马亚、黄志刚等教师相继承担了部分课程授课任务，授课质量受到了社会的高度认可。

（二）函授教学

王佩真教授从1984年就开始参与我国的金融函授教育工作。她主编了函授教材《金融概论》；1989年参加军地两用人才的培养，为中国军地两用人才大学主编教材《金融学》。

从1999年开始，李健教授承担了中央党校函授学院主讲《货币银行学》课程的任务。在授课过程中，她与左毓秀等课程团队成员一起，尝试利用纸质教材、录音录像、PPT和学习辅导材料相结合的开放式课程教学模式，干部学员超过 100 万人。此外，李健主编的中央党校教材《货币银行学》发行逾百万册，被评选为中央党校的"优秀教材"。

（三）国家自考教学

1992 年王佩真教授为全国高等教育自学考试教材编写配套读物《社会主义货币银行学自学考试指导》，2000 年为全国高等教育自学考试主编教材《金融概论》。

此后，潘金生教授还曾担任北京市自考委员。张礼卿教授担任《国际金融》课程的命题教师。

（四）参与中国人民银行研究生部（五道口）的授课

在中国人民银行研究生部创建伊始，我校金融系的刘光第、张玉文、俞天一等教师分别担任过不同课程的授课老师。

三、在职高级研修项目

1993 年，学校经国务院学位办特批举办在职研究生进修班（目前为"在职高级研修"项目）。项目运行至 2018 年已有 24 年，金融学院培养了一大批金融学（货币银行学）专业优秀的专业人才（约 4000 名学员），其中近千人以同等学力身份获得了硕士学位。

（一）项目发展历程简要回顾

金融学院在职研修项目在 20 余年的发展过程中，经历了三个发展阶段。

1. 初始阶段：1994~2000 年。

1993 年国务院学位委员会发布关于对举办研究生课程进修班加强管理的通知，中央财政金融学院研究生课程进修班开办时间是 1994 年，招收硕士研究生课程进修班人员分为教学系列 15 名，行政系列 5 名。这期项目主要面对的是为校内教师群体。

1995 年学校决定举办货币银行学在职研究生课程进修班，入学考试课程包括英语和货币银行学。合作单位是中国银行、中国工商银行、中国石化财务有限责任公司，招收 29 人，不含参加此项目的学校教职工人数（6 人）。

1996年国务院学位办发布《关于举办研究生课程进修班登记备案工作的通知》，6月26日发出《关于批准开展在职人员申请硕士学位工作单位的通知》，共批准包括学校在内的99个学位授予单位开展在职人员以研究生同等学历申请硕士学位工作，并进一步明确规范工作秩序和保证授予质量的原则与措施。

据档案馆的不完全统计，此阶段的招生情况参见表4-1。

表4-1　　　　　　　　1994~2000年在职研修班招生人数

年份	人数统计（人）	招生地点
1994	15	北京（校内）
1995	29	北京
1996	38 无明确统计	北京
1997	114	北京
1997	43	南京
1998	153	北京
1999	5	北京
2000	75	北京

2. 快速发展阶段：2001~2013年。

自2001年开始，学院在职研修项目招生人数较之前明显增加。根据招生方式的变化，这一阶段又大致可以划分为三个时期，即自主招生时期（2001~2009年）、委托招生时期（2010~2013年）和学院主导招生时期（2014年至今）。

（1）自主招生时期。2001~2009年学院在职研修的招生人数大致如表4-2所示。

表4-2　　　　　　　　2001~2009年在职研修招收人数

年份	招生人数（人）	招生地点
2001	232	北京
2002	183	北京
2003	166	北京

续表

年份	招生人数（人）	招生地点
2004	162	北京
2005	142	北京
2006	127	北京
2007	127	北京
2008	141	北京
2009	109	北京

资料来源：历年班级通讯录。

（2）委托合作单位招生阶段：2010~2013年。2011年学校修订《中央财经大学研究生课程进修班管理规定》，进一步加强了申办研究生课程进修班的条件，要求办班名称一律为"某专业研究生课程进修班"，不得冠以"在职研究生""在职硕士""研究生班"等名称。

2010年，由于社会人员对在职攻读硕士学位的需要量进一步加大，学院与合作单位展开联合招生，一是委托中教未来国际教育科技公司为金融学院招收北京地区研究生课程进修班学员，共开设2010级，2011级1班、2班，2012级1班、2班、3班，2013级1班、2班、3班共9个研究生课程进修班。二是委托广东省深圳市中财华路财经研究所在深圳市招收学员，共开设2010级、2011级和2012级3个班级。三是委托河南信诺职业培训学校在郑州招收学员，共开设2013级1期班。四是委托中国农业银行邢台分行在邢台招收学员，共开设2013级1期班。

此阶段招生情况参见表4-3。

表4-3　　　　　　　　2010~2013年的在职研修招收人数

年份	招生人数（人）	招生地点	合作单位
2010	128	北京	中教未来国际教育
	31	深圳	中财华路财经研究所
2011	324	北京	中教未来国际教育
	39	深圳	中财华路财经研究所

续表

年份	招生人数（人）	招生地点	合作单位
2012	223	北京	中教未来国际教育
	18	深圳	中财华路财经研究所
2013	252	北京	中教未来国际教育
	31	郑州	河南信诺职业培训学校
	46	邢台	中国农业银行邢台分行

3. 招生学院主导时期：2014～2018年。

2014年国务院学位委员会、教育部、国家发展改革委员会发布《关于进一步加强在职人员攻读硕士专业学位和授予同等学力人员硕士、博士学位管理工作的意见》，强调从2014年起，所有以"研究生"和"硕士、博士学位"名义举办的课程进修班将不得再招收新学员，并待已招收学员完成全部课程学习后即行终止。研究生课程进修班的开办历史从1994始，至2014年结束。在国家和学校的政策规定下，金融学院开设金融专业在职高级研修班，纳入继续教育工作管理办公室统一管理，招生入学、结业均上报继管办。符合申请硕士学位的学员，经过研究生院统一组织的题库考试、国家组织的同等学力申请硕士学位考试，可以进行硕士论文写作，答辩。

（1）京内自主招生。2014年开始，北京地区的招生由金融学院教职工团队负责招收，与3家中介公司签订推广协议，推送生源名单。2014～2018年的招生情况参见表4-4。

表4-4　　　　　　2014～2018年京内在职研修招收人数

年份	招生人数（人）	开设班级
2014	192	3期
2015	234	4期
2016	233	4期
2017	207	4期
2018	69	1期

(2) 京外合作招生。这一时期，学院还积极拓展京外在职研修项目，办学地点不断增加，招生人数在 2017 年之前总体稳定在 100 余人的水平（参见表 4-5）。

表 4-5　　　　　　　　2014~2017 年京外在职研修班招收人数

年份	招生人数（人）	开设班级	合作单位
2014	93	2 期	南宁市中小企业服务中心
	29	1 期	海南省海口市光大银行
2015	92	2 期	上海裕德进修学院
	32	1 期	南宁市中小企业服务中心
	46	1 期	贵阳信用社
	41	1 期	唐山银行
	22	1 期	重庆市中财资产评估土地房地产估价有限责任公司 重庆骐骧文化传播有限公司
2016	75	2 期	上海裕德进修学院
	18	1 期	南宁市中小企业服务中心
	3	插班	重庆市中财资产评估土地房地产估价有限责任公司 重庆骐骧文化传播有限公司
	1	插班	海口光大银行
2017	105	2 期	上海裕德进修学院

2018 年，受学校在职研修项目政策调整的影响，学院不再招收京外在职研修人员。

（二）项目课程设置

1. 初期阶段课程设置。

初期阶段，货币银行学在职研究生班课程设置为：学位课 8~10 门，包括公共课和专业课，主要有：英语、高等数学、西方经济学、金融理论与政策、货币经济学、国际经济学、证券市场、银行经营管理研究等。入学需通过考试：英语和货币银行学（含银行信贷学、国际金融）。授课方式为：集中面授。

据档案馆 1995 年举办货币银行学研究生课程进修班简况表记载，本专业拟开设研究生课程情况整理参见表 4-6。

表 4-6　　　　　　　　　1995 年在职研修课程设置

类别	课程名称	主讲教师	学时（个）
必修课	资本论与社会主义市场经济	孙开镛	68
	西方经济学	张燕生	68
	英语	李胜	204
	金融理论与政策	刘光第	51
	货币经济学	王佩真	68
	国际经济学	张礼卿	68
	证券市场与管理	潘金生	51
	银行经营管理研究	史建平	51
选修课	西方金融理论比较研究	李健	51
	税收理论研究	郝如玉	51
	财政理论研究	李俊生	51
	财务会计	南琪	51
	结算理论与实践	贺培	51
	高等数学	曹克明	68

2. 快速发展阶段的课程设置。

据档案馆 2001 年金融学专业研究生课程进修班简况表记载，整理课程设置如表 4-7 所示。

表 4-7　　　　　　　　2001 年前后在职研修课程设置

类别	课程名称	主讲教师	学时（个）
必修课	社会主义经济理论	齐兰	51
	西方经济学		51
	马克思主义哲学	马振国	51
	英语		200
	货币银行学（中级）	李健	51
	证券市场与管理	贺强	51
	投资银行学		51
	国际经济学	黄辉	51

续表

类别	课程名称	主讲教师	学时（个）
选修课	财政学	马海涛	51
	计量经济学	吴秉坚	44
	公司财务学		51
	金融前沿问题讲座		36

2008年后学院金融专业研究生课程进修班的课程设置有所调整，必修课即题库考试课程：财政学、货币银行学、金融市场与金融工具、西方经济学、国际经济学、英语、马克思主义哲学原著解读、社会主义经济理论。选修课有：商业银行经营管理、公司理财、证券投资与分析、风险管理理论与实务、财务报表分析与年报解读、股权投资策略分析等。选修课为学院自主安排。

3. 学院主导招生阶段的课程设置。

随着社会经济发展，以及金融行业的快速发展，社会对金融经济人才的需求不断扩大，并伴着2014年招生政策变化后，金融学院在职高级研修班的招生简章和课程设置与时俱进，紧握时代脉搏。

(1) 项目课程的设置更科学、更专业、更务实。在学习专业基础理论知识之外，设置多个研究方向，增添多门新课程。共开设3个专业：金融学、证券投资和国际金融学。3个专业下设6个研究方向：商业银行经营与风险管理专业方向、互联网金融专业方向、资本营运与投融资专业方向、大类资产管理与金融市场投资专业方向、金融与证券投资实务专业方向、国际金融与国际投融资专业方向。特色课程主要包括证券投资与分析、商业银行风险控制创新管理、银行负债管理、中国私人银行经营与发展、银行营销业务与客户关系管理；大数据与互联网金融、互联网金融与证券业变革、股权投资与上市安排、企业重组与并购、信托产品设计与融资案例分析、量化投资的基本策略、投资者行为分析、高级财务报表分析与量化投资决策、国际金融与外汇投资、国际税收筹划与管理等实用性课程。

(2) 校内名师与业界导师联袂授课。教学师资雄厚，课程更注重对实际工作能力的培养，由校内具有深厚理论造诣的导师和校外具有丰富实践经验的业内专业人士联袂授课。课程以学习理论知识为主，由中央财经大学自己的专家教授队伍为主要教学力量；同时更注重实践能力，重点强调在工作上的应用，聘请具有丰富实战经验的教授、金融行业高管、监管机构资深专家主办讲座。通过这种体系，学员不仅可以掌握专业理论知识，同时可具备相关领域实际工作能力。

2015年新增了专题讲座类课程，旨在邀请更多业界精英人士，为学员讲授更多实务性专业知识。包括：大数据在金融行业的应用、财富管理时代零售银行发展趋势、股权市场投资发展与金融创新讨论、私募股权投资专题、商业银行风控专题、金融工作会议之后的金融改革专题、行为金融与股票市场预测专题等，在理论学习的同时，提升学员实践操作能力。

（3）移动课堂与拓展训练。在学习课程同时参加定期举办的专业发展讲座及研讨会，协助学员多方面发展专业技能和软性技巧，了解政策、法规和技术快速革新而带来的变化，以增进学员专业知识和管理技能，提升全体学员的素质，在强大竞争中保持独特优势。以知识、人脉、事业为核心，课程学习与校友活动结合。我校校友分布涉及财政、税务、银行、证券、房地产、高新技术、投资、贸易等多个行业。学员通过积极参加各项活动，建立高端的人脉资源网络。学员在享受丰富人脉资源的同时，也需要通过参与组织活动来不断提升自身综合素质和能力。

学院开创性地开设移动课堂，组织学员前往相关企业或金融机构进行参观、座谈与学习。曾举办了"道口贷"供应链金融主题学习，"首创金服"互联网金融行业探索与实践主题学习，"越狱空间"创业孵化器参观座谈等。

（三）同等学历授予硕士学位情况

根据研究生院的硕士学位授予情况统计以及档案馆记载，学院从1997年开始授予同等学历硕士学位，至2018年底共授予学位人数逾1100人。具体情况如表4-8所示。

表4-8　金融学院（金融系）1996~2018年同等学历硕士授予人数

年份	人数（人）
1997	2
1998	无
1999	58

续表

年份	人数（人）
2000	22
2001	49
2002	54
2003	139
2004	46
2005	51
2006	105
2008	73
2009	58
2010	25
2011	61
2012	39
2013	45
2014	43
2015	126
2016	60
2017	40
2018	71
总计	1167

四、举办高等教育自学考试项目

高等教育自学考试是个人自学和国家考试相结合的高等教育形式，是我国社会主义高等教育体系的重要组成部分。是贯彻宪法鼓励自学成才的有关规定，造就和选拔德才兼备的专门人才，提高全民族的思想道德素质和科学文化素质，以适应社会主义现代化建设的需要。与普通高考和成人高考在招生对象、考试时间及学制不同，自考是"宽进严出"。

学院于2001年开办了成人自学考试教育项目。项目的办学地址选择在北京市丰台区小屯路8号（玉泉路教学区）。当时开办这个项目的目的是致力于培养一批具有金融理论知识和专业技能,可在银行、证券、信托、投资、保险等金融机构,以及政府行政部门和其他企业就业的、德才兼备的高素质专门人才。根据高自考的规定和社会对于专业人才的需要,这个项目设置了金融管理、国际金融、国际经济与贸易、证券投资与管理等多个专业。主要课程包括:马克思主义哲学原理、邓小平理论概论、法律基础与思想道德修养、政治经济学、高等数学、大学语文和英语等公共基础课;计算机应用基础、经济学、宏观经济学和经济法概论等专业基础课;财政学、会计学、统计学、财务管理、经济法、货币银行学、金融学、金融市场学、商业银行业务与经营、银行信贷管理、国际金融、证券投资学和国际结算等专业课;根据学生兴趣和未来职业需要还开设了选修课和专题讲座。此外,学院每年至少两次邀请王广谦、魏盛鸿、贺强、李宪铎、韩复龄等学界、业界金融知名人士为学生做专题报告。

金融学院在组织项目的教学过程中配备了雄厚的师资、辅导员和行政管理人员。聘请的专业师资力量主要来自中央财经大学各相关学院的优秀主讲老师,以及来自北大、人大、北理工、北师大、北京交通大学、中央民族大学、对外经贸大学和首都经贸大学等学校的优秀师资。值得一提的是,当时学校是《货币银行学》和《国际金融学》等课程的北京市指定主考单位。张玉文教授的《货币银行学》,周兴新、张礼卿和尹于舜编著的《国际金融导论》是自考的专业指定用书。

自考教育项目的生源主要是全国高考落榜的学生和社会待业的年轻人,其中高自考项目各专业的本科招生主要面向高考落榜考生、继续深造社会青年和拟出国留学人员,专升本招生主要面向继续深造社会青年和拟出国留学人员,专科招生面向高考落榜考生。学院这个项目在开办第一年的招生人数就达到了528人,在2001年到2010年的十年办学期间,共招生三千余人,部分高自考课程的通过率高达70%以上。在十年的项目办学过程中,学院为社会培养了近万名具有专业理论和技能的职业人员。有不少这个项目的毕业生进阶考取了国家统招的研究生和在职研究生的同时,更多的毕业生直接从事各类金融工作。很多学生工作扎实认真,为人严谨,自考教育使其受益终身,学院的这个教育项目也得到社会的检验。

根据教育部2007年高教9号文件精神,学院玉泉路自学考试教学区于2011年7月停止与自考办学有关的一切活动。之后,学院根据学校的总体要求和安排,通过玉泉路教学点教师和学院的共同努力,学生有计划地转学至中国建设大学自考项目,顺利完成了在校 300 余名学生的转学工作,保证了学生的专业和课程的有效衔接,生活和学习的顺利过渡。至此,中央财经大学金融学院的自学考试教育项目圆满结束。

五、短期专业培训

随着学科实力社会认可度的日益提高,学院还通过短期专业培训项目的开展,借助科学合理的课程设计和高水平的授课师资,满足银行等各类金融机构从业人员(含高管)专业知识提升的需求。2010 年以来,学院短期专业培训日益常态化、规范化,已经成为学院社会服务的重要内容之一。

2010 年学院共承办短期培训 5 期,分别为:(1)中国农业银行城区支行行长"商业银行城市市场竞争力提升"高校专题研修班第三期;(2)中国农业银行城区支行行长"商业银行城市市场竞争力提升"高校专题研修班第八期;(3)中国农业银行城区支行行长"商业银行城市市场竞争力提升"高校专题研修班第十二期;(4)中国农业银行城区支行行长"商业银行城市市场竞争力提升"高校专题研修班第十六期;(5)东北证券股份有限公司业务经理综合素质提升班,结业人数共计 412 人。

2011 年学院共承办短期培训 7 期,分别是:(1)中国农业银行县域支行行长培训班第四期;(2)中国农业银行县域支行行长培训班第十期;(3)中国农业银行县域支行行长培训班第十六期;(4)中国农业银行县域支行行长培训班第二十期;(5)中国农业银行北京分行新任处级领导干部培训班;(6)中国农业银行北京分行青年干部培训;(7)农行北京分行海东支行管理人员综合能力提升班,结业人数共计 436 人。

2012 年学院共承办短期培训 14 期,分别是:(1)中国邮政储蓄银行内蒙古分行行长培训班第一期;(2)中国邮政储蓄银行内蒙古分行行长培训班第二期;(3)中国农业银行北京分行科级干部培训班第一期;(4)中国农业银行北京分行科级干部培训班第二期;(5)中国农业银行北京分行科级干部培训班第三期;(6)中国农业银行北京分行海淀支行中层干部培训班;(7)中国农业银行北京分行东城支行中层干部培训班;(8)中国农业银行北京分行私人银行派驻制财富顾问素质培训班;(9)中国农业银行北京分行海淀支行客户经理素质提升班；（10）中国农业银行城区支行行长风险与合规管理高校专题培训班第 4 期；（11）中国农业银行城区支行行长风险与合规管理高校专题培训班第 8 期；（12）中国农业银行北京分行基层网点负责人培训班第一期；（13）中国农业银行北京分行基层网点负责人培训班第二期；（14）中国农业银行北京分行基层网点负责人培训班第三期，结业人数共计 962 人。

2013 年学院共承办短期培训 4 期，分别是：（1）中国建设银行衡水分行青年干部研修班；（2）重庆三峡银行中层干部培训班第一期；（3）重庆三峡银行中层干部培训班第二期；（4）重庆三峡银行中层干部培训班第三期，结业人数共计 140 人。

2014 年学院共承办短期培训 8 期，分别是：（1）互联网金融高管培训；（2）重庆三峡银行第一期中央财经大学中层干部培训班；（3）齐商银行高级管理人员领导力提升培训班第一期；（4）江西工商银行第一期管理人员中央财经大学培训班；（5）江西工商银行第二期管理人员中央财经大学培训班；（6）齐商银行高级管理人员领导力提升培训班第二期；（7）重庆三峡银行第二期中央财经大学中层干部培训班；（8）齐商银行高级管理人员领导力提升培训班第三期，结业人数共计 288 人。

2015 年学院共承办短期培训 4 期，分别是：（1）中信银行重庆分行新晋干部培训班；（2）中信银行重庆分行中层干部副职培训第一期研修班；（3）中信银行重庆分行中层干部副职培训第二期研修班；（4）重庆兴农融资担保集团中高层管理人员专题培训班，结业人数共计 134 人。

2016 年学院共承办短期培训 3 期，分别是：（1）巴中市金融扶贫与投融资体制改革专题研修班；（2）泸州市商业银行中高层管理人员专题研修班第一期；（3）泸州市商业银行中高层管理人员专题研修班第二期，结业人数共计 151 人。

2017 年学院共承办短期培训 12 期，分别是：（1）山东省聊城市土地储备开发领域管理人员专题研修班；（2）金融类专业中青年骨干教师教学与科研高级研修班；（3）辽宁灯塔农商银行管理人员专题研修班；（4）太平石化金融租赁公司组织管理与领导力提升高级研修班；（5）"齐争高校行，再聚象牙塔"首届民生银行—招商信诺高校行；（6）烟台农商银行管理人员专题研修班第一期；（7）烟台农商银行管理人员专题研修班第二期；（8）泸州市商业银行超能战队一年级队员专题研修班；（9）百度金融学院融智项目第一期；

（10）百度金融学院融智项目第二期；（11）兰州银行金融创新与领导力提升研修班；（12）重庆银行中高层管理人员培训班，结业人数共计572人。

2018年学院共承办短期培训11期，分别是：（1）辽宁灯塔农商银行管理人员专题研修班；（2）私募股权投资研修班/公司治理与资本运作研修班；（3）金融后E董事长研修班；（4）北京农商银行新员工入职培训；（5）中国人寿保险西藏分公司中层管理干部素质技能提升培训班；（6）富德生命人寿保险股份有限公司专题研修班；（7）泸州市商业银行超能战队一年级队员培训；（8）北京农商银行中层管理人员培训；（9）邮储银行云南省分行中层高校培训；（10）兰州银行管理人员专业能力提升研修班；（11）邮储银行江西省分行县域支行行长培训班，结业人数共计1461人。

第二节 政策咨询

历史地看，金融学院一直是我国重要的金融政策研究中心之一，长期致力于经济和金融理论、实务与政策的研究，与国家决策部门、金融管理和业务部门一直保持着密切联系，在国家经济、金融体制改革和发展过程中为政府和中央各部委的决策提供过多项重要的咨询建议。40年来，本学科继续发扬这一优良传统，以科研课题为依托，紧密结合金融改革发展中出现的政策问题进行研究，取得了一系列政策咨询研究成果，许多学术观点受到中央领导和有关决策部门的重视，一些研究成果直接被采纳成为国家政策或付诸改革实践，为国家经济、金融改革与发展做出了贡献。

一、直接向中央和政府决策部门提供政策建议

20世纪80年代，俞天一教授系统研究了当时中国金融领域在整个经济体制改革背景下的诸多重要问题，向中央领导和决策部门提交了12份内部研究报告。他提出的销售资金率贷款法强调贷款效益，该办法被中国人民银行采纳，在多地试点的基础上，逐步在全国银行系统推广，成为推动银行经营机制转轨的最早措施之一。王广谦教授利用在国务院发展研究中心工作的机会，写了大量关于经济和金融体制改革的论文和研究报告，为有关决策提供了重要的参考。张礼卿教授应时任中央政治局候补委员、中国人民银行行长陈慕华邀

请，与近20位青年学者一起在中南海国务院会议室，就金融改革问题进行座谈。张礼卿教授有关我国外债规模的分析和相关决策建议，被《中国社科院要报》长篇收录，直接报送党和国家最高决策层。

进入21世纪以来，王广谦教授向国家有关部门提交的《国有商业银行改制上市急需考虑的几个问题》引起了各方关注，三位党和国家领导人做了重要批示，中国人民银行、银监会领导高度重视，在国家对国有商业银行改革决策过程中产生了一定影响。作为全国政协委员，王广谦教授和贺强教授积极递交提案，为有关决策提供了有价值的参考。比如，2013年，王广谦教授提出了《关于加强海外高层次人才引进和服务政策协调的提案》和《关于建立多元化融资体系加快推进城镇化建设和发展的提案》两份提案，受到了有关部门的高度重视；2014年又提交了《关于规范互联网金融发展》的提案，并转呈了《关于农业补贴政策》的调研报告。贺强教授自2008年参加"两会"以来，先后提出《关于我国证券市场单边收取证券交易印花税的提案》《关于加强证券市场基础性制度建设，适时推出股指期货的提案》《关于有效解决中小企业融资难大力发展证券场外交易市场的提案》《关于规范和发展电子支付服务产业的提案》《关于进一步完善证券市场监管有效保护投资者利益的提案》《关于建议中国股市恢复T+0交易的提案》《关于通过立法确立优先股制度的提案》等，促进了证券市场的健康发展。

在我国加入WTO前夕，张礼卿教授关于经济全球化及其影响的分析报告曾报送中央财经领导小组。近年来，他多次主持国家自然科学基金应急课题和教育部重大应急课题，针对人民币国际化、资本账户可兑换、美国次债危机对我国的影响，以及欧债危机的成因和对我国的影响等，撰写了多份内部研究报告，报送国务院办公厅和国家外汇管理局，获得有关领导高度关注并批示。此外，史建平教授给农业部提交的研究报告《我国信贷投入对农村经济可持续发展的影响分析》，张礼卿教授给中国人民银行提交的研究报告《发展中国家资本账户开放：理论与经验》，李建军教授给全国社保基金理事会提交的《建设信息科技支撑的智慧型医养一体化养老保障体系》，李健教授给国务院提交的《关于发行优先股补充银行资本的建议》，谭小芬教授给国务院提交的《当前国际货币体系改革主要倡议述评》等均受到有关决策部门的高度重视。王广谦教授在《光明日报》2018年11月发表文章《改革开放40年中国金融学理论和金融实践的发展与创新》。郭田勇应邀参加国家外汇管理局召开"当前经济形势与外汇管理改革开放"专家座谈会,就当前经济金融形势、外汇管理改革和外汇市场开放等问题发表看法,提出了建设性意见和建议。

2018年底,谭小芬教授提交的政策报告《近期民企融资支持政策的三大风险及对策》《从库存角度看房地产行业的潜在风险及防范对策》获得中央政策研究室采纳和内部刊发。

二、参加中央和政府各部委召开的各类咨询研究会议

本学科专家积极参加中央和政府各部委召开的咨询研究会议。如史建平教授参加中央政策研究室关于我国国有商业银行改革与资本市场发展的咨询会议,提出了国有商业银行改革中慎重引进外资以及国有银行境内上市的建议;2002年参加北京市政府关于金融发展战略的咨询会议,就北京市金融业发展提出建议。张礼卿教授作为国家外汇管理局的政策咨询小组成员,经常应邀出席其内部政策讨论会议,就人民币汇率改革、国际收支调节、外汇储备管理、外汇市场发展、人民币周边流通和国际化等政策问题提供咨询意见或书面报告,其中2002年8月23~24日参加由戴相龙行长、周小川主席、郭树清局长联合主持的"短期资本流动与资本账户开放"高层小型内部研究会(此会为2002年10月在北京召开的中、日、韩与东盟"10+3"财长会议的预备会议)上,张礼卿教授应邀以"金融全球化对资本账户开放的影响"为题做主题演讲,其核心观点后来被吸收写入其"10+3"的中方主题报告。贺强教授曾多次受到全国人民代表大会、中国证监会、银监会等部门领导的邀请参加座谈讨论,反映证券市场的情况,提供改革和改善监管等方面的意见,他的建议得到有关部门的高度重视。李健教授2001年8月应邀参加了中国人民银行再贴现率调整专家咨询会,2004年4月参加了中国人民银行货币供应量统计口径调整专家咨询会,在会上发表意见并提交书面建议。郭田勇副教授2001年9月参加中国人民银行货币政策委员会举办的中青年专家经济金融形势座谈会,就货币政策最终目标的内涵和我国金融宏观调控中面临问题及改进措施做了发言。2003年9月参加由中国银行业监督管理委员会举办的金融创新与银行监管专家座谈会,对我国银行监管体系的发展提出了政策建议。2003年11月,应邀参加由中国人民银行金融稳定局和研究局举办的国有银行改革座谈会。2004年10月参加国家开发银行国际专家咨询会议。2005年7月应邀出

席中国证券监督管理委员会主办的专家座谈会，就《证券法》的学术观点与决策部门进行交流与探讨。韩复龄教授作为中国人民银行研究局专家咨询委员会专家，2004年至今，每季度与人民银行研究局专家就理论、金融形势进行讨论。

三、在制定各种法律法规过程中提供修改意见

本学科专家多次参加全国人大财经委员会、国务院法制办、中国保监会关于《商业银行法》《证券法》《基金法》等法律、法规的修订意见征集活动及相关会议，并且发表了许多有价值的政策建议和意见。

例如，贺强教授2003年接受全国人大《基金法》起草小组及中国证监会基金部的委托，为《基金法》第六稿提供了修改意见；2004年接受全国人大的委托，为修订《商业银行法》提供了修改意见；2005年接受中国证监会的委托，为修订《证券法》提供了修改意见。

四、为地方经济建设和社会发展提供咨询服务

本学科专家长期以来就积极承担地方政府和部门的研究课题，为地方经济建设和社会发展出谋划策。例如，史建平教授2005年向北京市政府提交了北京市银行卡发展战略的政策建议；李健教授在完成北京市社科规划项目后应邀向市政府提交了《加入WTO与北京金融业发展战略》的咨询研究报告；贺强教授受天津市政府的邀请参加了建立天津市多层次资本市场的会议；应广西壮族自治区南宁市政府的邀请，对南宁市建立征信体系的工作进行评估等。

第五章 国际合作

改革开放以来，伴随着中国经济融入全球经济体系，国际交往日益频繁。教育领域的国际合作随之发展。中央财经大学金融学院非常重视对外交流，积极寻求探索国际合作新模式，在联合人才培养、教师访学进修、师生开展国际学术交流等方面取得了明显成效，为学校国际化战略实施提供了基础性支持。

第一节 教育国际合作项目

金融学院在本科和研究生教育层面，率先探索实践了国际合作项目，成功举办了教育部审批的教育项目，包括中荷金融学博士项目、中澳国际贸易/金融风险管理本科项目，以及金融本科国际合作项目。

一、中央财经大学－荷兰蒂尔堡大学合作举办金融学博士教育项目

中央财经大学与荷兰蒂尔堡大学合作举办金融学博士学位教育项目2015年经教育部批准举办，批准书编号为 MOE11NL1A20141652N，是全国唯一一个被教育部正式批准实施的中外合作金融学博士项目。合作院校蒂尔堡大学是荷兰具有国际影响的公立研究型大学。在 2017 年泰晤士高等教育（THE）世界大学专业排名中，蒂尔堡大学经济学与商科位列全球第 21 位。在 2017 年 USNews 全球大学排名中，蒂尔堡大学的经济学与商科位列全球第 18 位。承办本项目的提亚斯商学院是荷兰三大商学院之一，拥有 AACSB、AMBA、CFA、NVAO 等多项认证。

本项目旨在融合我校金融学科与蒂尔堡大学经济、商学和计量学科的优

势，培养具备扎实理论功底、精通专业知识和具有国际视野的高水平金融专业人才。项目特色：（1）优势学科与优质教育资源相结合：中央财经大学金融学科是国家级重点学科，荷兰蒂尔堡大学提亚斯商学院是荷兰三大商学院之一，师资力量雄厚，学科实力排名世界前列。（2）4+0培养模式和导师组制度：学制四年，包括课程学习和博士论文写作两个环节，授课地点在中央财经大学，由我校和蒂尔堡大学教授联合授课，导师组指导论文写作。（3）搭建国际学术交流平台，促进国际学术交流与合作：为提高本项目论文指导执行力度，项目鼓励两校论文指导教师互访与合作科研，搭建国际学术交流平台，促进国际学术交流和国际科研合作。（4）年度论文展示、名家讲堂和学术研讨会的"三位一体"计划，提升学生专业素养与科研能力。

本项目引进了国外优质的教育资源。（1）教师资源：本项目教学计划中包含10门课程，其中5门课程为英文授课，由外方教师负责，课程体系参照蒂尔堡大学等海外名校进行设置；引进以人为本的教育理念，教学过程中将学生作为教学的中心，加强师生之间的教学互动，培养学生独立思考和主动学习的能力。针对博士生亟须论文写作指导训练的需求，在第一学年，蒂尔堡大学开设了线上与线下的学术论文写作专题课程，将原汁原味的本土课程引进本项目。（2）导师资源：每一位博士生除了配备两名中方导师外，还配备一名外方导师共同指导论文写作。外方导师由蒂尔堡大学本校及其聘请的全球各著名高校的教师担任，所有外方导师都在国际高水平期刊上发表过论文。通过CANVAS在线系统，学生提交论文查阅评语与导师点评学生论文都在一个平台进行，显著提升了沟通效率和频率。双方优质师资的结合，不仅可以充分提高学生的英语能力，而且极大程度开阔了学生的国际视野，促进学生与来自不同文化环境的教师进行充分交流，拓展了学生的多元思维方式。（3）基础设施：共享外方图书馆资源和数据库资源。在研究资源共享方面，本项目学生享有蒂尔堡大学本地学生相同的权利，拥有蒂尔堡大学的邮箱，可登录蒂尔堡大学图书馆，查阅电子图书资源和数据库。

自2015年本合作办学项目启动以来，目前已有四届学生在读，在读学生总人数69人，尚无毕业生。目前部分在读学生在SSCI/SCI期刊上发表了文章、部分被国内外高端学术会议邀请演讲工作论文，项目成果丰硕。

二、中央财经大学与澳大利亚维多利亚大学合作举办国际经济与贸易专业（国际贸易/金融风险管理方向）本科教育项目

为了培养既熟悉国际金融和贸易的理论、政策和实务，又熟悉金融风险管理理论和应用技术，具有良好外语基础和信息化工具应用能力，具有国际竞争力的国际化、复合型人才，中央财经大学金融学院与澳大利亚维多利亚理工大学协商决定合作培养"国际贸易/金融风险管理"专业的本科生，在中央财经大学的招生专业为国际经济与贸易专业（国际贸易/金融风险管理方向）。

该项目招生计划纳入中央财经大学统一招生计划，采取两段式教学模式，第一阶段2年，学生完成中央财经大学规定的取得中央财经大学学位的部分必修课程，包括公共课程和部分专业课程，维多利亚理工大学承认中财大学分；第二阶段2年，学生须完成维多利亚理工大学规定的取得维大学位所需的课程，中财大承认维大课程的学分。维大课程由维大派出教师到中央财经大学，全部用英语授课。学生完成本项目规定的所有课程，并修满学分后，由中央财经大学和维多利亚理工大学分别授予经济学学士学位和"国际贸易/金融风险管理"专业商学学士学位。

金融学院于2004年开办了"中澳班4+0"中外合作办学项目，即中央财经大学与澳大利亚维多利亚大学合作举办国际经济与贸易专业本科教育项目，教育部审批书编号MOE11AU2A20040440O。项目的学制为四年，招生方式分为计划内招生和自主招生（计划外），计划内招生即招生纳入国家普通高等教育招生计划，学生参加全国普通高等学校统一入学考试并符合相关招生录取规定和要求；自主招生即招生的标准不低于维多利亚大学在澳大利亚的标准。项目学生完成学业且符合相关要求后，可获澳大利亚维多利亚大学商学学士学位证书，计划内招生的学生还可获中央财经大学普通高等教育本科毕业证书、学士学位证书。

中央财经大学与澳大利亚维多利亚大学合作举办国际经济与贸易专业本科教育项目2004年招生98人（2008年毕业76人），2005年招生121人（2009年毕业101人），2006年招生143人（2010年毕业108人），2007年招生159人，2008年招生184人，2009年招生127人。

由于2010年3月国际经济与贸易系从金融学院分离出去，单独成立了学院，故"中澳班4+0"项目随之划转到国际经济与贸易学院。

该项目通过合作办学的方式，引进了国外大学的部分课程及相关教师和教材，既实现了不出国留学，也可为社会培养国际贸易与金融风险管理的复合型人才，同时，也有利于提高学生的外语运用能力，最终实现各方多赢的结果。

三、多国公立大学留学3+2本硕连读项目

金融学院在开办"中澳班4+0"项目期间积累了众多的中英文授课师资，系统的出国留学项目课程体系及教学大纲，以及丰富的国外高校资源。经学校批准，金融学院于2010年6月开办了多国公立大学留学3+2本硕连读项目。项目的学制为五年，学生在中央财经大学学习3年，出国留学2年，取得国外高校的学士及硕士学位。项目的第一年是在中央财经大学全日制学习英语强化课程及专业课基础课程；第二年和第三年在中央财经大学全日制学习国外高校第一年和第二年的专业课课程，成绩合格者可获得中央财经大学颁发的课程结业证书；第四年在国外高校学习第三年的专业课课程并完成学业，成绩合格者可获得国外高校学士学位，申请攻读硕士课程；第五年在国外高校学习硕士课程并完成学业，成绩合格可获得国外高校硕士学位，该硕士学位可在教育部留学服务中心认证。多国公立大学留学3+2本硕连读项目的录取标准为高考成绩达到当地三本分数线，英语单科成绩90分以上（满分150分）或雅思成绩4.5分以上，可免试录取。未满足条件者需参加项目统一的入学考试，成绩合格者予以录取。

多国公立大学留学3+2本硕连读项目成立以来始终以"教学管理严格、培养模式创新、教学质量过硬"铸造项目形象，学生基本均能顺利出国并取得国外高校学位证书，得到了广大学生、家长和国外合作大学的高度认可。项目2010年招生87人（2013年结业58人），2011年招生197人（2014年结业139人），2012年招生119人（2015年结业95人），2013年招生193人（2016年结业154人），2014年招生149人（2017年结业133人），2015年招生160人（2018年结业112人），2016年招生157人（2019年待结业113人），项目部分成绩好的学生在未结业前已申请出国学习。

多国公立大学留学 3+2 本硕连读项目的国外合作高校遍及英国、澳大利亚和美国，共计 28 所，国外高校信息均可在教育部涉外监管信息网上查询。其中英国有 23 所，分别为英国朴茨茅斯大学、英国中央兰开夏大学、英国哈德斯菲尔德大学、英国德蒙福特大学、英国罗汉普顿大学、英国谢菲尔德哈勒姆大学、英国北安普顿大学、英国桑德兰大学、英国公立南威尔士大学、英国提塞德大学、英国赫尔大学、英国格林多大学、英国伦敦南岸大学、英国德比大学、英国格拉斯哥喀里多尼亚大学、英国罗伯特哥顿大学、英国公立奇切斯特大学、英国约克圣约翰大学、英国赫特福德大学、英国考文垂大学、英国密德萨斯大学、英国卡迪夫都市大学、英国斯旺西大学；澳大利亚有 3 所，分别为澳大利亚中央昆士兰大学、澳大利亚迪肯大学、澳大利亚伍伦贡大学；美国有 2 所，分别为美国罗伦斯理工大学、美国底特律大学。

四、金融国际本科项目

为充分发挥双方各自的优势，给学生提供更多国外的优质教育资源并为学生顺利出国留学提供全方位的培训和服务，经过友好平等协商，本着"资源共享、优势互补、责任分担、服务社会"的原则，中央财经大学与中国留学服务中心于 2017 年 1 月 24 日签署了战略合作协议书，建立了战略合作伙伴关系。金融学院于 2017 年 6 月开办了金融国际本科项目，项目的学制为四年，学生在中央财经大学学习 2 年，出国留学 2 年，出国后可免修在国内已经修过的学分。项目的第一年和第二年是在中央财经大学全日制学习英语强化课程及专业课基础课程（所获得国外高校豁免的学分不超过国外高校总课程学分的 1/3），成绩合格者可获得中央财经大学颁发的课程结业证书；第三年和第四年是到国外高校学习第二年和第三年的专业课课程，成绩合格者可获得国外高校的学士学位。金融国际本科项目采取全英文教学模式，课程的教学方法、学生的考核标准、使用的教材等均达到与国外合作高校专业衔接的标准。

金融国际本科项目的录取标准为高考成绩达到当地最低本科分数线，英语单科成绩 90 分以上（满分 150 分）或雅思成绩 4.0 分以上，可免试录取。未满足条件者需参加项目统一的入学考试，成绩合格者予以录取。项目 2017 年招生 114 人（2019 年待结业 97 人），2018 年招生 150 人。

金融国际本科项目的国外合作高校遍及英国、澳大利亚、爱尔兰和美国，共计21所，国外对接高校的信息均可在教育部涉外监管信息网上查询。目前已与英国女王大学、英国埃塞克斯大学、英国赫尔大学、英国北安普顿大学、英国哈德斯菲尔德大学、英国密德萨斯大学、英国班戈大学、英国德蒙福特大学、英国考文垂大学；澳大利亚阿德莱德大学、澳大利亚阿德莱德大学、澳大利亚迪肯大学；爱尔兰都柏林商学院；美国圣弗朗西斯大学签署了所开课程的学分豁免协议。此外，与英国赫特福德大学、英国朴茨茅斯大学、英国德比大学、英国格林威治大学、英国萨塞克斯大学、英国诺森比亚大学、加拿大约克大学等多所国外其他优质高校的学分豁免协议也已在洽谈及办理流程中。

上述项目为高考后有志出国留学的学生提供了便捷的通道，为已经参加工作的金融专业人员继续攻读海外名校金融学博士学位提供了难得的学习平台。

第二节　国际学术交流

一、邀请海外专家出席论坛、会议，举办专题讲座

金融学院通过举办高端国际学术会议促进金融学院教师关注学科发展前沿，开阔教师的国际视野，加快对国际主流研究范式的主动应用，优化金融学院教师的科研思维和研究方法。

2003~2018年，学院成功主办了30余场大型国际学术研讨会，参会人数达到1200余人次，其中包括诺奖得主约瑟夫·斯蒂格勒（Joseph Stiglitz）、杰弗瑞·萨克斯（Jeffrey Sachs）、罗纳德·麦金农（Ronald McKinnon）、约翰·威廉姆森（John Williamson）、巴里·艾青格林（Barry Eichengreen）、胡永泰（Wing Thye Woo）、何塞·奥坎波（Jose Antoniou Ocampo）、斯蒂芬妮·格里菲斯-琼斯（Stephany Griffith-jones）、朴英哲（Yung Chul Park）、河合正弘（Masahiro Kawai）、理查德·珀特斯（Richard Portes）、理查德·鲍德温（Richard Baldwin）等国际著名的经济学家。这些会议主要包括"一带一路"金融合作的经济效应学术研讨会"（2018）、"中国金融科技前沿论坛"（2018）、"汇率制度变革：国际经验与中国选择"（2004）、"首届亚洲财富管理高峰论坛"（2004）、"全球经济失衡：宏观经济政策和制度变革"（2006）、"八届亚太经济与金融论坛"（2007~2018年）、"全球金融危机和国际金融监

管框架改革研讨会"（2009）、"区域金融与监管合作——中欧对话"（2010）、"全球货币体系改革研讨会"（2011）、"G20 与国际经济政策咨询研讨会"（2011）、"全球和中国影子银行风险国际研讨会"（2013）、"行为金融学国际研讨会"（2013）、"世界金融学研讨会"（2013）、"人民币国际化研讨会"（2013）、"金融市场改革与监管国际研讨会"（2014）、"普惠金融发展国际论坛"（2015）。2007 年 9 月学院创办了"亚太经济与金融论坛"，到 2018 年总共举办八届，在国内外产生了积极的影响，逐步成为本领域的品牌论坛。

2007 年金融学院推出而"经济与金融名家论坛"。到 2018 年，邀请外国专家来学院演讲共计 51 人次，分别来自 32 个国际知名大学和机构。

小规模的学术讲座以双周论坛的形式举办。2010～2018 年，学院双周学术论坛共邀请外国专家演讲共计 76 人次，分别来自 58 个国外知名大学和机构。金融学院的科研机构也不定期举办系列讲座，2016～2018 年，"全球金融治理协同创新研究中心"与"中国资产管理研究中心"邀请外国专家来学院演讲共计 11 人次。

学院积极邀请国际学者来访交流，包括定期和不定期访问。学院聘请了国际知名学者美国加州大学胡永泰（Wing Thye Woo）和巴里·艾青格林（Barry Eichengreen）担任长江学者讲座教授，以及英国伯明翰大学的戴维·迪克森（David Dickinson）担任教育部特色引智项目讲座教授。学院还经常邀请临时来访的学者进行授课及学术交流，累计达到 100 余人次，其中包括诺贝尔经济学奖得主约瑟夫·斯蒂格利兹（Joseph Stiglitz）教授在内的国际著名学者应邀主讲的 20 场名人名家论坛。

二、支持学院教师出访与参加国际学术会议

20 世纪 80、90 年代，本学科点的教师通过澳大利亚新南威尔士大学、世界银行学院、中国银行香港分行、荷兰蒂尔堡大学等境外机构提供的进修和交流访问项目，积极参与国际（境内外）学术交流。进入 21 世纪以后，教师出访学习和交流的机会不断增加。2003 年以来，借助国家高水平公派留学等计划，学院累计选派数十名研究生赴英国、德国、美国、澳大利亚等 18 个国家和地区的知名院校进行访学。根据与英国伯明翰大学商学院的合作意向，学院还每年向对方派送 2～4 名本科生作为交换生。另外，学院每年接收数十名攻

读学位的外国留学生（包括本科和研究生）。

2003~2018年，参与半年以上的教师海外访学达到30余人次，涉及项目包括中美富布莱特项目、教育部青年骨干教师出国研修项目、中央财经大学教师海外研修项目、金融学院教师海外研修项目等，访问的高校和研究机构包括美国皮特森国际经济研究所、哥伦比亚大学、约翰·霍普金斯大学、克莱蒙研究生大学、宾州州立大学、威斯康星麦迪逊分校、英国杜伦大学和加拿大麦基尔大学等世界著名高校和研究机构。

学院教师还积极参与各种国际学术会议。受美国布鲁金斯学会、美国哥伦比亚大学、英国曼彻斯特大学、德国基尔世界经济研究所、德国开发研究院、亚洲开发银行学院、韩国对外经济政策研究院、日本庆应大学等国际著名学术机构的邀请，张礼卿30余次赴欧美和东南亚各国参加国际研讨会，宣读论文、发表评论或做公开讲演。李健、李建军、郭田勇、肖凤娟、张学勇、黄瑜琴、姜富伟、朱一峰、董兵兵、顾弦等也曾多次赴国（境）外参加学术研讨会。

学院还积极开展学校（院）之间的友好访问。学院领导对美国哈佛大学、麻省理工学院、哥伦比亚大学、纽约大学、加州大学（戴维斯分校）、英国杜伦大学、伯明翰大学、荷兰蒂尔堡大学、德国柏林应用科技大学、韩国高丽大学、新加坡南洋理工大学、澳大利亚蒙纳士大学、维多利亚大学等学校进行了官方访问，并与其中一些学校签署了合作备忘录或双边合作协议。这些协议都曾有过多年的成功实施。见表5-1~表5-5。

表5-1　　　　　　　金融学院主办国际会议一览表

序号	日期	会议名称	主办单位	参加人数
1	2007年3月20日	《斯蒂格利茨经济学文集》首发式暨学术演讲会	中央财经大学金融学院、中国金融出版社	100
2	2007年9月14日	第一届亚太经济与金融论坛	中央财经大学金融学院、澳大利亚蒙纳士大学商学院	100
3	2008年11月9日	第二届亚太经济与金融论坛	中央财经大学金融学院、清华-布鲁金斯公共政策研究中心、澳大利亚蒙纳士大学商学院	100

续表

序号	日期	会议名称	主办单位	参加人数
4	2009年5月7~8日	"全球金融危机和国际金融监管框架改革"国际学术研讨会	中央财经大学金融学院、德国开发研究院（DIE）、德国InWEnt国际继续教育与发展协会	100
5	2009年12月17~18日	第三届亚太经济与金融论坛	中央财经大学金融学院	200
6	2010年9月23日	"区域金融与监管合作——中欧对话"学术研讨会	中央财经大学金融学院	100
7	2010年12月13~14日	第四届亚太经济与金融论坛	中央财经大学金融学院	200
8	2011年3月18~19日	"全球货币体系改革"国际研讨会	中央财经大学金融学院、哥伦比亚大学政策对话倡议组织	200
9	2011年6月14~16日	国际政策建议小组研讨会	中央财经大学金融学院、亚洲开发银行、哥伦比亚大学环球研究院	200
10	2011年10月21日	"新兴经济体的金融稳定：全球流动性的管理"国际研讨会	中央财经大学金融学院、国际金融研究中心、德国发展研究所（欧洲三大智库之一）、德国国际合作机构（GIZ）	70
11	2013年6月26日	第一届中央财经大学——伯明翰大学"实验经济学和行为金融学"国际研讨会	中央财经大学金融学院、英国伯明翰大学	30
12	2013年6月29日	全球与中国影子银行风险国际研讨会	中央财经大学金融学院、广西大学中国—东盟研究院、纽约州立大学纽帕兹分校经济系	80
13	2013年11月12日	人民币国际化研讨会	中央财经大学国际金融研究中心	30
14	2014年6月30日~7月1日	金融市场改革与监管国际研讨会	中央财经大学金融学院	40
15	2014年9月8日	资本账户开放国际研讨会	中央财经大学金融学院	20
16	2014年9月30日	"蒙中货币金融合作"首届论坛	蒙古国国家科学院、中央财经大学金融学院	20
17	2014年11月28~29日	第六届亚太经济与金融论坛	中央财经大学金融学院	80

续表

序号	日期	会议名称	主办单位	参加人数
18	2015年8月25日	资本账户自由化：国际经验及对中国的影响	中央财经大学全球金融治理协同创新中心	30
19	2016年3月22日	"G20与全球金融稳定"国际研讨会	中央财经大学金融学院、全球金融治理协同创新中心、第一财经研究院、布雷顿森林体系重建委员会	200
20	2016年9月23~24日	第七届亚太经济与金融论坛	中央财经大学金融学院、国际金融研究中心、全球金融治理协同创新中心	90
21	2017年5月3日	中国—东盟金融合作学术研讨会暨《东盟十国金融发展中的结构特征》新书发布会	中国-东盟区域发展协同创新中心和广西大学主办，广西大学中国东盟研究院和中央财经大学金融学院承办	60
22	2017年6月17~18日	2017年中国会计和金融年会	中央财经大学金融学院、会计学院、澳大利亚与新西兰会计金融协会（Accounting and Finance Association of Australia and New Zealand）	40
23	2017年4月9日	金融科技变革与新型交易清算机制学术研讨会	中央财经大学金融学院	200
24	2017年9月15日	全球金融治理系列圆桌会议（一）"特朗普经济政策的最新动向与中美经贸关系"	中央财经大学全球金融治理协同创新中心	20
25	2018年11月12日	第八届亚太经济与金融论坛	中央财经大学金融学院、中央财经大学国际金融研究中心、全球金融治理协同创新中心	200
26	2018年6月15日	中英信托发展研讨会	中央财经大学金融学院、英国伦敦大学亚非学院	40

表5-2　外国和我国香港特别行政区专家参加双周学术论坛一览表

序号	日期	主讲人	主题	所在单位
1	2010年6月9日	赵晓丹	关于区域经济一体化与汇率制度的三篇文章（Three Essays on Regional Economic Integration and Exchange Rate Regimes）	美国明尼苏达州圣约翰大学

第五章　国际合作

续表

序号	日期	主讲人	主题	所在单位
2	2010年7月2日	于换军	国家控制、集团从属和公司表现：来自中国上市公司的证据（State control, group affiliation and corporate performance: evidence from china's listed firms）	荷兰国立格罗宁根大学
3	2011年6月14日	张宏霖	中国汇率对美国贸易赤字产生了多少影响？（How Much Does China's Exchanges Rate Cause the US Trade Deficit）	美国科罗拉多大学
4	2011年11月23日	希瑟·蒙哥马利（Heather Montgomery）	日本的银行和企业之间的关系	日本东京国际基督教大学
5	2012年3月15日	孙希芳	银行结构、劳动密集度和工业增长：来自中国的证据（Banking Structure, Labor Intensity and Industrial Growth: Evidence from China）	韩国首尔大学
6	2012年3月22日	郭萌萌（Mengmeng Guo）	适应性利率模型（Adaptive Interest Rate Modelling）	德国洪堡大学
7	2012年4月6日	唐镭镭	中国对非洲投资实证分析	英国斯特莱斯克莱德大学
8	2012年6月1日	邓世杰	金融工程及风险管理在能源市场中的应用	美国乔治亚理工大学
9	2012年7月2日	苏拉·许（Sara Hsu）	美国金融系统、大衰退和投机溢价（The US Financial System, the Great Recession, and the "Speculative Spread"）	美国纽约州立大学新帕尔兹分校
10	2012年11月14日	安云碧	汇率风险的国际资产组合：行为资产组合理论视角（International portfolio selection with exchange rate risk: A behavioural portfolio theory perspective）	加拿大温莎大学
11	2012年12月19日	叶琳琳	集中交易和双边交易的信息扩散（Information Diffusion with Centralized and Bilateral Trading）	美国加州大学洛杉矶分校

续表

序号	日期	主讲人	主题	所在单位
12	2012年12月26日	陈锐	广义无套利 Nelson–Siegel 模型和利率衍生工具的定价（The generalized arbitrage-free Nelson–Siegel model and the pricing of interest rate derivatives）	澳大利亚悉尼大学
13	2013年4月9日	李东辉	盈余管理，杠杆和信息环境（Earnings Management, Leverage and Information Environment）	澳大利亚新南威尔士大学
14	2013年5月29日	龚国进（Guojin Gong）	发音错误，现金流量可预测性和银行贷款合同（Articulation Errors, Cash Flow Predictability and Bank Loan Contracting）	美国宾州州立大学
15	2013年10月10日	汤勇军	信用违约互换和银行风险承担（Credit Default Swaps and Bank Risk-Taking）	中国香港大学
16	2013年11月13日	周思	市场公募基金的锦标赛行为及其业绩表现	英国杜伦大学
17	2013年12月25日	王思鉴	管制结果加权子群识别的差别政策效果（Regularized Outcome Weighted Subgroup Identification for Differential Treatment Effects）	美国威斯康辛大学
18	2014年5月21日	周海刚	未预期到盈余可以预测吗？（Are unexpected earnings predictable?）	美国克里夫兰州立大学
19	2014年6月18日	史燕琳（Yanlin Shi）	长期记忆和机制转移：基于 ARFIMA 模型的机制转移仿真分析（Long Memory and Regime Switching: A Simulation Study on the Markov Regime-Switching ARFIMA Model）	澳大利亚国立大学
20	2014年9月10日	麦克·范柯（Michael Funke）	市场的基本面、分割和传染？为 CNH–CNY 价差建模（Market Fundamentals, Segmentation, or Contagion? Modelling CNH–CNY differentia）	德国汉堡大学

续表

序号	日期	主讲人	主题	所在单位
21	2014年11月17日	宫迪	银行的系统风险承担：来自辛迪加贷款的证据（Systemic risk-taking at banks：Evidence from the pricing of syndicated loans）	荷兰蒂尔堡大学
22	2014年12月12日	王勇	产业升级、结构变迁和中等水平陷阱（Industrial Upgrading, Structural Change, and Middle Income Trap）	中国香港科技大学
23	2014年12月18日	李真	颗粒、污染和价格（Particles, pollutions and prices）	新加坡国立大学
24	2015年1月21日	谢静（Jing Xie）	共同基金的股票收购：来自家族控制公司的交易证据（Stock-Picking by Mutual Funds：Evidence from Their Trades in Family-Controlled Firms）	新加坡国立大学
25	2015年1月28日	寸无旷	内生柠檬市场和信息周期（Endogenous Lemons Market and Information Cycles）	美国罗格斯大学
26	2015年1月28日	朱岭	就业和稳定性：资本流动管理的双重目标（Employment and Financial Stability：Dual Goals of Capital Flow Management）	美国马里兰大学
27	2015年3月11日	常慧丽	大规模资产购买的非传统效应：一个企业层面的分析（The Unconventional Effects of Large-scale Asset Purchases：A Firm-level Analysis）	中国香港大学
28	2015年4月10日	唐镭镭	对冲基金道德风险表现的另一种审视（Another Look at the Effect of Hedge Fund Performance on Mortality Risk）	英国斯特莱斯克莱德大学
29	2015年4月15日	王鹏飞	住房泡沫和政策分析（Housing Bubbles and Policy Analysis）	中国香港科技大学
30	2015年5月25日	米卫凌（Willem Middelkoop）	2015金融角力：欧洲为何倒戈中国？	"货币金融机构官方论坛"（OMFIF）顾问委员会

续表

序号	日期	主讲人	主题	所在单位
31	2015年6月3日	阿贝都·普兹罗（Alberto Franco Pozzolo）	全球金融危机下的银行间网络：来自意大利的证据（The Interbank Network Across the Great Financial Crisis：Evidence from Italy）	意大利莫里斯大学
32	2015年10月26日	涂俊	投资者情绪：行为性的还是理性的？（Investor Sentiment：Behavioural or Rational?）	新加坡管理大学
33	2015年11月24日	张少君	总违约和盈余预测（Aggregate Default and Return Predictability）	中国香港大学
34	2015年12月1日	李昭	自我实现的甩卖、银行挤兑和传染：对银行资本和监管透明度的政策含义（Self-fulfilling Fire Sales，Bank Runs and Contagion：Implications for Bank Capital and Regulatory Transparency）	西班牙庞培法布拉大学
35	2015年12月9日	阿帕纳·萨尼（Aparna Sawhney）	印度可再生能源CDM电力项目的区域格局研究（Examining the regional pattern of renewable energy CDM power projects in India）	印度尼赫鲁大学
36	2016年3月10日	严循	中国晚清时期的小变化引起的大问题（The Big Problem of Small Change in Late Imperial China（1890–1910））	英国伦敦政治经济学院
37	2016年5月31日	陈兆辉	IPO的私人收益：来自国有企业的证据（Private Benefits in IPOs：Evidence from State–Owned Firms）	美国弗吉尼亚大学
38	2016年6月8日	芦东	外汇市场OTC交易的摩擦：理论与实证（Over-the-counter Search Frictions in Foreign Exchange Market：Theory and Evidence）	美国印第安纳大学
39	2016年6月29日	埃里克·杨（Eric Young）	新的两难：资本流动停止下的资本管制与货币政策（A New Dilemma：Capital Controls and Monetary Policy in Sudden Stop Economies）	美国弗吉尼亚大学

续表

序号	日期	主讲人	主题	所在单位
40	2016年10月24日	朱涛	实际票据主义与货币数量论之争：政策有效性视角（The Real – Bills Doctrine versus the Quantity Theory: a Policy-effectiveness Perspective）	中国香港科技大学
41	2016年11月7日	泰伦·克罗（Taran Khera）	另一个视角看中国——海外投资机构如何看待高速发展的中国金融市场	彭博有限合伙企业（Bloomberg L. P.）
42	2016年11月24日	涂俊	市场情绪与股权溢价预测范式的转换（Market Sentiment and Paradigm Shifts in Equity Premium Forecasting）	新加坡管理大学
43	2016年11月25日	李伟凯	回补天数和股票收益率（Days to Cover and Stock Returns）	中国香港科技大学
44	2016年12月14日	白金辉	财政波动的福利与分配效应：一个定量评估（The Welfare and Distributional Effects of Fiscal Volatility: a Quantitative Evaluation）	美国华盛顿州立大学
45	2016年12月14日	申殷杰	对冲基金是否对女性首席执行官区别看待？CEO 性别在对冲基金行动中的作用（Do Activist Hedge Funds Target Female CEOs? The Role of CEO Gender in Hedge Fund Activism）	美国伦斯勒理工学院
46	2016年12月29日	孙美萍	地铁卡的资金：新卡的费用如何使纽约公交车的投资更多（Money for MetroCards: How a New Card Fee Made New York Transit Riders Invest More）	美国哥伦比亚大学
47	2017年3月1日	江深哲	论太平洋鲑鱼条约（On the Pacific Salmon Treaty）	美国得克萨斯州农工大学
48	2017年3月22日	欧瑞利·瓦斯葛（Aurelio Vasquez）	企业杠杆和股票期权回报（Firm Leverage and Equity Option Returns）	墨西哥自治理工大学
49	2017年3月30日	张近	基于需求的波动率交易均衡模型（A Demand – Based Equilibrium Model of Volatility Trading）	新西兰奥塔哥大学

续表

序号	日期	主讲人	主题	所在单位
50	2017年5月31日	阿贝都·普兹罗（Alberto Franco Pozzolo）	银行规模和金融跨境联系（Bank size and financial cross-border linkages）	意大利莫利泽大学
51	2017年6月9日	维卡斯·阿戛旺（Vikas Agarwal）	现金持有的实际影响是什么？来自共同基金业的证据（What are the Actual Effects of Cash Holdings? Evidence from the Mutual Fund Industry）	美国佐治亚州立大学
52	2017年6月23日	钱一明	私募企业的共同基金投资（Mutual Fund Investments in Private Firms）	美国爱荷华大学
53	2017年7月4日	戴睿	如何提高学术研究中的数据管理——浅谈WRDS数据库	美国宾夕法尼亚大学沃顿商学院
54	2017年9月6日	王轩	违约和期限错配的内生货币分析框架（An Endogenous Money Creation Framework to Analyse Default and Maturity Mismatch）	英国牛津大学
55	2017年9月20日	杜清源	资本账户开放与失业：劳动力市场制度与发展阶段的作用（Capital Account Openness and Unemployment: the Role of Labor Market Institutions and Stage of Development）	澳大利亚莫纳什大学
56	2017年9月22日	刘赫宁	平滑歧义对资产定价是否重要？（Does Smooth Ambiguity Matter for Asset Pricing?）	英国曼彻斯特大学
57	2017年9月27日	杜清源	道路和实际汇率（Roads and the Real Exchange Rate）	澳大利亚莫纳什大学
58	2017年11月30日	赵天姝	"为家而战"：中小企业贷款和总部偏好（Run for home': SME Lending and the Head Quarters bias）	英国伯明翰大学
59	2017年12月14日	朱海坤	企业集团内部的社会稳定与资源配置（Social Stability and Resource Allocation within Business Groups）	荷兰蒂尔堡大学
60	2017年12月19日	肖筱林	有摩擦的资本再分配（Frictional Capital Reallocation）	新西兰奥克兰理工大学

续表

序号	日期	主讲人	主题	所在单位
61	2018年5月8日	张悦	共同基金的退出、金融危机和达尔文（Mutual funds' exits, financial crisis and Darwin）	英国巴斯大学
62	2018年5月22日	高磊	通过企业社会责任从人群中脱颖而出：来自非基本驱动的价格压力的证据（Standing out from the crowd via corporate social responsibility: Evidence from non-fundamental-driven price pressure）	美国爱荷华州立大学
63	2018年5月23日	肖经建	心理账户与行为层级：理解消费者预算行为	美国罗德岛大学
64	2018年6月5日	安永红	政府采购、市场力量和消费者福利：来自婴儿配方奶粉市场的经验证据（Government Procurement, Market Power, and Consumer Welfare: Empirical Evidence from the Infant Formula Market）	美国得克萨斯州农工大学
65	2018年6月6日	汪勇祥	动物精神：股市波动和贷款决策（Animal Spirits: Stock Market Volatility and Loan Office Decision Making）	美国南加州大学
66	2018年6月13日	苏拉·许（Sara Hsu）	中国铁矿石和钢铁生产的影响因素（Factors that influence iron ore and steel production in China）	美国纽约州立大学新帕尔兹分校
67	2018年6月21日	旺·库乃撒（Juan C. Conesa）	最优财政紧缩政策（Optimal Austerity）	美国石溪大学
68	2018年6月22日	安永红	你的美国梦不是我的！——一种估计代际流动弹性的新方法（Your American Dream is Not Mine! ——A New Approach to Estimating Intergenerational Mobility Elasticities）	美国德州农工大学
69	2018年6月29日	史震涛	前瞻选择面板数据方法的项目评估法（Forward-selected Panel Data Approach for Program Evaluation）	中国香港中文大学

续表

序号	日期	主讲人	主题	所在单位
70	2018年7月4日	韩玉峰（Yufeng Han）	什么企业特征推动美国股票回报？（What Firm Characteristics Drive US Stock Returns?）	美国北卡大学夏洛特分校
71	2018年8月10日	宛圆渊	测试识别模糊回归的不连续性设计中的假设（Testing Identifying Assumptions in Fuzzy Regression Discontinuity Designs）	加拿大多伦多大学
72	2018年10月18日	大卫·帕斯利（David Parsley）	蓝州和红州：商业周期分歧和风险分担（Blue States and Red States: Business Cycle Divergence and Risk Sharing）	美国范德堡大学
73	2018年10月31日	曾鸣	货币携带、动量和美国货币政策的不确定性（Currency Carry, Momentum, and US Monetary Policy Uncertainty）	新加坡管理大学
74	2018年11月19日	高磊	依靠您的下属：高管的视野和创新效率压力（Count on your Subordinates: Executives' Horizons and Innovation Efficiency pressure）	美国爱荷华州立大学
75	2018年11月20日	高磊	女性高管是否更好的创新者？（Are Female Executives Better Innovators?）	美国爱荷华州立大学
76	2018年11月28日	胡杏	提高不确定性的溢价：解决FOMC难题（Premium for Heightened Uncertainty: Solving the FOMC Puzzle）	中国香港大学

表5-3　　外国和我国台湾地区专家主讲经济与金融名家论坛

序号	日期	主讲人	演讲题目	所在单位
1	2007年3月15日	保罗·威尔莫特（Paul Wilmott）	金融衍生工具的日益复杂性	英国牛津大学
2	2007年3月20日	约瑟夫·斯蒂格利兹（Joseph Stiglitz）	经济学的新范式	美国哥伦比亚大学

续表

序号	日期	主讲人	演讲题目	所在单位
3	2007年3月29日	吉野直行（Naoyuki Yoshino）	中小企业的金融风险	日本庆应大学
4	2007年4月25日	菲利普·第维（Philip H. Dybvig）	外资并购国内上市公司的路径分析及趋势展望	美国华盛顿大学
5	2007年5月11日	张志超	中国的外汇储备问题	英国杜伦大学
6	2007年5月16日	欧·坦姆（On Kit Tam）	公司治理的未来发展	澳大利亚莫纳什大学
7	2007年9月18日	约翰·威廉姆森（John Williamson）	历史视角下的全球失衡（Global Imbalances in Historical Perspective）	国际经济学界的著名学者
8	2007年9月26日	张志超	国际储备管理的变局与中国	英国杜伦大学
9	2008年10月27日	沈中华	外国战略投资者对中资银行盈余管理的影响（Impact of foreign strategic investors on earning management of Chinese banks）	中国台湾大学
10	2008年11月11日	罗纳德·麦金农（Ronald I. Mckinnon）	中国的汇率僵局与财政扩张（China's Exchange Rate Impasse and Fiscal Expansion）	美国斯坦福大学
11	2008年12月12日	吉野直行（Naoyuki Yoshino）	汇率制度变动的动态效应——从固定汇率制度到篮子挂钩制度（Dynamic Effect of Change in Exchange Rate System—From the Fixed Exchange Rate Regime to the Basket-peg or Floating Regime）	日本庆应大学
12	2008年12月30日	理查德·库佩（Richard Cooper）	世界经济展望（Prospect of the World Economy）	美国哈佛大学
13	2009年1月8日	约翰·威廉姆森（John Williamson）	与增长相关的证券是否有作用（Is There a Role for Growth-linked Securities）	国际经济学界的著名学者
14	2009年7月1日	斯蒂芬妮·格里菲斯-琼斯（Stephany Griffith-Jones）	国际金融架构是否需要改革以避免另一场全球金融危机？（Will the necessary changes to international financial architecture be made to avoid another global financial crisis?）	美国哥伦比亚大学

续表

序号	日期	主讲人	演讲题目	所在单位
15	2009年9月25日	宋立刚	转型经济中的私人经济与企业家精神	澳大利亚国立大学
16	2009年9月28日	邓家驹	新巴塞尔协议下信用风险管理——来自中国台湾的经验	中国台湾"国立政治大学"
17	2009年11月30日	蓝杜·汉尼（Randall Henning）	经济危机与区域性机构安排	美国国际经济研究所
18	2009年12月18日	皮玛-迁达·阿胡扣卢阿拉（Premachandra Athukorala）	全球生产共享与国际贸易中价格弹性的度量（Global Production Sharing and the Measurement of Price Elasticities in International Trade）	澳大利亚国立大学
19	2010年4月9日	马克斯·柯登（Max Corden）	汇率制度的选择：对中国的启示（The Choice of Exchange Rate Regimes: Implications for China）	美国约翰霍普金斯大学
20	2010年9月17日	宋立刚	中国工业化进程中金属强度的分析	澳大利亚国立大学
21	2010年9月25日	托马斯·威利特（Thomas Willett）	全球金融危机的一些教训（Some Lessons from the Global Financial Crisis）	美国克莱蒙大学
22	2010年12月10日	温迪·多布森（Wendy Dobson）	中国与全球治理（China and Global Governance）	加拿大多伦多大学
23	2011年3月16日	斯蒂芬妮·格里菲斯-琼斯（Stephany Griffith-Jones）	金融监管在国际改革中的角色	美国哥伦比亚大学
24	2011年3月21日	约翰·威廉姆森（John Williamson）	金融危机对经济发展思想的影响	国际经济学界的著名学者
25	2011年6月14日	杰弗里·萨克斯（Jeffrey Sachs）	G20和全球经济增长面临的挑战	美国哥伦比亚大学
26	2011年6月27日	罗纳德·麦金农（Ronald I. Mckinnon）	应该如何看待人民币汇率对全球经济稳定的影响	美国斯坦福大学
27	2011年7月7日	潘家柱	金融计量学研究的一些新进展	英国思克莱德大学

续表

序号	日期	主讲人	演讲题目	所在单位
28	2011年10月20日	冈瑟施·纳布尔（Gunther Schnabl）	全球和欧元区内部的经常项目失衡	德国莱比锡大学
29	2012年3月30日	姚琦伟	高维时间序列的因子建模：一种降维的方法	英国伦敦政治经济学院
30	2012年9月18日	罗纳德·麦金农（Ronald I. Mckinnon）	套利交易、利差与国际货币改革	美国斯坦福大学
31	2012年10月15日	间·佩里维（Jan Priewe）	从资本管制到全面资本管理——老问题的新视角	德国柏林应用科技大学
32	2012年10月16日	间·佩里维（Jan Priewe）	欧债危机的成因和前景	德国柏林应用科技大学
33	2012年10月18日	朱民	变化中的世界经济	国际货币基金组织
34	2012年10月22日	宋立刚	金融估值效应与中国国际金融调整	澳大利亚国立大学
35	2012年11月12日	温迪·多布森（Wendy Dobson）	全球经济中的中国	加拿大多伦多大学
36	2013年4月16日	姚琦伟	最优组合选择和指数追踪——基于分位数匹配的估计方法	英国伦敦政治经济学院
37	2013年6月20日	尼古拉斯·比尔（Nicholas Beale）	金融稳定性与系统性风险（Financial Stability and Systemic Risk）	英国战略与人力资源咨询公司
38	2013年9月11日	郑德龟（Chung Duck-Koo）	金融改革与中国金融业的自由化（Financial Reform and Liberalization of the Financial Sector in China）	韩国首尔国立大学
39	2014年5月23日	胡永泰（Woo Wing Thye）	非常规货币政策：日本，美国和欧元区有多成功？（Unconventional Monetary Policy: How Successful Has It Been in Japan, USA and Eurozone?）	美国加州大学戴维斯分校
40	2014年6月27日	菲利普·马丁（Philippe Martin）	货币战争中的欧元（The Euro in the "Currency War"）	法国巴黎政治学院
41	2014年7月2日	理查德·鲍德温（Richard Baldwin）	全球化的错误认识（Misthinking Globalization）	瑞士日内瓦高级国际关系及发展学院

续表

序号	日期	主讲人	演讲题目	所在单位
42	2014年10月24日	吉野直行（Naoyuki Yoshino）	人民币汇率动态演化	亚洲开发银行研究院
43	2014年11月13日	余剑峰	依赖参考偏好和风险回报权衡（Reference-Dependent Preferences and the Risk-Return Trade-off）	美国明尼苏达大学
44	2014年19~20日	胡永泰（Woo Wing Thye）	布雷顿森林体系的崩溃；20世纪70年代的欧佩克价格冲击（Breakdown of Bretton Woods System；OPEC Price Shocks of 1970s）	美国加州大学戴维斯分校
45	2014年12月1日	安瓦·那苏旬（Anwar Nasution）	走向市场的货币政策：自1997年以来的印度尼西亚案例（Towards a Market-Based Monetary Policy：The Case of Indonesina since 1997）	印度尼西亚大学
46	2014年12月18~19日	胡永泰（Woo Wing Thye）	1973年国际货币体系崩溃；1973年和1979年欧佩克价格冲击；中央计划经济向市场经济转型（Breakdown of the International Monetary System in 1973；OPEC Price Shocks of 1973 and 1979；Economic Transition from Central Planning to Market Economy）	美国加州大学戴维斯分校
47	2015年9月23日	克斯·寇第科（Kees Koedijk）	社会责任投资——过去、现在和未来（Socially Responsible Investing-Past，Present，Future）	荷兰蒂尔堡大学
48	2015年9月24日	克斯·寇第科（Kees Koedijk）	欧盟和欧元区-欧洲项目还有未来吗？（The European Union and the Eurozone-Is there any future for the European project?）	荷兰蒂尔堡大学
49	2017年6月1日	修敏·马丁（Xiumin Martin）	公司金融理论、方法与前沿	美国圣路易斯华盛顿大学
50	2017年9月19日	黄达业	金融风险管理与挑战	中国台湾大学
51	2017年11月14日	安云碧	中国私募股权配置中的价格倒挂和后期锁定期收益率（Price Inversion and Post Lock-in Period Returns in Private Equity Placements in China）	加拿大温莎大学

表 5-4　　　　　　　　　　　科研机构系列讲座一览表

序号	科研机构	日期	主讲人	演讲题目	演讲人单位
1	全球金融治理协同创新研究中心	2016年3月16日	斯蒂芬妮·格里菲斯-琼斯（Stephany Griffith-Jones）	亚洲基础设施投资银行：它可以从多边开发银行那里学到什么，也许可以教给他们？（The Asian Infrastructure Investment Bank: What can it learn from, and perhaps teach to, the Multilateral Development Banks?）	美国哥伦比亚大学
2	全球金融治理协同创新研究中心	2016年6月16日	迈克尔·麦克多纳（Michael Mcdonough）	中国经济的未来发展与挑战	彭博有限合伙企业（Bloomberg L.P.）
3	全球金融治理协同创新研究中心	2016年11月21日	应坚	后SDR时代离岸人民币市场新发展及新机遇	中银香港
4	全球金融治理协同创新研究中心	2016年11月23日	芭芭拉·弗里茨（Barbara Fritz）	全球金融架构：近期变化与区域机制的作用（The Global Financial Architecture: Recent Changes and the Role of Regional Mechanisms）	德国自由大学
5	全球金融治理协同创新研究中心	2017年9月27日	王鹏飞	国外利率冲击与资产价格泡沫	中国香港科技大学
6	全球金融治理协同创新研究中心	2018年5月20日	夏乐	人民币国际化与中国债券市场开放	西班牙对外银行
7	中国资产管理研究中心	2016年5月25日	朱敏	规模不经济和业绩持续性（Diseconomies of Scale and Performance Persistence）	澳大利亚昆士兰科技大学
8	中国资产管理研究中心	2016年6月22日	童琳	交易频率和基金业绩（Trading Frequency and Fund Performance）	美国福特汉姆大学
9	中国资产管理研究中心	2017年5月22日	赵锋	躲在写作背后：在抵押贷款支持证券的发行过程中进行沟通（Hiding behind writing: Communication in the offering process of mortgage-backed securities）	美国德州大学达拉斯分校

续表

序号	科研机构	日期	主讲人	演讲题目	演讲人单位
10	中国资产管理研究中心	2017年7月5日	程颖梅	种族和性别何时使得支付差异化？（When does racial and gender diversity pay?）	美国佛罗里达州立大学
11	中国资产管理研究中心	2017年5月12日	吕新一	识别新趋势（Identify the new trend）	新加坡银行

表5-5　教师赴国（境）外参加国际学术会议一览表

序号	日期	会议名称	会议举办地点	出访人数	出访人员名单
1	2011年10月29~30日	国际经济政策咨询小组G20影子论坛	法国	1	张礼卿
2	2013年1月4~6日	美国经济学年会	美国	4	张礼卿、张学勇、谭小芬、张芳
3	2014年1月2~7日	美国经济学年会	美国	3	张礼卿、张学勇、谭小芬
4	2014年9月30日~10月2日	"蒙中货币金融合作"首届论坛	蒙古国	5	张礼卿、应展宇、谭小芬、黄志刚、尹力博
5	2014年10月21~24日	伦敦大学和伯明翰大学学术研讨会	英国	5	张礼卿、李建军、张学勇、陈锐、陶坤玉
6	2014年12月2~8日	第一届"金融计量与应用最新进展"会议	澳大利亚	1	尹力博
7	2015年10月13~19日	美国金融管理2015年会	美国	1	黄瑜琴
8	2015年7月7~14日	"全球背景下中国国内经济转型研讨会""中国前沿年会（China Update）"以及"第27届澳大利亚中国经济学会年会"	澳大利亚	2	张礼卿、苟琴
9	2016年1月2~7日	2016年美国金融年会	美国	1	黄瑜琴
10	2016年4月21~24日	2016年三边合作青年论坛	韩国	1	张礼卿

续表

序号	日期	会议名称	会议举办地点	出访人数	出访人员名单
11	2016年6月15～19日	中国与欧盟自由贸易协定：机遇与行动	比利时、德国	1	张礼卿
12	2016年7月12～16日	亚太财务管理2016年会	澳大利亚	1	顾弦
13	2016年7月28日～8月2日	世界金融学年会	美国	2	张学勇、陈锐
14	2016年8月11～13日	计量经济学会亚洲峰会	日本	1	董兵兵
15	2016年8月13～15日	2016年中、日、韩青年论坛"东北亚的可持续发展——即将到来的中、日、韩的协同共存世纪"（韩国）	韩国	1	张礼卿
16	2016年9月30日～10月2日	人民币国际化在东盟国家的落地研讨会	印度尼西亚	1	谭小芬
17	2016年10月19～21日	财务管理协会2016国际年会	美国	1	顾弦
18	2016年10月19～24日	2016年美国财务管理协会年会	美国	1	姜富伟
19	2016年11月18～23日	第86届美国南方经济协会	美国	1	张莉妮
20	2017年6月11～16日	中欧自贸区：机遇与愿景国际研讨会	瑞士	1	张礼卿
21	2017年6月20～25日	2017年财务管理协会欧洲会议	葡萄牙	1	姜富伟
22	2017年7月5～9日	2017年亚洲金融学协会年会	韩国	1	姜富伟
23	2017年8月6～13日	2017年货币、银行、流动性和金融学夏季会议	加拿大	1	金谷
24	2017年10月11～14日	金融管理学会年会	美国	1	顾弦

续表

序号	日期	会议名称	会议举办地点	出访人数	出访人员名单
25	2017年12月8~10日	国际会议：转型经济体的未来：跨国和历史的新兴视角	日本	1	游五岳
26	2018年6月24~28日	2018年度亚洲金融学协会年会	日本	1	姜富伟
27	2018年7月2~6日	阿斯塔纳金融日论坛	哈萨克斯坦	1	张礼卿
28	2018年9月11~12日	亚洲经济学家论坛	日本	1	张礼卿
29	2018年9月26~30日	中俄经济类大学联盟第六届年会暨学术论坛	俄罗斯	1	谭小芬
30	2018年10月10~15日	2018年财务管理协会国际年会	美国	2	姜富伟、顾弦
31	2018年11月13~14日	Fintech and the New Financial Landscape	美国	1	顾弦
32	2018年11月21~28日	中国当代经济研讨会	巴西	1	谭小芬

第六章
师资队伍

一流学科需要一流的师资队伍，师资队伍决定着人才培养质量、科学研究水平和社会服务的层次。中央财经大学金融学院历来重视师资队伍建设，经过复校初期师资匮乏，到1985年师资队伍人数达到阶段性高峰，之后在"下海"潮冲击下，再度出现师资紧张；2003年以后，学院大力引进人才，并逐步实施国际化战略，人才队伍整体素质得到显著提升，逐步形成一支规模适度，结构合理的师资团队，成为学科建设的有力保障。

第一节 师资发展

复校初期，本学科点聚集了一批在我国经济和金融学领域颇具影响的知名学者和专家，包括张玉文、俞天一、王佩真、张景文、李锡樑等。他们或长期从事理论研究和教学工作，或带着丰富的实际工作经验来到教学岗位，在货币流通、信用理论、国际金融、银行管理、信贷实务等方面有着深厚理论功底和实践知识。雄厚的师资力量，为当时的教学、研究和学科建设做出了重要贡献。

一、复校之初，广聚英才

恢复办学，首先需要师资。"文革"中金融系原有教师大部分被分配至全国各地大学任教，张玉文老师在厦门大学，王佩真老师、俞天一老师和徐山辉老师等在东北财经大学，陈传新老师和许慧君老师在首都师范大学，潘金生老师在河北大学。当时解决师资最快捷的方法：一是把原来派遣到全国各地的老师调回来，二是从业务部门抽调有实际工作经验的同志，充实到教师队伍中来。

对中财老师调回问题，上级主管部门非常重视，1978年6月15日财政部向国务院报送《关于中央财政金融学院从京外调人的请示报告》。6月30日余秋里副总理批示："原则同意，调往外地的教员应尽可能调回一部分，要加以选择为宜。请李副主席、登奎、方毅同志批。"李先念副主席、方毅等领导均圈阅。同时还有公安部门进行协调户口问题，7月20日国务院政工小组通知北京市公安局：批准中央财政金融学院从京外调入教师160名。许多师资调回的时候都有一段往事，金融系钱中涛教授回忆中是这样描述的："我是中财1962级的学生，应该是1966年毕业，但由于'文革'，无法按时毕业，1968年才被分配到甘肃，后来又去贵州，再后来到东北吉林，一直没有在北京。1978年的时候，家里一个亲戚去颐和园的时候路过学院南路，发现学校已经挂上了牌子：中央财政金融学院。我获悉后就给当时的系领导张玉文老师写了一封贺信，张玉文老师收信后马上就联系我，并让学校尽快调我回学校任教。在黄青山老师的努力下，我很快调回学校。"国际金融专业的创始人张景文老师早年毕业于复旦大学经济系。毕业后在上海国民信用合作社复旦分社工作。1949年后，张景文老师先后在中国人民银行国外业务局、中国银行、中国人民银行安达市支行从事业务工作，1962年调到中国人民银行黑龙江省分行任副科长，1977年参与组织创建中国银行哈尔滨市分行并任国际贸易科科长，1979年调入中央财政金融学院。1984年任金融系学术委员会委员及金融系国际金融教研室主任。保险教研室的应向民老师，毕业于南开大学，长期在外贸公司工作，1983年调到金融系主讲《海上保险》。

  1982年复校后第一届学生毕业，许多品学兼优的同学留校任教，也有来自其他院校毕业生补充到师资队伍中来。1985年以后，随着研究生毕业人数的增加，引进教师基本的学历起点提升为硕士研究生。

  1978年，金融系共有教师17人，其中，金融理论教研室8人，包括张焕彩、张玉文、黄贤镛、王佩真、许慧君、陈传新、徐山辉和刘焕成；银行业务教研室9人，分别是俞天一、李锡樑、丁邦石、万长荣、吴慎之、李玉书、李继熊、陈继儒和宋文会。到1980年增设了国际金融教研室，有张景文、杨美玲、李卫红3位教师；1981年增设了保险教研室，有李继熊、陈继儒、冯寒松3位教师。1981年金融系教师数量达到25人。

  1986年金融系教师人数为53人，其中保险教研室12人：李继熊、陈继儒、冯寒松、胡欣欣、应向民、公立、成罡、杨燕、张华、李敏、陈凯萍、王葵花。当年，保险教研室分离组建了保险系，金融系教师下降到41人。之后的几年时间里，金融系教师稳定在 40 人左右。

二、应对冲击，稳定队伍

20 世纪 90 年代初，伴随中国改革不断深化，商品经济有了进一步的发展。1992 年邓小平南方谈话发表后，社会主义市场经济开始逐步深入人心，中国经济活力再次释放，金融市场建设进程加快。人们对经济的关注热情比以往任何一个时期都高，在这样的大背景下，不少教师"下海"，投身经济发展的洪流当中。金融系教师也有流失。本学科点的师资队伍建设进入了一个相对薄弱的阶段，在一定程度上出现了青黄不接的局面。

1990 年底金融系共有教师 38 人，其中，金融理论教研室 16 人，银行业务教师室 12 人，国际金融教研室 10 人。到 1997 年金融系教师下降到 31 人，其中金融理论教研室 11 人，银行业务教研室与国际金融教研室各 10 人。与当时的学生规模相比，教师数量显得不足（参见图 6-1）。

图 6-1　金融系国际金融教研室部分教师合影（1993 年）

（左起：李中原、庞红、彭砚萍、赵建平、肖凤娟、黄琦）

1996 年中央财政金融学院更名为中央财经大学，这标志着学校向多学科大学发展，也给金融系发展带来契机。1997 年金融学学科被批准为财政部部属院校首批重点学科。1998 年金融系获得博士生招生资格，为提升金融系教师学术水平提供了条件，不少青年教师开始攻读博士学位。这三个重要的事件对于稳定师资队伍作用明显。1999年以后，金融系教师队伍情况逐渐好转，引进的优秀博士教师数量增加，队伍中优秀的中青年学术骨干快速成长。到2002年，金融系教师增加到37人，金融理论教研室12人，银行业务教研室11人，国际金融教研室10人，金融工程教研室4人。金融理论教研室教师有：王佩真、潘金生、姚遂、李健、李宪铎、王广谦、左毓秀、贾玉革、马亚、郭田勇、魏建华、李建军。银行业务教研室教师有：丁邦石、吴慎之、李玉书、陈颖、马丽娟、史建平、贺强、何晓宇、韩复龄、李德峰、杜惠芬。国际金融教研室教师有：贺培、赵建平、张礼卿、南琪、肖凤娟、李军、张碧琼、聂利君、黄维玉、张晓涛。金融工程教研室：黄辉、李国重、李磊宁、商有光。

三、规模稳定，实力增强

2003年金融系改制组建金融学院以来，师资队伍建设围绕专业与学科方向建设展开。学院成立之初，教师共37人，到2010年国际经济与贸易系独立组建国际经济贸易学院之前，金融学院共有教师53人，其中金融学系15人，应用金融系12人、国际金融系8人、金融工程系11人，国际经济与贸易系9人（参见图6-2）。

图6-2 2003年金融学院成立大会

2010年10月国际经济与贸易学院成立，金融学院教师人数下降到45人。学院教学单位减少到4个。本科只有金融学、金融工程两个专业。经过8年时间的建设，到 2018 年底，教师人数增加到 69 人（含退休返聘 3 人），其中教授 22 人、副教授 31 人、讲师 16 人。拥有博士学位教师 62 人，海外取得博士学位的教师 13 人，年薪制教师 9 人。从学缘结构看，最高学历毕业于其他学校的教师 55 人，占比 85%。从年龄结构看，教师中 35 周岁以下 18 人，占比 28%，36~45 周岁 21 人，占比 32%，46~55 周岁 20 人，占比 31%，55 周岁以上 6 人，占比 9%。教工党员 57 人，占教工总数的 71%。

从学科方向和专业分布看，金融工程系从 2002 年成立时的 4 人增加到 2018 年底的 15 人，教师全部拥有博士学位。金融科技系全职教师 2 人，双聘教师 6 人，全部拥有博士学位见表 6-1 和图 6-3。

表 6-1   2018 年金融学院专任教师队伍与学科领域归属

教学单位	人数	教授	副教授	讲师	其中：年薪制海归教师
金融学院	69	22	31	16	9
1. 金融学系	21	姚遂、王广谦、李健、魏建华、李建军、郭田勇、贾玉革、李宪铎、黄志刚	左毓秀、孙建华、马亚、黄昌利、蔡如海、方意、鄢莉莉	金谷、董兵兵、郭豫媚、王忏、游五岳	金谷、董兵兵
2. 应用金融系	18	史建平、贺强、韩复龄、陈颖、杜惠芬、马丽娟、应展宇、张学勇	李德峰、王汀汀、李俊峰、黄瑜琴、姜富伟、魏旭、吴偎立、顾弦	何晓宇、王盈	姜富伟、王盈、顾弦
3. 国际金融系	13	张碧琼、张礼卿、谭小芬	黄维玉、肖凤娟、聂利君、尹力博、苟琴、王雅琦、南琪	赵建平、陶坤玉、张莉妮	张莉妮
4. 金融工程系	15	刘向丽、王辉	商有光、李磊宁、史秀红、戴韡、史英哲、周德清、高言、陈锐、傅强	郭剑光、朱一峰、吴锴、夏聪	陈锐、朱一峰、吴锴、夏聪
5. 金融科技系	7	李建军	戴韡、方意	王忏、郭豫媚、彭俞超、丁娜	

注：1. 本表含退休学校返聘教师：姚遂；学院返聘教师：李宪铎、赵建平。
2. 李建军、方意、郭豫媚、王忏为金融学系和金融科技系双聘教师，戴韡为金融工程系和金融科技系双聘教师。

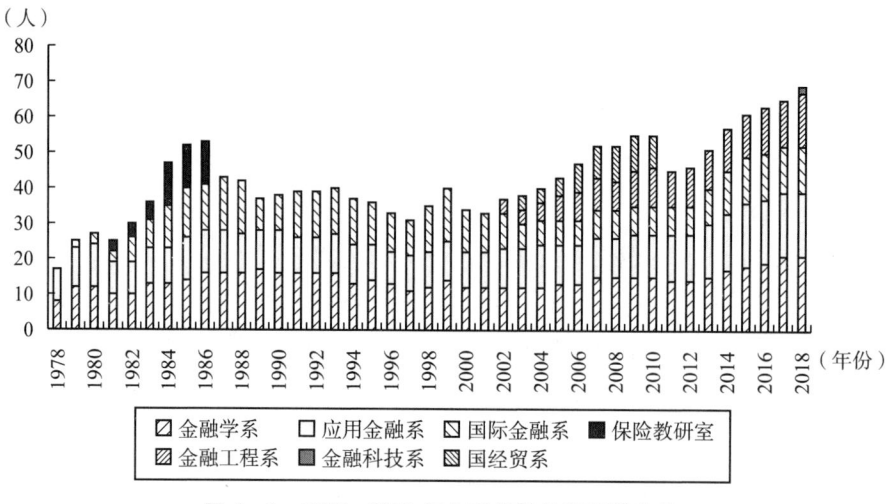

图 6-3 1978~2018 年金融学院教师规模变化

第二节 人才工程

学院目前形成一支以王广谦、史建平、李健、张礼卿、李建军等教授为带头人的优秀师资团队。现有 2 名"新世纪百千万人才工程（国家级）"入选者、5 名享受国务院政府特殊津贴专家、2 名长江学者讲座教授、1 名国家教学名师、3 名北京市教学名师、9 名教育部"新世纪优秀人才支持计划"入选者，北京高校青年英才计划入选者 2 人，以及一支以李健教授为带头人的国家优秀教学团队（金融学系）。此外，聘请了包括诺贝尔经济学奖得主约瑟夫·斯蒂格利茨（Joseph Stiglitz）、罗纳德·麦金农（Ronald McKinnon）、约翰·威廉森（John Williamson）等国际著名经济学家，以及吴念鲁、吴晓灵、李扬、谢平、王松奇等数十位国内知名学者和业内专家担任名誉教授、讲座教授和兼职教授。

一、学科带头人，教育部社科委员

王广谦，男，经济学博士，二级教授、博士生导师，著名经济学家、金融学家。中央财经大学校长（2003~2017 年），第十二届全国政协委员，教育部社会科学委员会委员、教育部高等学校经济学类专业教学指导委员会主任

(2013~2017年)、教育部高等学校金融类专业教学指导委员会主任（2018~2022年），是国家"百千万人才工程（第一、二层次）"人选，国务院特殊津贴获得者。担任中国金融学会副会长、学术委员会委员，中国国际金融学会副会长、学术委员会委员，北京经济学总会副会长、中国城市金融学会常务理事、学术委员会委员，全国高等教育自学考试指导委员会经济管理类专业委员会副主任等。博士学位论文被教育部和国务院学位委员会评定为首届全国优秀博士论文。1986年9月~1989年9月借调至国务院发展研究中心做咨询研究工作，1987年4月~1987年6月在澳大利亚新南威尔士大学做访问学者。主要研究方向：货币金融理论与政策、经济与金融发展等。2001年、2005年两次获国家级教学成果一等奖。1982年以来，在《经济研究》《金融研究》《中国社会科学》等重要刊物发表学术论文及相关文章100余篇，出版学术著作《经济发展中金融的贡献与效率》《金融体制改革和货币问题研究》《经济全球化进程中的中国经济与金融发展》（主编）、《20世纪西方货币金融理论研究：进展与述评》（主编）、《中国金融改革：历史经验与转型模式》（合著）等10余部，主编教材《中央银行学》《金融中介学》《金融市场学》《当代西方金融理论》4部。主持和参加了多项国家级课题的研究，有多项研究成果获得国家和部委级奖励。

二、学科带头人，教育部教学指导委员会副主任委员

史建平，男，经济学博士，中央财经大学副校长、二级教授、博士生导师。享受国务院政府特殊津贴专家，财政部系统跨世纪学科带头人，北京市优秀教师，北京市优秀青年骨干教师。主要研究领域为银行管理、金融风险管理、金融体制改革和中小企业金融服务，主持多项国家自然科学基金项目，在《求是》《国际金融研究》等学术期刊发表论文数十篇，出版《中国中小微企业金融服务发展报告》（系列）等多部著作，主编的《商业银行管理》入选"十一五"国家级规划教材，主持或参与的教改成果曾获得国家级成果一等奖和北京市教改成果奖。兼任全国金融专业硕士教指委副主任委员，教育部实验室建设与实验教指委副主任委员，中国金融学会常务理事，中国农村金融学会副会长，中财明泰金融研究所所长。

三、国家教学名师

李健，女，经济学博士。现任中央财经大学金融学院二级教授、博士生导师、博士后合作导师，兼任中国金融学会理事，中国市场经济学会常务理事。享受国务院政府特殊津贴，获得全国首届高等学校国家级教学名师奖、北京市教学名师、鸿儒金融教育基金会金融学杰出教师奖、首都劳动奖章等荣誉，是全国首批国家级优秀教学团队和首批国家级精品课程《货币银行学》、国家精品资源共享课与国家精品在线开放课《金融学》的主持人。主要研究领域为货币金融理论与政策。主持完成国家自然科学基金、教育部人文社科基金等项目多项，在《经济研究》《金融研究》等权威期刊发表论文数十篇，多项研究成果获得省部级奖励。

四、百千万人才工程（国家级）人选

张礼卿，1987年加入中央财政金融学院（中央财经大学前身），先后担任助教、讲师、副教授和教授（1999年起）。现任中央财经大学金融学院二级教授、国际金融研究中心主任、全球金融治理协同创新中心主任、中共中央财经大学党委委员、校职称评定委员会副主任、校学术委员会委员。曾担任金融学院院长（2006~2015年）。享受国务院政府特殊津贴，入选"新世纪百千万人才工程（国家级）"、教育部"新世纪优秀人才支持计划"、财政部"跨世纪学科带头人计划"。获评北京市优秀教师、北京市第六届高等学校教学名师奖、鸿儒金融教育基金会金融学杰出教师奖、中美富布莱特基金奖学金（高级研究学者）等。曾担任哈佛大学、哥伦比亚大学、荷兰蒂尔堡大学、澳大利亚国立大学、世界银行学院、彼得森国际经济研究所等国际学术机构高级访问学者，英国伯明翰大学、德国柏林科技应用大学客座教授。毕业于中国人民大学经济学院世界经济专业，获经济学博士。

兼任中国世界经济学会副会长、中国国际金融学会常务理事及副秘书长、中国城市金融学会常务理事、中国国际经济关系学会常务理事、中国金融学会理事、中国社会科学院亚太与全球战略研究院学术委员、亚太经济与金融论坛主席、鸿儒金融教育基金会理事和学术委员会副主任。《金融研究》《国际金融研究》《国际经济评论》和《中国外汇》等杂志编委。国美金融科技（HK00628）和瑞丰银行独立董事。曾兼任中国证监会第12届发审会委员、中国人民银行金融研究所学位委员会委员、中国高等教育学会财经分会金融学专业协作组主任等职。

五、知名学者

（一）全国政协委员、著名证券专家：贺强

贺强，中央财经大学金融学院教授、博导，中央财经大学期货证券研究所所长，任第十一、十二、十三届全国政协委员，第十三届全国政协经济委员会委员，原北京市政府参事，国务院政府津贴获得者。贺强教授自觉接受党的领导，从教36年，发表学术论文、论著400余篇。国家级、省部级与其他课题20余项。出版专著、教材30余部。培养博士、硕士研究生一百多人，获北京市先进工作者、北京市优秀教师等称号，多次获学校和省部级奖；在做好教学科研工作的同时，发挥专业优势围绕金融证券先后向全国两会提交政协提案77个，参事建议多项。许多提案被政府部门采纳，多项参事建议获北京市领导的批复，为我国金融市场的稳定发展，为首都经济社会建设做出了积极贡献。

（二）著名金融史与金融思想史专家：姚遂

姚遂，1966年毕业于中央财政金融学院（现中央财经大学）金融系。1968~1978年在中国人民银行西宁市支行工作，1978~1979年在青海财贸学校任教，1979年至今在中央财政金融学院（现中央财经大学）任教。1992年任中央广播电视大学《货币银行学》课程主讲教师。1995年开设《中西方金融思想比较》讲座。1996~2003年任中央财经大学副校长，现任中央财经大学金融学院教授，博士研究生导师。讲授课程有：《货币银行学》《财政与金融》《金融概论》。主要著述有：主编《货币银行学》（中国金融出版社1999年版），专著《中国金融思想史》（中国金融出版社1994年版）、《中国金融思想史（上下）》（上海交通大学出版社2012年版）等。

六、长江学者讲座教授

(一) 巴里·艾肯格林（Barry Eichengreen，长江学者讲座任期：2009～2018年）

巴里·艾肯格林教授是当今国际学术界最活跃、最富影响力的著名经济学家之一。巴里·艾肯格林教授现任加州大学伯克利分校经济系乔治·帕迪和海伦·帕迪（George C. Pardee and Helen N. Pardee）讲座教授，其主要学术兼职还包括美国艺术科学学院院士、美国国家经济研究局（NBER）研究员、经济政策研究中心研究员和德国基尔世界经济研究所研究员等。自1979年在耶鲁大学获得博士学位之后，巴里·艾肯格林教授曾在牛津大学、斯坦福大学、哈佛大学、芝加哥大学等国际著名院校和机构任教或从事科研工作，此外还担任过国际货币基金组织、亚洲开发银行、韩国银行等机构的顾问。在过去的20年多年间，巴里·艾肯格林教授主持美国国家科学基金项目、法国银行研究项目、伯克利-法国基金项目、福特基金、德国马歇尔基金等数十项科研课题；在国际学术界发表学术成果（论文、研究报告、评论）400余项，其中被SSCI收录论文142篇，被引用近千次。

(二) 胡永泰（长江学者讲座教授任期：2006～2015年）

胡永泰是美国加州大学戴维斯分校经济系教授。他也是布鲁金斯学会全球经济和发展项目、外国政策研究项目高级研究员以及哥伦比亚大学全球化和可持续发展中心东亚项目主任。他的研究集中于东亚（特别是中国和印度尼西亚）经济问题、国际金融构建、经济增长和汇率经济。他已在专业经济期刊上发表了100多篇论文、出版多部专著。他1985年2月发表在《国际经济学杂志》的论文"理性预期下汇率决定的货币方法：美元-马克案例"在2000年被誉为《国际经济学杂志》30年历史上最具影响力的25篇论文之一。

曾在世界多个大学、研究机构和国际机构担任研究职务。包括新加坡南亚研究院、印度尼西亚战略和国际研究中心、英国伦敦政治经济学院，法国d'Auvergne大学国际发展研究中心（CERDI），国际货币基金，中国人民大学等。他曾担任过马来西亚拉曼大学（UTAR），新加坡国立大学等的校外评审；

曾担任科罗拉多大学，澳大利亚国立大学，新加坡南洋理工大学，图鲁兹大学，牛津大学，阿尔博塔大学等的硕士和博士论文答辩的校外考官。

七、新世纪优秀人才

（一）李建军（新世纪优秀人才获评时间：2005 年）

李建军，现任中央财经大学金融学院教授、院长、博士生导师，二届全国金融青联委员。中国人民大学财政金融学院博士毕业，美国约翰·霍普金斯大学访问学者，研究领域为货币金融、影子银行、普惠金融、金融科技与"一带一路"金融等，主要承担《金融学》《互联网金融》《金融统计分析》等课程教学。入选 2005 年教育部新世纪优秀人才，获评 2014 年北京市师德先进个人、2015 年北京市教学名师，2018 年中财首批"龙马学者"特聘教授；他是 2007 年国家金融学优秀教学团队核心成员，荣获过"优秀教师""优秀共产党员"等校级荣誉称号。作为首席专家承担 2014 年国家社科基金重大项目《普惠金融体系建设研究》，主持完成国家自然科学基金、教育部人文社科基金等课题 7 项；研究成果荣获教育部、中国人民银行等优秀研究成果奖；在《中国经济评论》（*China Economic Review*）等 SSCI 期刊以及《经济研究》《金融研究》《统计研究》等国内期刊发论文百余篇，在牛津大学出版社出版《中国非正规金融》（*Informal Finance in China：American and Chinese Perspectives*）、在国内出版《中国普惠金融体系：理论、发展与创新》《一带一路金融风险研究》等著作，主编《金融统计分析实验教程》国家十二五规划教材，以及《互联网金融》教材等，发表教学论文多篇，主持与参与讲授在线开放课程《金融学》《互联网金融概论》等。

（二）郭田勇（新世纪优秀人才获评时间：2007 年）

郭田勇，经济学博士，北京市政协常委，现任中央财经大学金融学院教授、博士生导师、中国银行业研究中心主任，兼任中国人民银行货币政策委员会咨询专家、中国金融学会中国金融论坛（CFF）成员、中国国际金融学会理事、中国支付清算协会互联网金融专家委员会成员等。主要研究领域为货币金融理论与政策。在《金融研究》《国际金融研究》《改革》《经济理论与经济管理》《税务研究》等核心期刊发表多篇学术论文；主要著作包括《中国金融体制改革 20 年》《中国经济改革 30 年—金融改革卷》《再回首、再思考、再出发——中国金融改革开放 40 年》《中国货币政策体系的选择》《中国私人银行发展报告》《中国现代支付体系变革与创新》《金融监管学》等。2001 年获中国金融学会全国优秀论文奖，2004 年获霍英东教育基金会优秀青年教师基金资助，2007 年入选教育部"新世纪优秀人才支持计划"，2016 年入选民建全国优秀会员。

（三）应展宇（新世纪优秀人才获评时间：2009 年）

应展宇，经济学博士，曾就读于上海财经大学和中国人民大学，现为中央财经大学金融学院教授、副院长、博士生导师。2008 年度教育部"新世纪优秀人才支持计划"入选者。研究领域主要为资本市场理论与实践，比较金融体制以及中国金融改革与发展等。曾主持国家社科基金项目，参与教育部哲学社科重大攻关项目等课题研究，在《世界经济》《管理世界》《国际金融研究》《财贸经济》《中国经济学前沿》（Frontiers of Economics in China）以及《中国经济学家》（China Economist）等重要学术期刊发表论文近 40 篇，出版（含参著）专著 10 余部。主讲课程为《金融市场学》《金融市场学 II》《金融机构与金融市场》等。曾担任北京市青联委员，现担任北京市海淀区政协委员，中国人民大学金融与证券研究所研究员。

（四）张学勇（新世纪优秀人才获评时间：2011 年）

中央财经大学龙马学者，研究生院副院长，金融学院教授、博士生导师，中国资产管理研究中心主任。2007 年于浙江大学获经济学博士学位，2007～2009 年在清华大学经济管理学院金融系从事博士后研究。主持国家自然科学基金两项，中国博士后基金一项，并在《财务管理》（Financial Management）、《投资组合管理期刊》（Journal of Portfolio Management）、《会计与金融》（Accounting & Finance）、《亚太金融研究期刊》（Asia-Pacific Journal of Financial Studies）、《太平洋金融期刊》（Pacific-Basin Finance Journal）、《中国会计研究期刊》（China Journal of Accounting Research）、《经济研究》、《管理科学学报》、《金融研究》、《中国工业经济》等重要期刊发表论文多篇，2011 年入选教育部新世纪优秀人才培养支持计划，2012 年 1 月至 2013 年 1 月在美国宾州州立大学（PSU）访问研究，2017 年 7～8 月在美国得州州立大学达拉斯分校

（UTD）访问。中国注册会计师协会会员（CPA）。

（五）刘向丽（新世纪优秀人才获评时间：2011 年）

中央财经大学金融学院教授，博士生导师。主持国家自然科学基金面上项目二项、青年科研创新团队一项、国家开发银行项目等。并在《物理 A》（Physica A）、《系统科学与复杂性杂志》（Journal of Systems Science and Complexity）、《应用金融问题与经济学国际评论》（International Review of Applied Financial Issues and Economics）、《应用数学与计算》（Applied Mathematics and Computation）、管理科学学报、管理评论、系统科学与数学、系统工程理论与实践、经济研究等重要期刊发表论文三十余篇，在泰勒和弗朗西斯（Taylor & Francis）出版社出版英文学术专著一本，中文专著两本，主持了两项教改项目，主编教材两本。主要从事金融风险管理研究，能够利用自己扎实的数学基础，用数学、统计、计量作为工具，对金融现象进行数量分析，得出定性的结论，在市场微观结构及风险管理研究方面做出了一系列重要价值和创新意义的一定的实用性成果。2011 年入选教育部新世纪优秀人才培养支持计划，分别于 2011 年 4~10 月，2014 年 8 月至 2015 年 9 月在美国威斯康星大学访问研究。

（六）谭小芬（新世纪优秀人才获评时间：2012 年）

中央财经大学金融学院教授、副院长、博士生导师。2012 年"教育部新世纪优秀人才支持计划"入选者，2013 年"北京高等学校青年英才计划"入选者，2012~2013 年美国哥伦比亚大学访问学者，研究领域为国际金融、货币政策、国际大宗商品市场和企业杠杆率，近年来主持过国家自然科学基金重点应急管理项目、国家社会科学基金一般项目、教育部哲学社会科学研究后期资助重大项目、教育部人文社会科学青年项目、中央财经大学青年科研创新团队"国际货币体系与人民币国际化"，担任中央财经大学全球经济与可持续发展研究中心"人民币国际化"项目首席专家，在《世界经济》《金融研究》等期刊发表学术论文 100 余篇，出版专著 2 部，发表财经评论文章 60 余篇。

（七）王辉（新世纪优秀人才获评时间：2013 年）

中央财经大学金融学院教授，党委副书记，博士生导师，2013 年入选教育部新世纪优秀人才培养支持计划和北京市青年英才计划，2015~2016 年英国伦敦政治经济学院访问学者，中央财经大学青年科研创新团队负责人，中国大学 MOOC 上线课程《金融工程概论》主持人。主要研究领域包括金融时间序列的统计推断、系统性金融风险度量、金融工程与风险管理等，主持国家自然科学基金 2 项、全国统计科学研究计划项目重大项目和一般项目各 1 项，出版专著 2 部，在国际顶尖计量经济学杂志《计量经济学期刊》（*Journal of Econometrics*）和《计量经济学理论》（*Econometric Theory*）发表论文 3 篇，在《中国科学·数学》《世界经济》《统计研究》《南开经济研究》等国内重要期刊发表论文近 20 篇，2014 年、2017 年两次获得中国金融工程学年会优秀论文一等奖。主要讲授课程包括金融工程概论、金融数值计算、实证金融与统计软件应用、金融实证研究、应用随机过程等。

八、中财"龙马学者"

2018 年在中央财经大学首届"龙马学者"遴选中，金融学院李建军教授、张学勇教授获评"特聘教授"，姜富伟副教授获聘"青年学者"。

姜富伟，中央财经大学金融学院"龙马学者"青年学者、副教授，资产管理研究中心研究员。新加坡管理大学金融学博士。主要研究方向包括资产定价，行为金融，金融人工智能，等等。主要讲授课程包括实证金融方法，金融市场与机构，资本市场研究专题，博士论文写作等。曾在《金融经济学》（*Journal of Financial Economics*）、《金融研究评论》（*Review of Financial Studies*）、《国际货币与金融杂志》（*Journal of International Money and Finance*）、《银行与金融杂志》（*Journal of Banking and Finance*）、《投资组合管理期刊》（*Journal of Portfolio Management*）、《金融研究》等重要期刊发表 10 多篇学术论文。主持国家自然科学基金和北京市自然科学基金项目多项。曾获得亚洲金融协会 WRDS 最佳论文奖、国际财务管理协会 CFA 最佳论文奖、中国金融评论国际研讨会 Emerald 优秀论文奖、《金融研究》优秀论文三等奖、全美华人金融协会最佳论文奖等学术奖项。

第三节 外部引智

金融学院一直注重教学与金融和经济发展实践紧密结合，与国内国际最新金融理论研究同步。一方面鼓励教师积极参与国内和国外的各种教学科研培训和研究，另一方面采用外部引智的形式，聘请金融领域的国内外专家学者，为学生授课，开办讲座，担任研究生导师，与金融学院联合开展学术研究，不断提升学院教学和科研层次。

一、荣誉教授

（一）约瑟夫·斯蒂格利茨（Joseph E. Stiglitz）

约瑟夫·斯蒂格利茨是当今世界上最负盛名的经济学家之一，美国哥伦比亚大学经济学教授。他1943年生于美国印第安纳州，1960年考入美国东部著名大学——阿赫斯特学院（Amherst College），毕业后在美国麻省理工学院（MIT）进修经济学，师从保罗·萨缪尔森，获美国麻省理工学院博士学位，年仅26岁即为耶鲁大学经济学教授，此后他先后执教于普林斯顿大学和斯坦福大学。1979年获美国经济学会专为40岁以下有杰出贡献的青年经济学家设立的克拉克奖。1993~1997年在克林顿政府经济顾问委员会任职，先为成员，后任主席。1997年至1999年担任世界银行高级副行长兼首席经济学家。斯蒂格利茨教授为信息经济学的创立做出了重大贡献，2001年由于他在"充满不对称信息市场的分析"理论研究上的突出贡献而荣获诺贝尔经济学奖。

斯蒂格利茨教授著述颇多，涉猎广泛，他的学术研究几乎遍及西方经济学的所有领域，包括：宏观经济学、微观经济学、新古典经济增长模型、委托-代理关系、逆向选择、信息经济学、公司财务结构、组织结构、公共部门经济学等。

多年来教授十分关心中国经济的改革和发展，对中国经济问题作了深入研究，结合他个人的经验，提出了许多有价值的参考意见，引起了中国政府部门和经济界人士的广泛兴趣。我国出版界也相继引进出版了教授的一些著作，目前已译成中文有《政府经济学》《经济学》《政府为什么干预经济》《社会主义向何处去》《全球化及其不满》《喧嚣的九十年代》等。

（二）约翰·威廉姆森（John Williamson）

约翰·威廉姆森是当今国际经济学界的著名学者，在开放条件下的宏观经济理论、汇率理论、国际资本流动和经济发展等领域有过许多杰出的贡献。他所创立的"基本均衡汇率""汇率目标区"等理论已经被写入欧美国家的国际经济学标准教科书。20世纪六七十年代起，他曾先后在美国普林斯顿大学、麻省理工学院、约克大学等世界著名的高等学府担任经济学教授。1981年，他和另一位著名学者弗瑞德·伯格斯坦一起创立了美国最具影响的对外经济政策思想库——国际经济研究所（Institute for International Economics, IIE），并担任资深研究员至今。他还曾担任或兼任国际货币基金组织顾问、世界银行东亚局首席经济学家和联合国"发展融资高级专家小组"的项目负责人。

二、兼职教授

（一）博士兼职导师

金融学院自2002年开始外聘博士兼职导师，截至2019年，先后有11位外聘博士兼职导师。兼职导师为我国著名的经济学家、金融学家、金融法学专家吴念鲁、戴相龙、吴晓灵、赵海宽、李扬、谢平、王松奇，也有知名的国际经济与贸易专家张松涛、张汉林、胡永泰，以及金融法专家郭峰。他们为学院金融学博士人才培养做出了重要贡献。

（二）学术型硕士兼职导师

金融学院自2002年开始外聘硕士兼职导师，截至2019年，先后有34位硕士兼职导师，包括吴念鲁、秦池江、黄志凌、朱洪波、程博明、牛锡明、何德旭、林义相、张晓朴、袁东、王元龙、石俊志、周月秋、苏中一、陈多、庄一心、胡建忠、陈道斌、陈卫东、王东明、巴曙松、杨明辉、张佑君、温彬、黄金老、张平、刘姝威、阎冰竹、严晓燕、金维虹、王卉彤、韩世君、丁大卫、王遥等。

（三）专业硕士校外导师

2011年开始，金融学院开始招收专业硕士生，专业硕士培养采用双导师制，即校内导师与业界导师共同指导。随着专业硕士招收规模不断增加，专业硕士校外导师人数也大幅度提高。专业硕士导师主要来自国内政府部门、金融监管部门、国有金融机构、地方金融机构、中央企业等。入选导师多为具有一定学术造诣，在工作岗位上做出重要贡献的专家、高管或首席经济学家。来自校外的业界导师数量从2011年的28人增加到2018年的130人。

三、海外师资

（一）外籍师资授课

自2012年以来，为推进金融学科国际化发展，开阔学生的国际视野，学院开始引进外籍师资，并将外籍师资授课任务纳入全日制教学培养体系。2012～2018年，共邀请外籍师资来学院授课9次，外籍专家分别来自英国伯明翰大学、美国纽约州立大学新帕尔茨分校、加拿大多伦多大学以及加拿大温莎大学等世界知名高校。授课主题涵盖行为金融学、中国和变化中的世界经济、资产定价与风险管理以及中国经济与金融。另外，聘请长江学者讲座授课6次（参见表6-2和表6-3）。

表6-2　　　　　　　　　外籍师资授课情况一览表

序号	年份	外籍教师	单位	主题
1	2012	大卫·狄金森（David Dickinson）	英国伯明翰大学	行为金融学
2	2013	温迪·多布森（Wendy Dobson）	加拿大多伦多大学	中国和变化中的世界经济
3	2015	大卫·狄金森（David Dickinson）	英国伯明翰大学	行为金融学
4	2016	大卫·狄金森（David Dickinson）	英国伯明翰大学	行为金融学
5		安云碧	加拿大温莎大学	资产定价与风险管理
6	2017	大卫·狄金森（David Dickinson）	英国伯明翰大学	行为金融学

续表

序号	年份	外籍教师	单位	主题
7	2018	大卫·狄金森（David Dickinson）	英国伯明翰大学	行为金融学
8		苏拉·许（Sara Hsu）	美国纽约州立大学新帕尔茨分校	中国经济与金融
9		安云碧	加拿大温莎大学	资产定价与风险管理
10		宛圆渊	加拿大多伦多大学	计量经济学方法导论

表6-3　　　　　　　　　　长江学者讲座教授授课情况

长江学者讲座教授	单位	年份	授课主题
胡永泰（Wing Thye Woo）	美国加州大学戴维斯分校	2014	非常规货币政策：日本，美国和欧元区有多成功？（Unconventional Monetary Policy: How Successful Has It Been in Japan, USA and Eurozone?）
			布雷顿森林体系的崩溃（Breakdown of Bretton Woods System）
			20世纪70年代的欧佩克价格冲击（OPEC Price Shocks of 1970s）
			1973年国际货币体系崩溃；1973年和1979年的欧佩克价格冲击（Breakdown of the International Monetary System in 1973; OPEC Price Shocks of 1973 and 1979）
			中央计划经济向市场经济转型（Economic Transition from Central Planning to Market Economy）

（二）引智项目

为服务学校国际化建设，实现建设"有特色、多学科、国际化"的高水平研究型大学的战略目标，根据上级有关文件精神和学校相关规定，金融学院自2016年起申报了引智项目14项，其中"中财讲席教授项目"3项，"邀请海外学术伙伴开展合作科研项目"7项，"短期外籍教师专业教学项目"4项。外籍专家分别来自英国伯明翰大学、澳大利亚昆士兰科技大学、加拿大温莎大学、新西兰奥塔哥大学、华盛顿大学（圣路易斯校区）、意大利莫里斯大学、澳大利亚莫纳什大学、加拿大多伦多大学、美国德州农工大学、美国爱荷华州立大学、美国纽约州立大学新帕尔茨分校等世界知名高校（参见表6-4）。

表 6-4　　　　　　　　　　　　　引智项目情况一览表

序号	年份	项目名称	项目类别	项目申报人	专家姓名	国外工作单位
1	2016	"行为金融"国际创新人才培养	中财讲席教授项目	黄瑜琴	大卫·狄金森（David Dickinson）	英国伯明翰大学
2		中国资本市场量化大类资产配置研究	邀请海外学术伙伴开展合作科研项目	张学勇	朱敏	澳大利亚昆士兰科技大学
3		短期外籍教师专业教学项目-金融专业硕士《资产定价与风险管理》课程国际化部分的教学	短期外籍教师专业教学项目	郭剑光	安云碧	加拿大温莎大学
4	2017	合作科研——中国波动率市场培育初探	邀请海外学术伙伴开展合作科研项目	黄瑜琴	张进	新西兰奥塔哥大学
5		"行为金融"国际创新人才培养	中财讲席教授项目	黄瑜琴	大卫·狄金森（David Dickinson）	英国伯明翰大学
6		财务报表文本情绪与资产价格	邀请海外学术伙伴开展合作科研项目	姜富伟	修敏·马丁（Xiumin Martin）	美国华盛顿大学（圣路易斯校区）
7		国际资本流动与金融危机传染：网络分析法视角	邀请海外学术伙伴开展合作科研项目	苟琴	阿贝都·普兹罗（Alberto Franco Pozzolo）	意大利莫里斯大学
8		供需异质性与汇率传递效应	邀请海外学术伙伴开展合作科研项目	王雅琦	杜清源	澳大利亚莫纳什大学
9	2018	金融专业硕士《资产定价与风险管理》课程国际化部分教学	短期外籍教师专业教学项目	郭剑光	安云碧	加拿大温莎大学
10		带异方差情形的平均处理效应半参数估计及其在金融中的应用	短期外籍教师专业教学项目	谭小芬	宛圆渊	加拿大多伦多大学
11		不可观测异质性下的企业动态出口决策	邀请海外学术伙伴开展合作科研项目	王雅琦	安永红	美国德州农工大学
12		"行为金融"国际创新人才培养	中财讲席教授项目	黄瑜琴	大卫·狄金森（David Dickinson）	英国伯明翰大学

续表

序号	年份	项目名称	项目类别	项目申报人	专家姓名	国外工作单位
13	2018	行业层面的股票异象研究	邀请海外学术伙伴开展合作科研项目	朱一峰	高磊	美国爱荷华州立大学
14		China's Economy and Finance	短期外籍教师专业教学项目	李建军	苏拉·许（Sara Hsu）	美国纽约州立大学新帕尔茨分校

第四节 博士后工作

一、博士后人员进站情况

中央财经大学博士后科研流动站于2003年10月获得原国家人事部（现国家人力资源和社会保障部）博士后管理办公室批准设立应用经济学博士后科研流动站，并于2004年进行了首批博士后研究人员招收工作。金融学院于同年开始了博士后招收工作，截至2018年底，学院共计招收博士后研究人员60余人（包含与北京银行、中国建设银行、中国长城资产管理公司、中国信达资产管理股份有限公司及内蒙古银行联合招收），博士后合作导师8人。

二、博士后出站人员发展情况

在出站博士后人员中，已经成长为校级领导的有广西大学副校长范祚军教授，院级领导有华东师范大学统计与金融学院党委书记岳华教授，湖南大学金融与统计学院院长助理段进教授，广东财经大学金融科技研究院院长刘湘云教授，新疆财经大学金融学院院长、教务处长李季刚教授，安徽财经大学金融学院副院长万光彩教授等。他们在各自的工作岗位上发挥着重要作用（参见表6-5和表6-6）。

表 6-5　　　　　　　　　　博士后研究人员招收情况一览表

姓名	性别	招收类型	工作站招收单位	进站时间	合作导师
李建军	男	流动站自主招收		2005/11	李健
范祚军	男	流动站自主招收		2006/11	李健
周群	女	流动站自主招收		2006/12	史建平
江世银	男	流动站自主招收		2007/12	王广谦
李强	女	流动站自主招收		2007/12	史建平
靳立新	男	工作站联合招收	北京银行股份有限公司	2008/1	李健
杨如冰	女	工作站联合招收	北京银行股份有限公司	2008/1	史建平
李季刚	男	流动站自主招收		2008/12	李健
杨秋岭	男	流动站自主招收		2008/12	史建平
李朝晖	女	流动站自主招收		2008/12	贺强
刘湘云	男	流动站自主招收		2008/12	王广谦
李小平		建设银行工作站		2008	张礼卿
蒋益民	男	工作站联合招收	北京银行股份有限公司	2009/12	史建平、胡学好
段进	男	流动站自主招收		2009/12	王广谦
郭利华	女	流动站自主招收		2009/12	李健
邓瑛	女	流动站自主招收		2009/12	李健
陈岩	女	流动站自主招收		2010/12	史建平
李希义		流动站自主招收		2010	张礼卿
赵昱光	男	流动站自主招收		2011/1	史建平
芦亮	男	流动站自主招收		2011/1	史建平
万光彩	男	流动站自主招收		2011/12	李健
王艳萍	女	流动站自主招收		2011/12	李健
李成武	男	流动站自主招收		2011/12	贺强
张树林	男	工作站联合招收	中国建设银行	2011/7	史建平、章更生
李春顶	男	流动站自主招收		2012/12	王广谦
陈蕾	女	流动站自主招收		2012/12	贺强
胡抚生	男	流动站自主招收		2012/12	李健
孟彩云	女	工作站联合招收	中国建设银行	2012/9	史建平、王洪章

续表

姓名	性别	招收类型	工作站招收单位	进站时间	合作导师
栾彦		流动站自主招收		2012	张礼卿
布仁吉日嘎拉		流动站自主招收		2012	张礼卿
王筝	女	工作站联合招收	中国长城资产管理公司	2013/12	史建平、王彤
李彬	男	工作站联合招收	中国建设银行	2013/7	史建平、程远国
尹志锋	男	流动站自主招收		2013/9	张碧琼
刘知博	男	流动站自主招收		2013/9	史建平
马青华	女	流动站自主招收		2013/9	李健
王利民	男	流动站自主招收		2014/11	史建平
黄有为	男	流动站自主招收		2014/11	史建平
张建科	男	流动站自主招收		2014/11	贺强
王向华	女	流动站自主招收		2014/11	贺强
魏磊	男	流动站自主招收		2014/11	王广谦
陈小东	男	流动站自主招收		2014/11	王广谦
林文浩	男	流动站自主招收		2014/11	李健
徐奇渊		流动站自主招收		2014	张礼卿
徐建平	男	流动站自主招收		2015/11	王广谦
杜永潇	女	流动站自主招收		2015/11	王广谦
刘蕾	女	流动站自主招收		2015/11	史建平
马颖	女	流动站自主招收		2015/11	贺强
韦起	女	工作站联合招收	中国长城资产管理公司	2016/12	史建平、黄蔚
崔泽洋	男	工作站联合招收	中国信达资产管理公司	2016/6	韩复龄、龚建德
薛强		内蒙古银行工作站		2015	张礼卿
刘再杰		长城资产工作站		2015	张礼卿
华晓龙	男	工作站联合招收	内蒙古银行	2016/7	李健、田跃勇
杨昀	女	流动站自主招收		2016/7	李建军
陈雪	女	流动站自主招收		2016/7	张学勇
郎波	女	流动站自主招收		2016/7	史建平

续表

姓名	性别	招收类型	工作站招收单位	进站时间	合作导师
张岩	男	流动站自主招收		2016/7	韩复龄
陈丹妮	女	流动站自主招收		2016/7	李健
郭磊	男	流动站自主招收		2016/7	郭田勇
黄明刚	男	流动站自主招收		2016/7	韩复龄
刘志勇		建设银行工作站		2016	张礼卿
范涛		信达资产工作站		2016	张礼卿
李沫	女	工作站联合招收	内蒙古银行	2017/7	李健、田跃勇
于涛	男	工作站联合招收	中国长城资产管理公司	2017/7	张学勇、荣炜
孙娜	女	流动站自主招收		2018/1	史建平
裴斌	男	流动站自主招收		2018/3	贺强
吴凡		信贷资产工作站		2017	张礼卿

表 6-6　　博士后研究人员在站期间主要作品发表情况一览表

姓名	论文标题	期刊	发表时间
范祚军	货币政策区域性操作：理论与实证	《中南财经政法大学学报》	2007 年第 9 期
范祚军	人民币汇率与 A 股股价关系研究	《广西大学学报》（哲学社会科学版）	2007 年第 12 期
范祚军	地区经济增长中金融要素贡献的差异与金融资源配置优化——基于环北部湾（中国）经济区的实证分析	《经济理论与经济管理》	2008 年第 1 期
范祚军	差别化区域金融调控的一个分区方法——基于系统聚类分析方法的应用	《管理世界》	2008 年第 4 期
范祚军	KMV 模型在公司信用风险测量中的应用	《统计与决策》	2008 年第 10 期
范祚军	基于贸易与货币竞争视角的 CAFTA 人民币区域化策略	《国际金融研究》	2008 年第 10 期
范祚军	泛北部湾区域金融结构主导模式的选择	《广西大学学报》（哲学社会科学版）	2008 年第 12 期
范祚军	当前应设立人民币可自由兑换试验区	《经济研究参考》	2008 年第 12 期

续表

姓名	论文标题	期刊	发表时间
范祚军	区域经济发展差距中的金融要素及其缓解路径	《区域金融研究》	2009年第5期
刘湘云	商业银行利率风险暴露——基于中国的银行数据的实证分析	《广东金融学院学报》	2009年第5期
杨如冰	信贷技术在中小企业金融服务中的应用	《中央财经大学学报》	2009年第6期
李季刚	新疆国家金融与地方金融支农效率差异分析	《新疆财经》	2009年第6期
李季刚	中国财政金融支持农民收入增长的效率比较与完善措施	《新疆财经大学学报》	2010年第3期
李季刚	中国农村金融资源配置的区域效率评价	《区域金融研究》	2010年第4期
李季刚	中国农村金融资源需求的影响因素分析——基于中部8省份的实证研究	《云南财经大学学报》（社会科学版）	2010年第4期
范祚军	统一性前提下金融分区调控的方式、方法	《广西大学学报》（哲学社会科学版）	2010年第4期
段进	公允价值计量模式的变迁及其对银行风险监管的影响	《统计与决策》	2010年第4期
李季刚	中国农村固定资产投资产出弹性评价——基于灰色理论模型的实证分析	《金融理论与实践》	2010年第6期
段进	商业银行深度介入养老金金融的动力及路径研究	《国际金融研究》	2010年第6期
刘湘云	基于变结构Copula模型的金融危机传染效应实证分析——以中美股票市场为例	《南京邮电大学学报》（社会科学版）	2010年第6期
李季刚	欠发达地区农村金融资源借贷需求的影响因素分析	《云南财经大学学报》（社会科学版）	2010年第6期
范祚军	FDI对我国经济增长及国内投资影响的实证分析	《统计与决策》	2010年第6期
李季刚	中国农村金融生态环境优化的区域效率比较	《工业技术经济》	2010年第7期
范祚军	基于泛北部湾视角下马来西亚金融供给的实证分析	《区域金融研究》	2010年第9期
刘湘云	Shibor已成为我国货币市场基准利率了吗？	《金融理论与实践》	2011年第1期

续表

姓名	论文标题	期刊	发表时间
范祚军	公共财政视角下的我国基本公共服务均等化研究——以社会保障为例	《东北财经大学学报》	2011年第1期
刘湘云	国际石油价格波动对中国股票市场的风险溢出效应	《广东金融学院学报》	2011年第3期
范祚军	基于国家干预视角的泛北部湾区域金融合作推进策略	《广西大学学报》（哲学社会科学版）	2011年第4期
范祚军	先行先试视角下的区域金融政策创新取向——基于CAFTA框架下广西的实证分析	《区域金融研究》	2011年第6期
刘湘云	全球化下金融系统复杂性、行为非理性与危机演化——一种新的金融危机演化机制的理论解说	《经济学动态》	2011年第7期
段进	长株潭地区金融发展与经济增长关系的实证研究	《经济地理》	2011年第8期
陈岩	中国对外投资逆向技术溢出效应实证研究：基于吸收能力的分析视角	《中国软科学》	2011年第10期
杨秋岭	深化我国投融资体制改革的建议	《宏观经济管理》	2011年第11期
刘湘云	制度变迁视角下村镇银行制度困境及对策分析	《农村经济》	2011年第11期
李季刚	中小企业信贷市场的监控研究——基于信息和产品差异化模型	《技术经济与管理研究》	2012年第1期
芦亮、蒋益民	区域"十二五"资金供求预测与融资对策研究	《中央财经大学学报》	2012年第7期
李春顶	2012年国际贸易学术研究前沿	《经济学动态》	2013年第2期
万光彩	文化特征与储蓄率差异——基于世代交替模型的分析	《软科学》	2013年第3期
郭利华	资产价值评估：文化产业与金融市场对接的关键	《光明日报》	2013年第4期
李春顶	主动反倾销的生产率促进效应：中国证据及其解释	《财贸经济》	2013年第7期
郭利华	上海金融服务外包发展竞争力分析	《国际金融研究》	2013年第7期

续表

姓名	论文标题	期刊	发表时间
李春顶	构筑变局下的"防护网"	《人民日报》	2013年第7期
芦亮、蒋益民	新型城镇化背景下地方政府融资平台的债务风险问题研究	《中央财经大学学报》	2013年第9期
马青华	重构局部波动率曲面	《工程数学学报》	2013年第10期
郭利华	互联网金融的"表"与"里"	《光明日报》	2013年第10期
李春顶	技术进步、计算机使用与劳动收入占比——来自中国工业企业数据的证据	《金融研究》	2013年第12期
李春顶	中国的区域与双边贸易协定	《国际经济评论》	2014年第5期
李彬	应对突发事件的双源采购鲁棒订货策略	《系统管理学报》	2014年第5期
李彬	需求依赖价格下的供应链预付款融资策略	《系统管理学报》	2014年第9期
李成武	不同趋势下股指期货价格发现贡献度研究	《经济与管理》	2014年第9期
李春顶	国际贸易协定谈判的新发展与新规则	《金融评论》	2014年第12期
陈岩	产品多元化战略、企业资源异质性与国际化绩效：对中国2008~2011年制造业上市公司的经验检验	《管理评论》	2014年第12期
王筝	金融租赁公司风险管理体系构建初探	《中央财经大学学报》	2015年第3期
万光彩	经济"新常态"下我国物价水平变动趋势研究——基于开放NPKC模型的分析	《价格理论与实践》	2015年第9期
黄有为	贷款损失准备和盈余平滑——基于国内外资、中资上市和非上市商业银行的研究	《中央财经大学学报》	2016年第6期
黄有为	IPO公司盈余管理行为选择及不同市场间的差异	《会计研究》	2016年第8期
陈蕾	Beta系数跨期时变与公司估值	《统计研究》	2016年第8期
陈蕾	周期性公司估值框架构建	《经济与管理研究》	2016年第9期
苗向荣	我国能耗成效的影响因素分解研究	《自然辩证法研究》	2017年第5期
韦起	险资配置的风险防范	《中国金融》	2017年第12期
刘蕾	图文信息对消费者互动行为及品牌关系的影响	《管理科学》	2018年第1期
韦起	基于Markov-vine copula的我国网贷平台对传统金融机构风险传染效应研究	《系统工程理论与实践》	2018年第2期

第七章
校友发展

第一节 校友总述

校友是学校最宝贵的资源，校友的发展是检验学校办学质量的最重要标准。40年来，8000多名金融校友承载母校和师生的嘱托，用实际行动书写圆梦的华彩，为人类社会的进步和国家经济社会的发展贡献最诚挚的力量，创造了一个又一个辉煌，在全国乃至全球产生了广泛的影响。1978~1980年，中央财经大学在经历了多番曲折后艰辛复校。此期间入学的校友在艰苦的求学环境中深耕钻研，经过困苦磨砺后终在职业生涯中绽放了耀眼光彩，涌现出了以中央全面深化改革委员会办公室副主任穆虹，中国光大集团股份公司监事长、党委副书记朱洪波，中国人民银行原副行长，中国互联网金融协会会长李东荣等为代表的优秀校友。1982~2000年，中央财经大学在学院成立、学科建设方面探索前行；此期间入学的校友，陪伴母校共同成长成熟，凭借勇于探索的干劲在职场中奋斗多年，成为相应领域的中流砥柱，涌现出了一批以中国银河金融控股有限责任公司党委书记、董事长李梅，中国人民银行沈阳分行党委书记、行长朱苏荣，外交部参赞崔东明，上海真爱梦想公益基金会创始人、理事长潘江雪等为代表的优秀校友。2000年以来，中央财经大学在学科建设领域高歌猛进，步入同类学科前沿。此期间入学的校友，身为中财人有着更好的平台与更开阔的视野，他们秉持求实创新的校训不忘初心，砥砺前行，在工作岗位上崭露头角，为整个社会发展贡献力量。

一、峥嵘岁月，融（荣）光绽放：1978～1980级校友的发展

本科校友的发展

1. 年级与专业分布。

从1978级到1980级，金融学院共有校友173人，其中1978级43人，1979级70人，1980级60人。前两年，金融学院一直由金融学专业组成，1980年开始招收国际保险专业。

2. 地区流向分布。

从1978级到1980级，共有校友173人，其中有130人提供就业地区流向信息，占全部校友的75.14%。各年级校友的就业地区去向呈现出多样化分布的特征，但大部分均选择在国内就业。在国内就业的校友中，大多数选择北京作为工作地点，其次是广东、江苏和山东。同时，每一级校友也有相当一部分选择在国外工作，而在国外工作的校友则大多去向美国，占比分别为16.67%，8.51%，11.32%。1978级到1981级各级校友中选择在北京工作校友占比最多，三年分别占比高达60%，44.68%，43.40%。从1978到1981年三年来校友地区流向分布占比的变化趋势来看，选择留在北京的校友所占比例逐年减少（参见图7-1）。

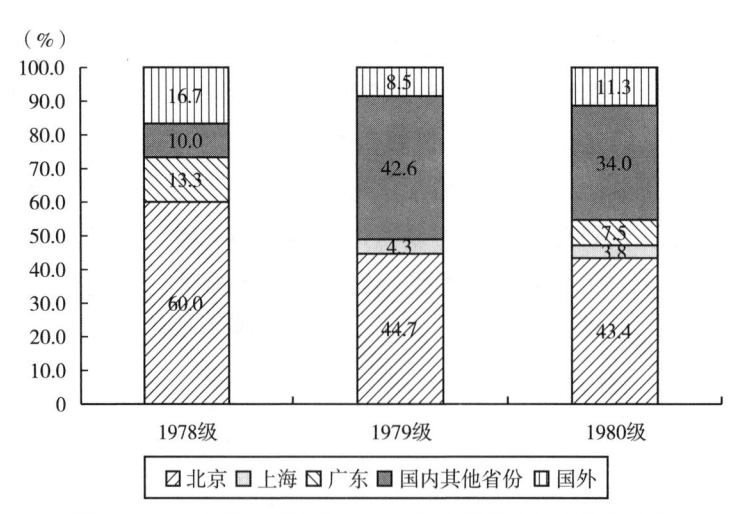

图7-1 1978级、1979级、1980级本科校友地区流向分布

3. 行业统计。

从1978级到1980级，金融学院统计到就业行业信息的校友共有122人，占全部校友人数的70.52%。大部分校友选择在金融行业内工作。在金融行业就业的校友中，在银行业内工作的校友占到了大多数。1978级到1980级各级校友在银行业中的占比分别为40.74%、52.17%、46.94%，三年平均达到了46.62%。此外，选择在证券、基金业和财务公司就业的校友也有一定比例。而选择在非金融业就业的校友中，选择在教育行业就业的居多。从三年来校友就业各行业占比的变化趋势来看，各行业占比变化不大，比较稳定（参见图7-2）。

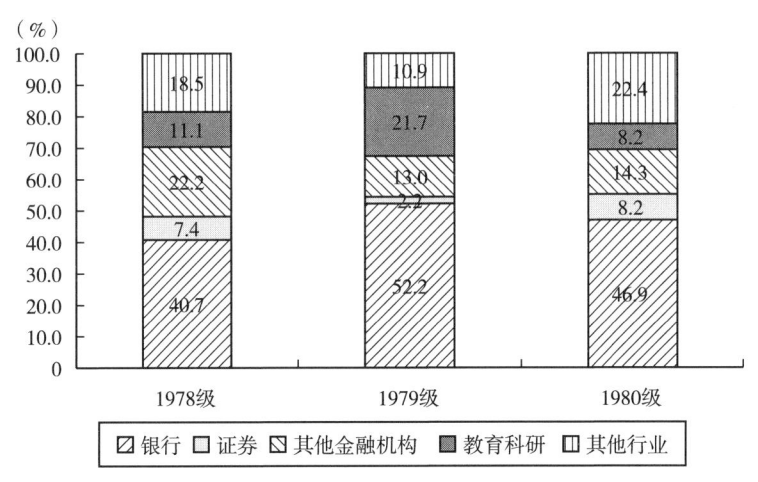

图7-2 1978级、1979级、1980级本科校友行业统计

4. 单位性质统计。

从1978级到1980级，共有校友173人，其中有122人提供就业行业信息，占总人数的70.52%。在提供信息的校友当中，去往国有企业的校友最多，三年占比分别为48.15%、43.48%、53.06%，平均占比为48.23%，而前往其他企业的校友占比最少，三年占比分别为7.41%、13.04%、12.24%，三年平均占比10.56%。三年来看校友就业单位性质结构占比基本稳定（参见图7-3）。

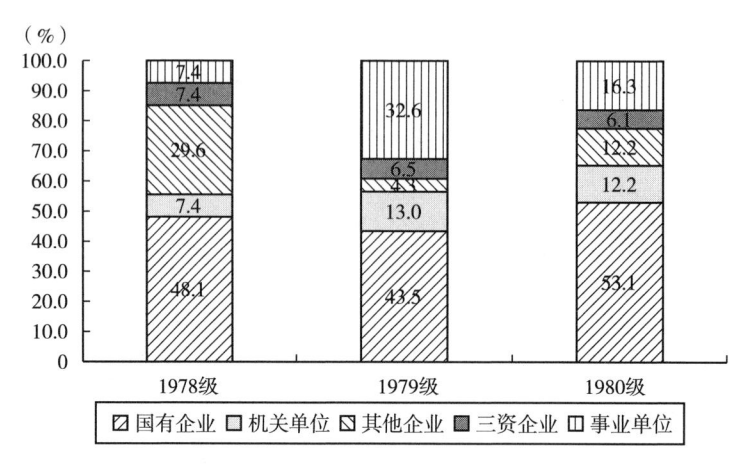

图 7-3 1978 级、1979 级、1980 级本科校友单位性质统计

二、流金岁月，锦绣前程：1982~2000 级校友的发展

（一）本科校友的发展

1. 年级与专业分布。

从 1982 级到 2000 级，金融学院统计到信息的校友共有 2091 人，校友规模呈现出历年增加趋势。除了 1985 年组建专科班外，金融学院一直主要由金融学含金融、货币银行学和国际金融专业组成[①]。其中，金融学专业的校友人数在 1982 级~1998 级间一直在 45 人左右，1998~2000 级出现了显著增加，2000 级金融学专业校友大幅度增加至 144 人；国际金融专业的校友人数在 1983~1997 级则一直呈现显著上升趋势，而在 1998~2000 级显著下降（参见图 7-4）。

2. 地区流向分布。

从 1982 级到 2000 级，金融学院统计到信息的校友共有 2091 人，其中有 1740 人提供就业地区流向信息，分别去往国外和全国多个省、直辖市、自治

---

① 1978~1982 年，学院本科专业为金融；1983~1987 年本科专业为金融与国际金融；1988~1992 年本科专业为金融学与国际企业；1993~1998 年本科专业为货币银行学与国际金融；1999 年开始为金融学。1986 年金融系保险教研室分离组建保险系，因此本次统计只涉及金融学和国际金融专业校友，未涉及保险系校友。

区。其中留在北京就业的校友最多，且18年来从人数上呈现出明显的上升趋势；广东次之，18年来每年前往广州就业的校友数量在1982~1990年间有明显的上升趋势，而后稳定在10人左右的水平，而去往国内其他省份与出国的人数也占有较高比例（参见图7-5）。

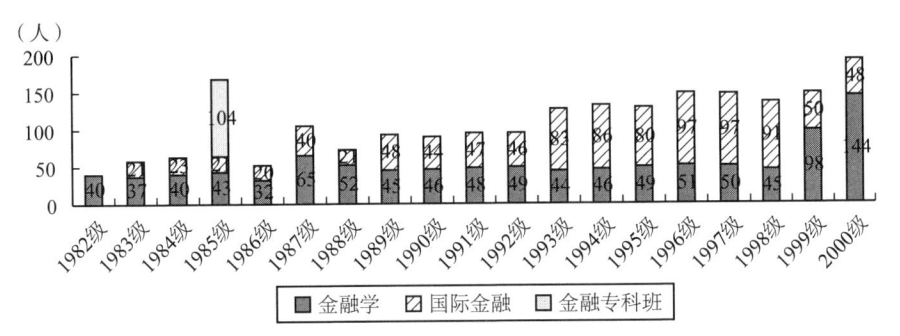

图7-4 1982~2000级本科校友年级与专业分布

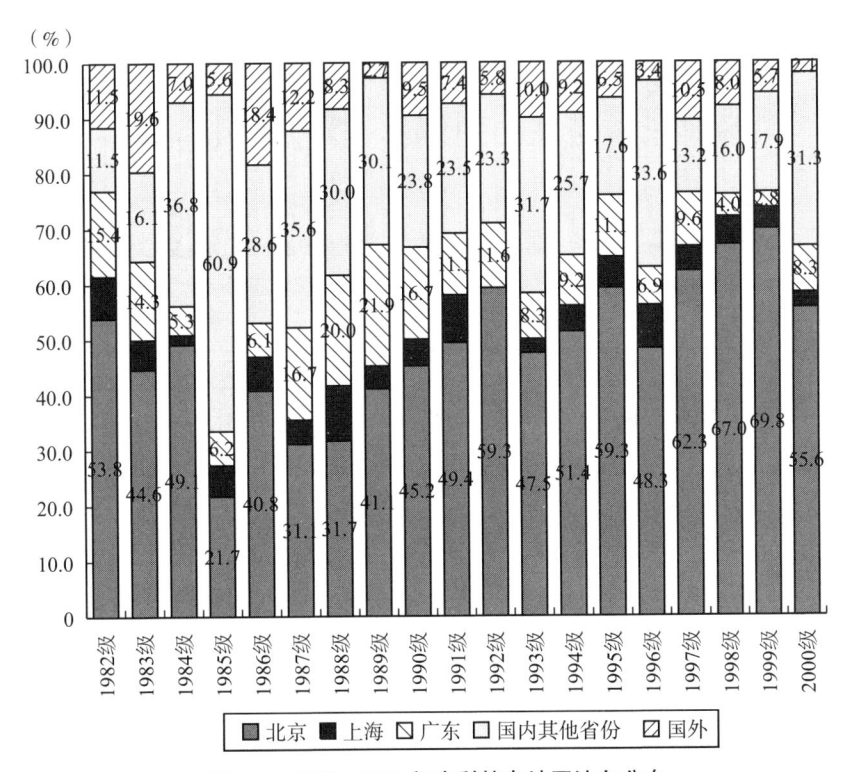

图7-5 1982~2000级本科校友地区流向分布

3. 行业统计。

从 1982 级到 2000 级，共有校友 2091 人，其中有 1751 人提供就业行业信息，336 人的就业信息空白，分别去往国外和全国多个省、直辖市、自治区。其中超过一半以上的校友从事银行业、证券业、保险业，其中从事银行业的校友依旧最多，其次是证券业和其他金融行业。应当注意的是，从事教育科研的校友占有相当一部分的比例，并且不论是在绝对数量上，还是在占当年毕业校友比例的相对数量上都有明显地增长趋势（参见图 7-6）。

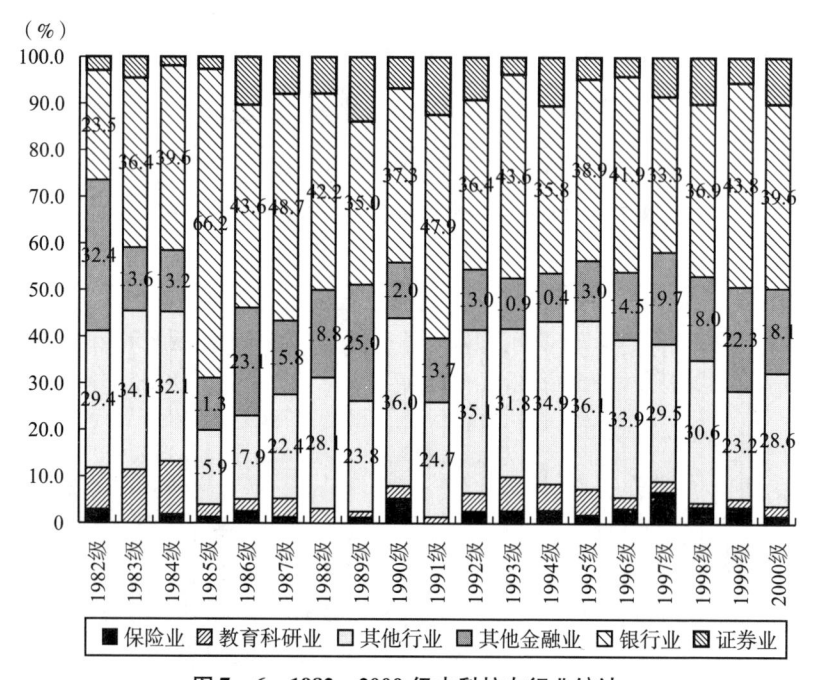

图 7-6 1982~2000 级本科校友行业统计

4. 单位性质统计。

从 1982 级到 2000 级，共有校友 2091 人，其中有 1829 人提供就业行业信息，262 人的就业信息空白，分别去往国外和全国多个省、直辖市、自治区。其中超过 69% 的校友在国有企业，机关与事业单位工作，其中在国企的工作的校友最多。1985 级在国企工作的校友人数达到峰值，高达 123 人（参见图 7-7）。

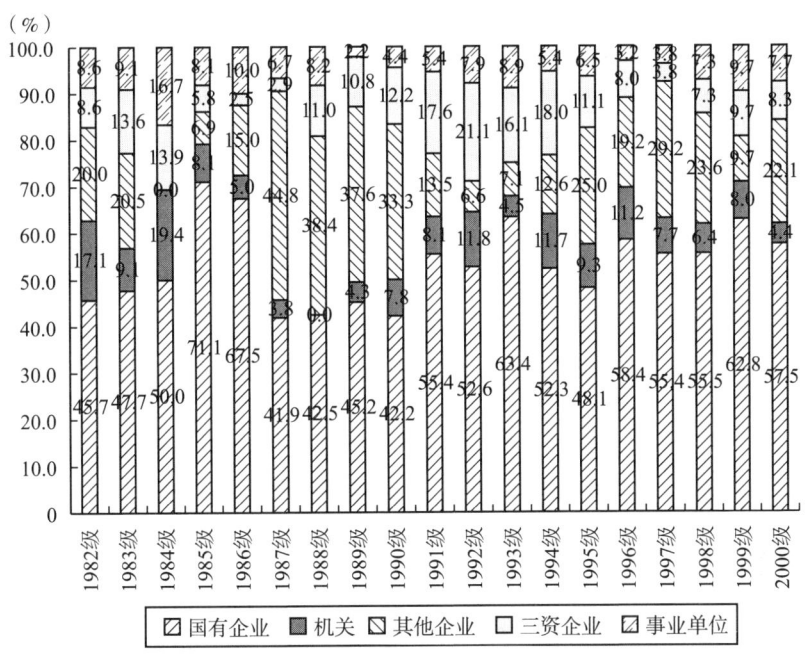

图 7-7　1982~2000 级本科校友单位性质统计

(二) 硕士校友的发展

1. 年级与专业分布。

从 1983 级到 2000 级，金融学院共有校友 276 人，由货币银行学、国际金融和金融学 3 个专业组成。这 18 年的时间里，金融学专业的校友呈现显著上升的趋势，2000 级金融学专业校友大幅度增加至 51 人①（参见图 7-8）。

2. 地区流向分布。

从 1983 级到 2000 级，金融学院共统计校友 276 人，其中有 212 人提供就业地区流向信息，64 人的就业信息空白，历届校友分别去往国外和全国多个省、直辖市、自治区，其中超过 80% 的校友去往北京、广东、上海、天津、香港、南京等省市和特别行政区，以及加拿大、美国、澳大利亚等国家，其中留在北京就业的校友最多，其次是广州和上海（参见图 7-9）。

---

① 1986 年金融系保险教研室分离组建保险系，因此本次统计只涉及金融学和国际金融专业校友，未涉及保险系校友。

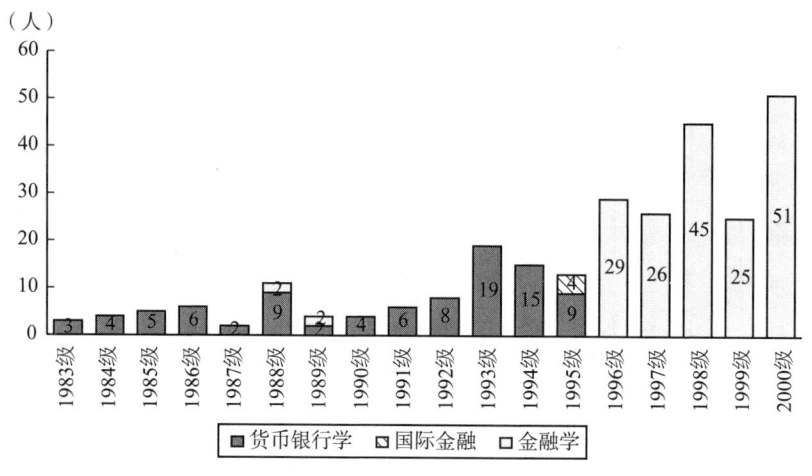

图 7-8　1983~2000 级硕士校友年级与专业分布

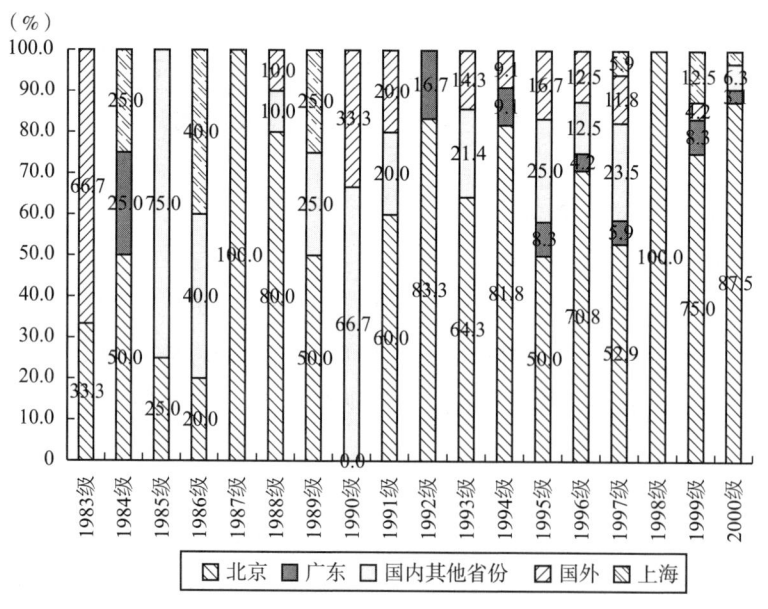

图 7-9　1983~2000 级硕士校友地区流向分布

3. 行业统计。

从 1983 级到 2000 级，共有校友 276 人，其中有 269 人提供就业行业信息，7 人的就业信息空白，分别去往国外和全国多个省、直辖市、自治区。18 年来平均超过 68% 的校友从事金融相关的银行业、证券业、保险业和其他金融业，其中从事银行业的校友最多，而有将近9%的校友从事教育科研业，表明学校相对具有良好的学术氛围，校友有着崇高的学术追求（参见图7-10）。

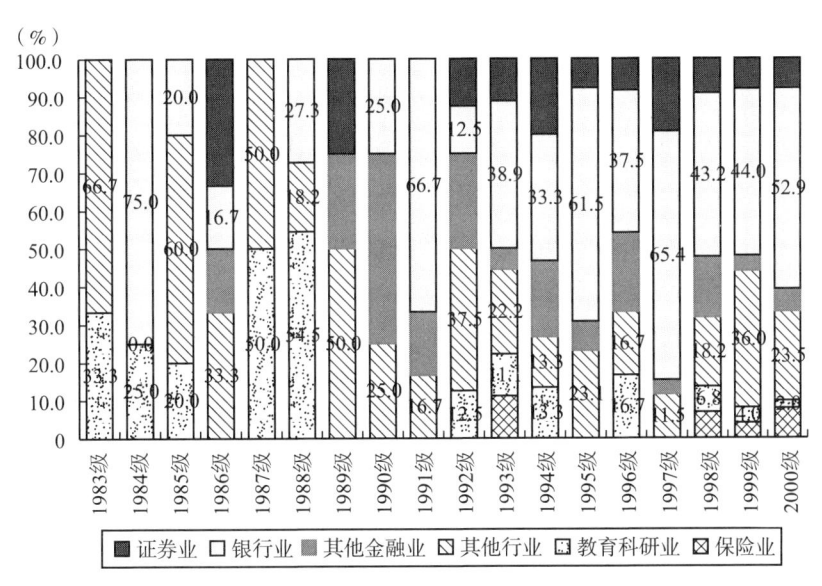

图7-10 1983~2000级硕士校友行业统计

4. 单位性质统计。

从1982级到2000级，金融学院共统计校友276人，其中有261人提供就业行业信息，15人的就业信息空白，分别去往国外和全国多个省、直辖市、自治区，其中超过90%的校友在国有企业，机关与事业单位，民营企业与合资企业工作，其中在国企的工作的校友最多，其次是事业单位和三资企业。2000级在国企工作的校友人数达到峰值，高达37人，而前往其他企业性质的校友占比也呈基本稳定的发展态势（参见图7-11）。

（三）博士校友的发展[①]

1. 年级与专业分布。

从1999级到2000级，金融学院统计共有4位博士校友，其中3人提供就

[①] 由于1999~2000年为学校博士生招生的初始阶段，招生人数较少。因此不另外用图表进行展示。

业信息。由于处于博士招生的初始阶段,招生人数较少,招生专业均为金融学。

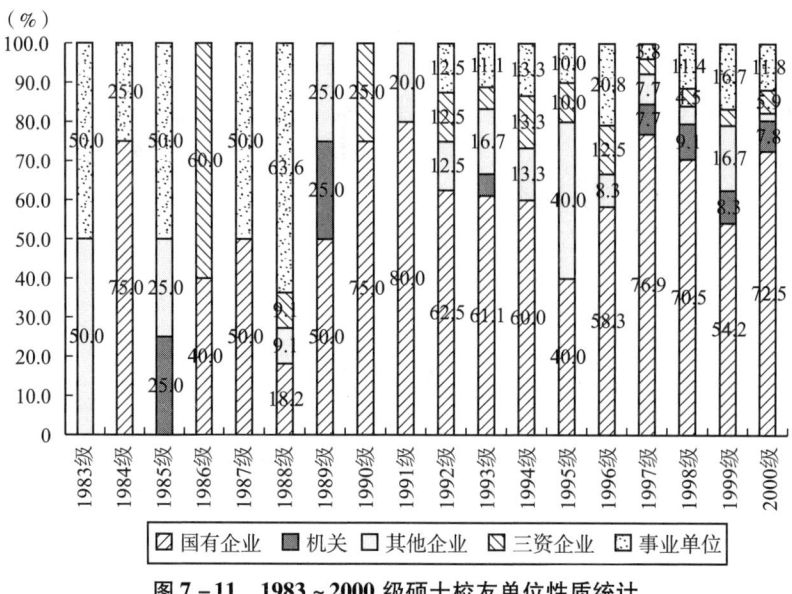

图 7-11 1983~2000 级硕士校友单位性质统计

2. 地区流向分布。

从 1999 级到 2000 级,金融学院统计共有 4 位博士校友,其中 3 人提供就业信息。在国内就业的校友中,选择在北京工作的博士校友占比最多,达到了 66.7%。

3. 行业统计。

从 1999 级到 2000 级,金融学院统计共有 4 位博士校友,其中 3 人提供就业信息。在保险业和教育科研业工作各有 1 人,在联合国工作 1 人。

4. 单位性质统计。

从 1999 级到 2000 级,金融学院统计共有 4 位博士校友,其中 3 人提供就业信息。2 人在事业单位工作,1 人在国有企业工作。

三、不忘初心,砥砺前行:2001~2014 级校友的发展

(一) 本科校友的发展

1. 年级与专业分布。

从 2001 级到 2014 级,金融学院统计到信息的校友共有 3031 人,各年度校

友人数呈现出明显波动，其中，2001级至2006级校友人数上升至309人，2007级突然大幅下降至160人，并连续4年在160人左右，2011级校友人数回升至257人，其后一直稳定在250人左右。从专业分布上来看，在2008级及以前，金融学专业校友均占到绝大多数。在2009级及之后，金融工程专业校友人数逐渐增加，与金融专业校友人数持平，而国际金融学专业人数则相对保持不变。2000级到2014级各级校友中金融专业校友占比最多，达到了57.34%[①]（参见图7-12）。

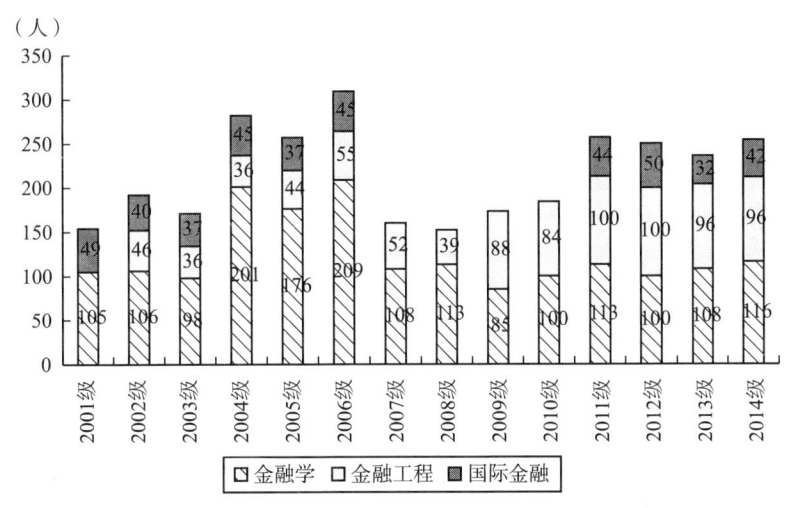

图7-12 2001~2014级本科校友年级与专业分布

2. 地区流向分布。

2001级到2014级的校友共有3031人，提供就业地区信息的校友共有2514人，占全部校友人数的82.9%。各年级校友的就业地区去向呈现出多样化分布的特征，但大部分均选择在国内就业。在国内就业的校友中，绝大多数选择北京作为工作地点，占比达到52.5%，其后依次为广东、上海、浙江。同时，每一级校友也有相当一部分选择在国外工作，而在国外工作的校友则大多去向为美国。纵向来看，历届本科校友的就业地区分布比较稳定，留在北京的校友占比始终在50%上下浮动，去往国内其他省份的校友比例相对波动较大，历年来从18.3%到41.9%不等（参见图7-13）。

[①] 2010年国际经济与贸易系分离组建国际经济与贸易学院，因此本次统计只涉及金融学和国际金融专业校友，未涉及国贸校友。

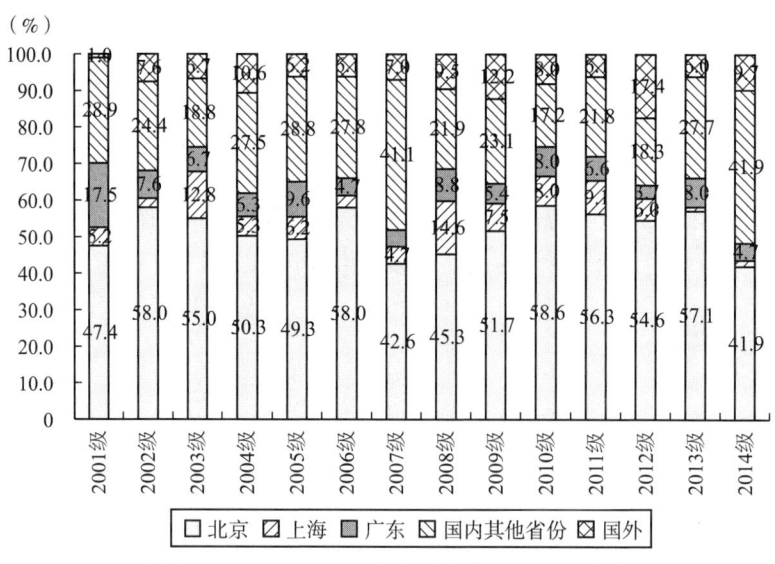

图 7-13 2001~2014 级本科校友地区流向分布

3. 行业统计。

2001 级到 2014 级的校友共有 3031 人，提供就业行业信息的校友共有 2641 人，占全部校友人数的 87.1%。历届校友在金融及其他行业中均有涉猎，其中大部分校友选择在金融行业内工作。在金融行业就业的校友中，在银行业内工作的校友占到了大多数，占提供信息的校友的比例为 25.6%。此外，选择在其他金融业、证券业就业的校友也有一定比例，分别为 17.9%、8.7%。纵向来看，从 2010 年起至 2014 年，校友本科毕业后选择国内读研、国外留学的人数显著增加，使教育科研行业比例显著上升[①]（参见图 7-14）。

4. 单位性质统计。

2001 级到 2014 级的校友共有 3031 人，提供就业行业信息的校友共有 2479 人，占全部校友人数的 81.8%。在各级校友中，选择在国有企业就业的校友人数最多，高达 1051 人，占比 42.40%。从趋势来看，2011 年及以前国有企业校友占比一直稳定在 50% 左右，2012 年突然出现显著降低，从 2011 年的 53.4% 降至 16.8%，其后两年更是降低到了 8.4%；反之，从 2010 年起，本科校友毕业后选择升学的人数显著提升，事业单位比重因此逐年攀升[②]（参见图 7-15）。

---

① 在就业行业的统计中，毕业选择国内读研或国外留学的校友都被统计于教育科研行业类。
② 在就业单位性质的统计中，毕业选择国内读研或国外留学的校友都被统计于事业单位类。

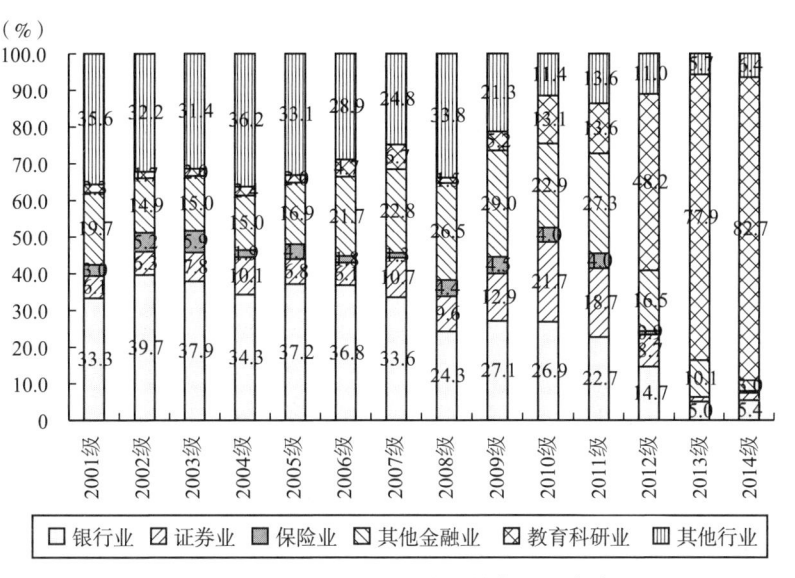

图 7-14 2001~2014 级本科校友行业统计

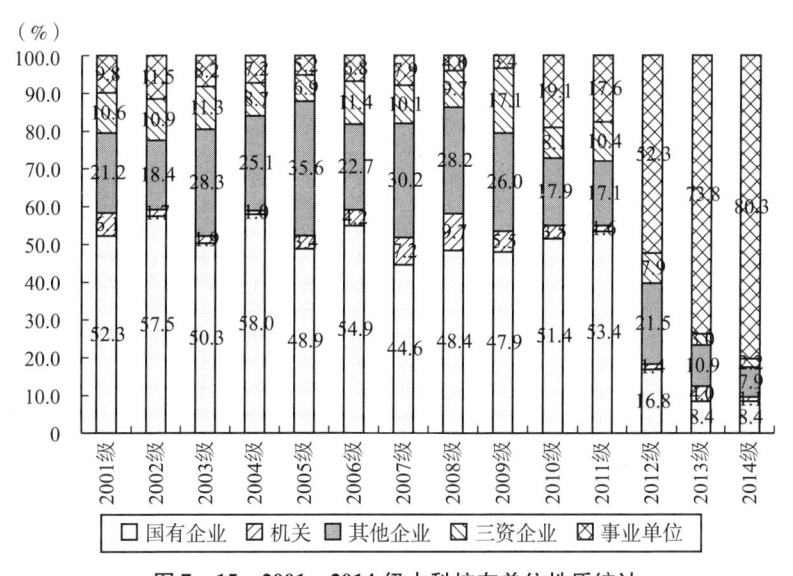

图 7-15 2001~2014 级本科校友单位性质统计

（二）硕士校友的发展

1. 年级与专业分布。

从 2001 级到 2016 级，金融学院统计到信息的硕士校友共有 2404 人。从规模上来看，2001 年至 2013 年，校友规模基本呈现出逐渐增加的趋势，仅在

2004年及2008年出现了比较明显的下降;2013年以来,校友规模则呈现出一定的下降趋势,从2013年的229人下降至2016年的133人。从专业分布上来看,金融学专业的硕士校友占到了绝大多数,达到了79%,其他各专业的硕士校友每级人数保持在10~60人[①](参见图7-16)。

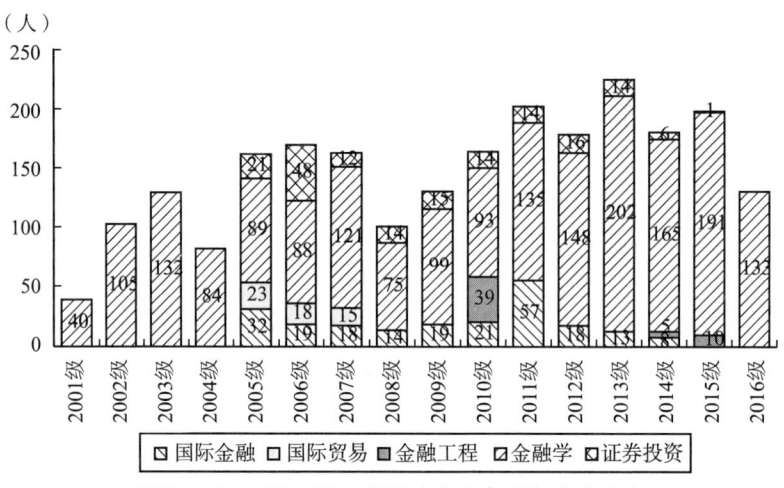

图7-16 2001~2016级硕士校友年级与专业分布

2. 地区流向分布。

从2001级到2016级,金融学院共统计校友2404人,其中有2135人提供就业地区流向信息,占校友统计总人数的88.81%。历届校友分别去往国外和全国多个省、直辖市、自治区,其中选择留在北京工作的硕士校友人数占比最多,达到了64.4%,广东和上海分列其后,而毕业后流向海外的人数最少,大多数硕士校友都没有选择出国深造,而是选择留在国内工作。从趋势来看,除2009年及2015年以外,硕士校友的地区流向分布都比较稳定,留京人数占比始终在70%上下波动;而2009年与2015年去往国内其他省份的人数显著增加,可能与当年的生源分布与就业形式有关(参见图7-17)。

3. 行业统计。

从2001级到2016级,金融学院统计到就业信息的硕士校友共有2404人,其中有2371人提供就业行业信息,占校友统计总人数的98.63%。从行业分布上来看,硕士校友的就业呈现出多元分布的特征,不仅活跃在金融行业,也在其他

---

① 2010年国际经济与贸易系分离组建国际经济与贸易学院,因此本次统计不涉及国贸系校友。

行业崭露头角。其中，大部分校友选择在金融业内工作，其中又以在银行业内工作的校友人数最多，占比达到了37.8%，其次依次为证券业与保险业。从趋势来看，硕士校友历年来的行业分布比较稳定，银行业校友占比一直维持在40%左右，其他金融业占比波动性稍大，从5.8%到31.6%不等（参见图7-18）。

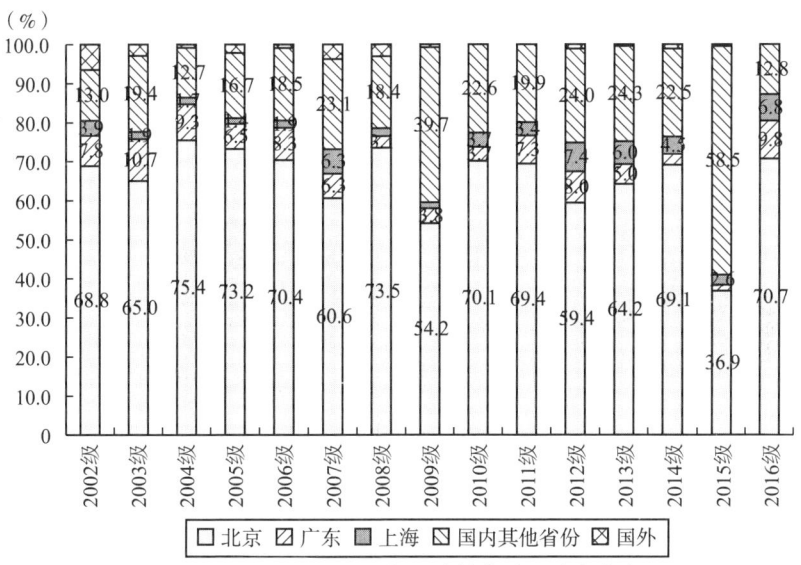

图7-17 2002~2016级硕士校友地区流向分布

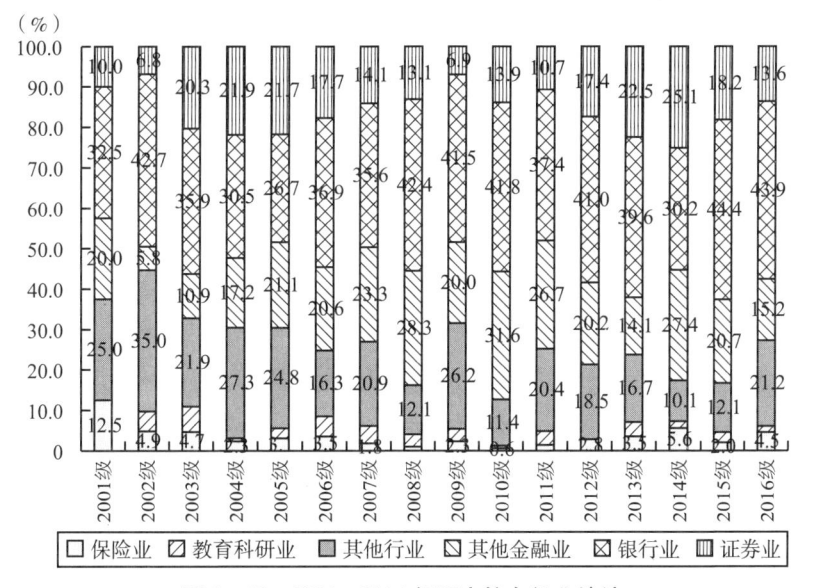

图7-18 2001~2016级硕士校友行业统计

4. 单位性质统计。

从 2001 级到 2016 级，金融学院统计到就业信息的校友共有 2404 人，其中有 2256 人提供就业单位性质信息，占校友统计总人数的 93.84%。各级硕士校友在机关事业单位、国有企业、三资企业及其他企业等多种性质的单位中均有就职，其中，以在国有企业就职的硕士校友人数为最多，达到了 66.2%。从趋势来看，各单位性质的校友人数占比呈现出一定的波动性，但总体比较稳定，国有企业的人数占比一般在 65% 上下波动，而其他企业人数占比的波动性较大，最高在 2013 年达到 37.6%，最低在 2004 年仅有 2.3%（参见图 7-19）。

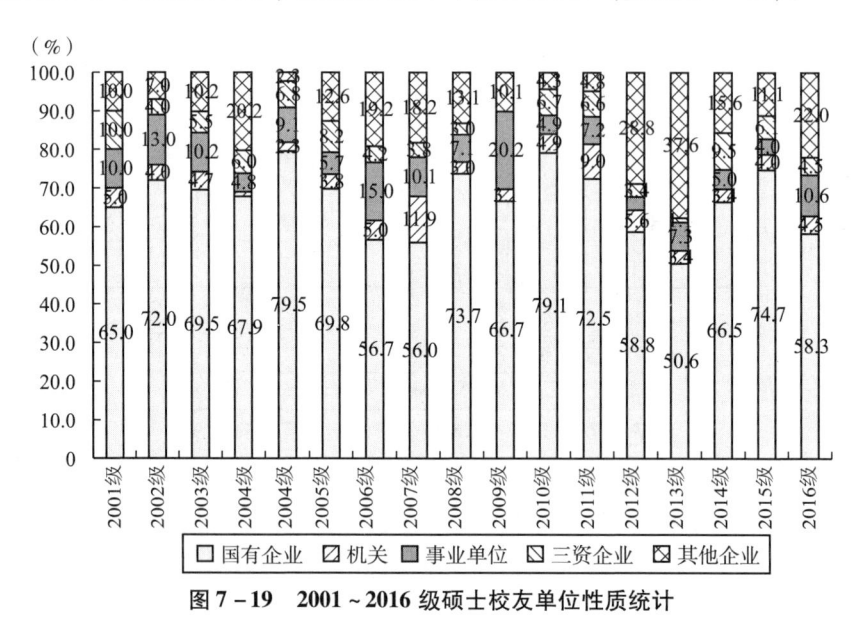

图 7-19 2001~2016 级硕士校友单位性质统计

（三）博士校友的发展

1. 年级与专业分布。

从 2001 级到 2016 级，金融学院统计博士校友共有 286 人，其中统计到就业信息的校友共 283 人，占校友统计总人数的 98.95%。2001 年至 2010 年，博士校友人数呈现出显著的增长趋势，并于 2010 年达到了历年最多的 35 人，其后三年，每级博士校友均在 27 人左右，2014 年突然下降至 13 人。从专业分布上来看，金融学专业的博士校友占到了绝大多数，占比达到 91.5%（参见图 7-20）①。

---

① 2010 年国际经济与贸易系分离组建国际经济与贸易学院，因此本次统计不涉及国贸校友。

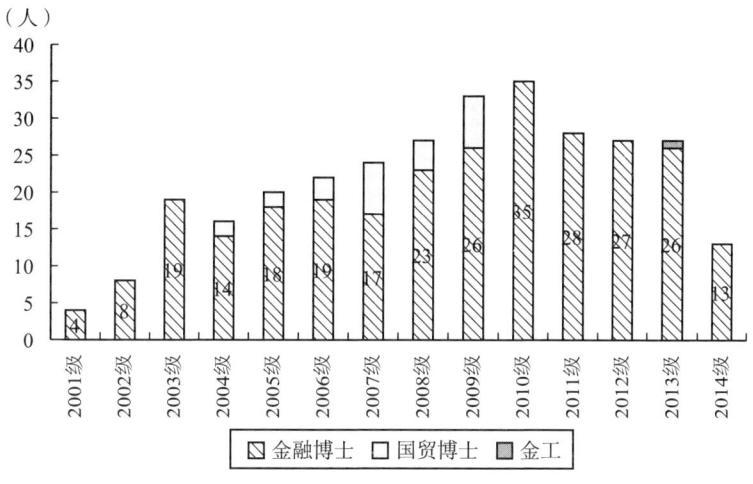

图 7-20 2001~2014 级博士校友年级与专业分布

2. 地区流向分布。

从 2001 级到 2016 级，金融学院统计博士校友共有 286 人，其中 283 人有就业信息，占校友统计总人数的 98.95%。各年级校友的就业地区去向呈现出多样化分布的特征，但大部分均选择在国内各省份就业。在国内就业的校友中，选择在北京工作的博士校友最多，占比达到 30%，剩余 70% 大多选择去往除广东、上海以外的省份就业。从趋势来看，历年的博士校友地区分布呈现出明显的波动性，其中去往国内其他省份的校友人数波动性最大，最高在 2009 及 2010 年达到了 100%，最低在 2005 年仅占比 20%（参见图 7-21）。

3. 行业统计。

从 2001 级到 2016 级，金融学院统计博士校友共有 286 人，其中 283 人有就业信息，占博士校友统计人数的 98.95%，其中，选择在教育行业就职，从事教学科研工作的校友人数最多，占到了 33.5%。此外，也有众多博士校友选择在各类金融行业工作，在这些行业中，在银行业工作的校友人数最多，占比 46%。纵向来看，博士校友的就业行业分布呈现出多样化的趋势，从 2001 年博士校友全部投身于教育科研行业，到 2003 年去往教育科研、银行、证券、保险等多种行业，博士校友的就业去向越来越丰富多样（参见图 7-22）。

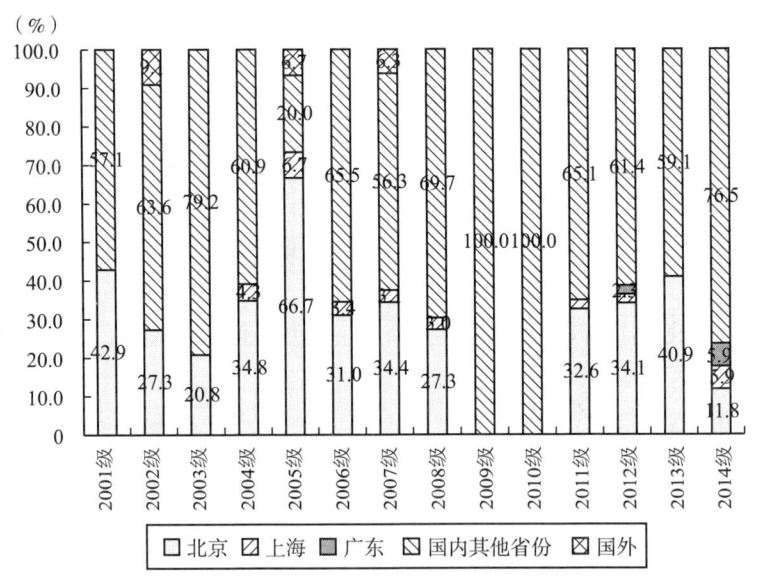

图 7-21 2001~2014 级博士校友地区流向分布

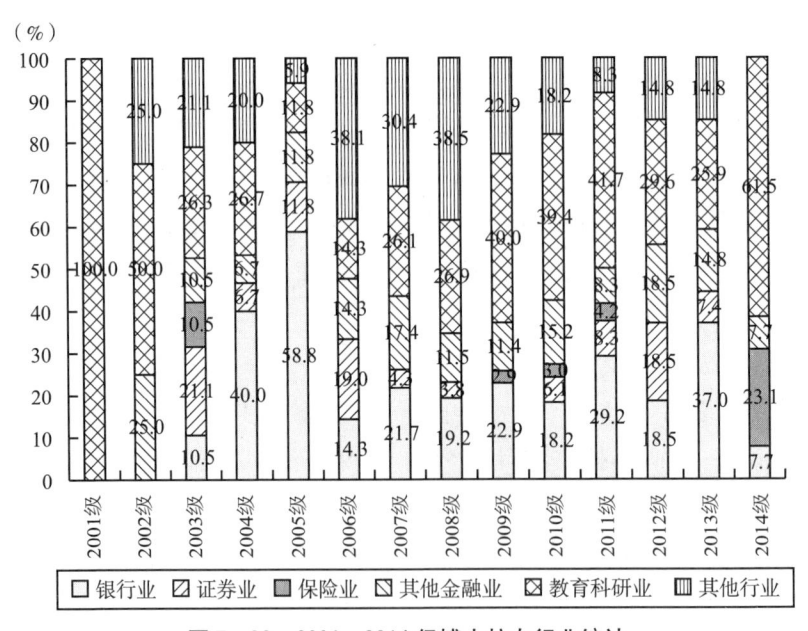

图 7-22 2001~2014 级博士校友行业统计

4. 单位性质统计。

从 2001 级到 2016 级，金融学院统计博士校友共有 286 人，其中 283 人有就业信息，占博士校友统计人数的98.95%。各级博士校友在机关事业单位、国有企业、三资企业及其他企业等多种性质的单位中均有就职，其中，在国有企业就职的博士校友人数最多，达到了41.7%。纵向来看，各级博士校友去往各性质单位占比的波动性较大，各级校友的就业选择有较大差异性（参见图7-23）。

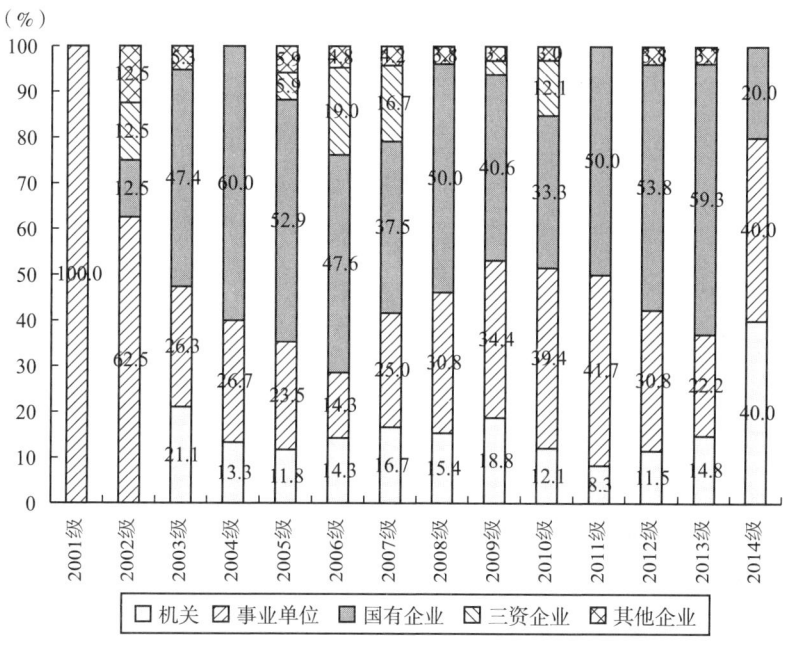

图7-23 2001~2014级博士校友单位性质统计

第二节 杰出校友

★ 穆虹，中央财经大学金融学院1978级金融专业本科校友，中共十八大、十九大代表，中共十九届中央委员。现任中央全面深化改革委员会办公室主持常务工作的副主任（正部长级），国家发展和改革委员会副主任、党组副书记，曾在国家计划委员会、国家发展计划委员会、广西壮族自治区政府等单位工作。

★ 牛锡明，中央财经大学金融学院1979级金融专业本科校友，工学硕士，湖南大学兼职教授、中央财经大学客座教授，享受国务院政府特殊津贴。

2017年当选为党的十九大代表，现任全国政协十三届委员，历任交通银行行长、董事长，中国工商银行副行长，中国城市金融学会常务理事，上海金融业联合会理事长。

牛锡明参加金融工作30多年来，见证和参与了中国金融改革的全过程，参加了中国商业银行股份制改革的全过程。主持建立了工商银行的贷款风险管理体系、交通银行的绩效考核体系，交通银行体制机制改革的各项工作。共发表学术论文80多篇，计50多万字，著有专著《商业银行系统化绩效考核》《创新超越——大型商业银行深化改革与转型发展》等。

★朱洪波，中央财经大学金融学院1979级金融专业本科校友，经济学学士。现任中国光大集团股份公司党委副书记、监事长、集团工会委员会主席、总部机关党委书记，曾在中国农业银行、中国建设银行等单位任职。

朱洪波在农行股改上市前夕，被委任为分管"三农"事务的副行长。在其任上，农行对于是否做"三农"基本统一思想，并在多省市进行了试点。任职建设银行期间，建行历史性地担任了中石化35亿美元全球银团和50亿美元全球债券发行的核心角色，并获任伦敦人民币业务清算行，成为亚洲以外国家和地区的第一家人民币清算行，冲破了国际先进银行的传统垄断地位。而加入光大的时间节点则正值光大集团11年重组刚刚落地，处于由"国有独资企业"改制为"股份制公司"，并酝酿整体上市的关键时期。

★李东荣，中央财经大学金融学院1980级金融专业本科校友，经济学博士，教授，研究员，博士生导师。现任中国互联网金融协会会长，中国人民银行金融研究所博士后科研流动站学术委员会委员。曾任国家外汇管理局副局长、全国金融标准化技术委员会主任委员和国家禁毒委员会委员、中国人民银行原副行长、党委委员。

李东荣长期从事外汇管理、反洗钱、货币流通和货币政策工作，并对互联网金融、金融科技、数字普惠金融等领域的工作有扎实的理论和实践基础。李东荣是中国互联网金融协会首任会长，出席过全球金融科技峰会、博鳌亚洲论坛等重要会议，系统提出了诸如"金融科技创新应将有利于提升服务实体经济水平、有利于提高金融风险管控能力、有利于加强金融消费者保护这'三个有利于'作为评价标准""金融科技应实施穿透式监管、一致性监管、协同式监管、持续性监管和创新式监管"等重要观点和政策建议，并带领中国互联网金融协会围绕"服务监管、服务行业、服务社会"职责定位，持续推动行业统计监测、信息共享、登记披露、反洗钱和反恐怖融资网络监测、非法金融活动举报、标准规则制订、消费者保护和风险教育等行业自律工作，致力于构建符合中国国情、具有国际示范效应、适应数字化时代要求的金融科技自律管理框架，从学术理论和实践探索层面为促进我国金融科技规范健康可持续发展积极贡献力量。

★ 储晓明，中央财经大学金融学院1980级金融专业本科校友，工商管理专业硕士，高级经济师，上海市第十四届、十五届人民代表大会代表。现任申万宏源集团股份有限公司和申万宏源证券有限公司党委书记、董事长，曾在中国工商银行、中海信托、申银万国证券等单位任职。

储晓明在担任中海信托总经理期间，公司管理信托资产规模突破千亿元，见证公司与全国社保基金理事会携手，成为首家运用全国社保基金投资实业领域的信托公司。在申银万国证券担任党委书记、总经理期间，储晓明参与领导申银万国吸收合并宏源证券并实现上市的工作，此系我国证券行业有史以来规模最大的市场化并购案。通过积极推进重组整合和转型发展的双线工作，公司各项指标位居行业前列，保持连续8年分类评价A类AA级的行业最高评级。

★ 柯卡生，中央财经大学金融学院1980级金融专业本科校友，高级工商管理（EMBA）硕士。现任中央财经大学教育基金会理事长、花样年集团（中国）有限公司执行董事、中粮信托有限公司独立董事等职务，曾在中国人民银行、中国银行业监督管理委员会、中国华融资产管理股份有限公司任职。

柯卡生具有丰富的央行基层工作经验和金融监管工作经验，经历多岗位、多领导层次锻炼，在亚洲金融危机发生后，参与处置和化解广东、广西、海南三省区地方中小金融机构风险，积极加强与地方政府、央行等有关部门的沟通，创造性地开展工作，取得良好的工作成绩。在银监会担任非银行金融机构监管部主任期间，坚持科学审慎监管理念，在提高自身的监管能力和非银行机构的发展质量、发展水平和核心竞争力方面做了大量工作。组织参与信托公司、企业集团财务公司、金融租赁公司、汽车金融公司和消费金融公司等一系列管理法律、规章的修改和制定工作，组织参与化解多年积累的33家信托公司、企业集团财务公司和金融租赁公司的金融风险工作，工作成绩得到银监会党委的肯定。在担任中国华融执行董事、总裁期间，顺利完成引进战略投资者、在中国香港发行美元债券和成功上市等工作，为公司规范运作和快速发展做出了重要贡献。

★ 陈锦魁，中央财经大学金融学院 1982 级金融专业本科校友，经济学硕士，2017 年被上海市评为金融行业领军金才。现任太平石化金融租赁有限责任公司董事长、党委书记，曾在中国农业银行、太平投资控股有限公司、太平养老保险股份有限公司、太平财产保险有限公司等单位任职。

陈锦魁 1989 年入职后，先后在银行、资管、保险、租赁等多个领域参与、管理工作，具有丰富的金融从业经验。近年来，在其领导下，太平石化金租蓬勃发展，成为一家国内领先、国际一流的全球性融资租赁企业，在非银系同业中名列前茅。公司管理规范、专业进取，填补了我国海外飞机租赁项目的空白；并积极响应国家号召，向绿色信贷、民生工程等领域加大投放，落实污染防治攻坚战和基础设施补短板等重点任务。2018 年，公司先后获得上海浦东新区 2017 年"金融业突出贡献奖"、2018 中国租赁年会"最佳一带一路金融服务奖"等荣誉。

★ 李梅，中央财经大学金融学院 1982 级金融专业本科校友，管理学博士，西南财经大学兼职教授、硕士生导师，中央财经大学金融学院业界导师。现任中国银河金融控股有限责任公司党委书记、董事长，曾在中国人民银行总行、国泰君安证券股份有限公司、申万宏源证券有限公司等单位任职，曾担任上海证券交易所会员理事代表、市场交易管理委员会主任委员等。

1999 年李梅作为班子成员参与了国泰证券和君安证券的合并，经过国泰君安数代领导班子的努力，国泰君安的综合实力现已稳居行业前三。2014 年底李梅被中投公司党委派到申万宏源任职，2015 年初申万宏源正式在深交所挂牌，诞生了当时深交所市值最大的上市公司。2018 年李梅回到中国银河金融控股有限责任公司任职，正式开启了这家由国务院批准的中国第一家"金融控股"公司的转型复兴之路。李梅在三十余年的金融从业生涯中，始终专注于国际一流证券公司的建设及金融机构健康良性的发展，以一以贯之的坚定政治信仰，牢记作为党员干部的初心和使命，从理想信念、政治站位、责任担当、能力素养、作风修养等方面不断实现自我提升，担负起党和人民赋予的职责和责任，多次在中国国际金融论坛、中国互联网金融论坛、新三板创新业务金融论坛等场合发表重要观点。

★ 缪建民，中央财经大学金融学院 1982 级国际保险专业本科校友，经济学博士，研究生导师，中国共产党第十九届中央委员会候补委员。现任中国人民保险集团股份有限公司党委书记、董事长，中国保险资产管理业协会会长，曾任B20（二十国集团工商界组织）金融促发展工作组主席，曾在香港中保集团、中保国际控股有限公司、太平保险有限公司、中国人寿保险（集团）公司、中国人寿资产管理有限公司等单位任职。

缪建民于2007年被评为中国保险业十大年度人物，2009年被评为"新世纪百千万人才工程国家级人选"，并被评为"新中国60年中国保险60人"之一，2010年被新华社和经济参考报中国经济发展论坛评为2010年中国经济优秀人物。缪建民具有丰富的境内外保险及资产管理经验。目前在中国社科院、清华大学五道口金融学院、北京大学经济学院及中央财经大学等学校担任研究生导师，著有《大时代的小思考》《欧元的使命与挑战》《保险资产管理的理论与实践》等书，并就国内外宏观经济、金融市场发表了许多专业文章。多次担任中国ABAC候补代表，代表中国金融业参与APEC有关磋商与会谈。深度参与中国保险市场发展创新，致力于资产投资管理等领域研究与实践。任职期间，领导人保集团拓展"支农支小"业务，为农民增收脱贫提供融资支持，向民营企业、小微企业提供基金助力，切实解决中国实体经济发展问题。

★涂莹，中央财经大学金融学院1982级金融专业本科校友，经济学学士。现任中华人民共和国审计署外交审计局局长，曾任职于中华人民共和国审计署科学技术审计局。

涂莹于审计署成立三年之际便加入其中，扎根审计工作三十余年。工作期间曾对部分行政事业单位，以及包括科学技术部、国家知识产权局、国家自然科学基金会、中国科学院、中国社会科学院、中国工程院、中国科学技术协会等在内的科学技术部门（单位）及其下属单位在预算执行、决算（草案）和其他财政财务收支等方面多次开展相关专项审计调查工作，见证了我国审计事业由雏形不断发展、羽翼渐丰的全过程。之后将对外交部、中央人民政府驻香港特别行政区联络办公室、中央人民政府驻澳门特别行政区联络办公室、中国人民对外友好协会等外交外事部门（单位）及其下属单位开展审计调查工作，为我国统一高效审计监督体系的构建贡献力量。

★朱苏荣，中央财经大学金融学院1982级金融专业本科校友，经济学学士学位。现任十三届全国人大代表，丝路基金会董事，中国人民银行沈阳分行党委书记、行长，曾在中国人民银行国库局、乌鲁木齐中心支行（国家外汇管理局新疆分局）工作。

朱苏荣曾任中国人民银行国库局副局长，工作十分干练，在打造丝绸之路经济带核心区的进程中,新疆提出了"五个中心"的建设目标,其中之一的建设"区域性金融中心"正是朱苏荣在 2014 年提出的,她认为此举"将加速货币、资本、技术、服务等各类要素在成员国之间自由流动,大幅提升新疆对外开放水平和发展层次,大大缩短新疆融入区域经济一体化及经济全球化进程。"2018 年 3 月 5 日,十三届全国人大一次会议在北京召开,时任中国人民银行沈阳分行党委书记、行长的朱苏荣,作为新当选的来自辽宁金融系统的唯一一名女代表参加了会议。

★ 倪海东,中央财经大学金融学院 1983 级金融专业本科校友,法学博士,研究员,北京市海淀区人大代表。现任北京语言大学党委书记,曾在中央财经大学任校党委副书记,曾任中国行政管理体制改革研究会常务理事,北京高校统一战线理论与实践研究会常务理事,全国高等财经教育研究会党建工作专业委员会副主任委员等。

倪海东在高等教育管理、人力资源管理领域颇有建树,自 1987 年以来在《中国行政管理》《中国高等教育》《中央财经大学学报》《海南大学学报》《光明日报》《中国教育报》等刊物上发表学术文章近 30 篇,主编和参编学术论著 5 部,主持和参与课题研究 7 项。倪海东将自我的价值寓于高校教育管理之中,在中央财经大学履职的近三十年,兢兢业业,展现出极高的职业素养与政治思想水平。

★ 刘央,中央财经大学金融学院 1984 级国际金融专业本科校友,经济学学士。现任西泽投资集团董事局主席及投资总监,历任中信集团总部信潮中国投资基金(中信中外合资封闭式基金)经理、首域香港投资总监。

刘央在投资领域成就卓越,在 2009 年 12 月 20 日出版的英国《泰晤士报》上,刘央被选为未来十年最家喻户晓的中国之星,并且是唯一入选的金融界人士和唯一的女性。2011 年 5 月 3 日当选亚洲投资人杂志(Asian Investor)亚洲资产管理行业 25 位最具影响力之女性。2012 年 3 月被福布斯杂志(Forbes)选为"亚洲 25 位最具影响力商界女性"之一。2012 年及 2013 年,连续两年被美国财富杂志(Fortune)选为"全球最具影响力的 50 位商界女性"之一。刘央是中国第一代基金经理,1993 年创建及管理全球第一只封闭式中国基金,1993~2001 年间,在国际环境对中国相当不利的情况下,坚定投资中国的信念,最终实现了资产净值增长超过三倍的业绩。自 2002 年被猎头加盟由三位前施罗德明星基金经理在伦敦创立的西京投资,负责开拓中国市场和管理中国投资业务。2008年推出了全球首个中国医疗健康基金。2009年她收购了西京投资集团，出任董事局主席及投资总监并将投资重心逐步转移到大中国地区。西泽投资集团致力于为世界一流的机构投资进行资产管理与配置，其客户包括世界一流的机构投资客户，全球最大的家族办公室和全球最大的慈善基金等。2015年发起了全球第一只投资中国文化娱乐产业的私募股权基金。2018年7月成立了专注金融领域公共研究的西泽研究院。2019年推出由人工智能机器学习主导的量化技术投资产品。刘央扎根香港特区，除了专注事业发展还关心民生大事，时刻不忘回馈社会热心公益。2009年10月，刘央借母校中央财经大学60周年校庆之际，向母校捐赠人民币500万元，成立"成心奖励基金"用于奖励优秀在校学生和教师、奖励并资助优秀贫困学生。2017年9月20日出任香港特区环保从业员总会暨环保爱心慈善会主席，捐赠港币1000万元为生活在香港特区基层的环保从业人员提供援助。

★刘永浩，中央财经大学金融学院1984级金融专业校友，经济学学士学位。现任天银金融租赁股份有限公司党委书记、执行董事、总裁。曾在中国建设银行北京分行、河北国际信托投资公司驻京代表处、华夏银行总行、华夏银行北京分行、天津银行北京分行等金融机构担任重要职务。

毕业以后，刘永浩积极投身我国银行及信托事业建设，先于中国建设银行北京分行工作，历任信贷部负责人、营业部副经理、资金部经理等职；1993年6月起加入河北国际信托投资公司，并曾任驻京代表处副总代表；1997年起再度回归银行业，加入华夏银行总行，并曾任国际部外汇信贷处副处长（主持工作）、公司业务部客户一处处长；再调任华夏银行北京分行之后任经营部总经理、公司业务二部总经理等职；2009年11月起加入天津银行北京分行工作，任副行长。2016年10月18日，由天津市法人金融机构发起的首家金融租赁公司——天银金融租赁有限公司在天津自贸试验区空港经济区对外营业，刘永浩任第一届党委书记、执行董事、总裁，任命后积极探索金融租赁发展模式，肩负起推进我国城市商业银行综合化经营发展的重要使命。

★张佑君，中央财经大学金融学院1987级货币银行学硕士校友。现任中信证券股份有限公司董事长、执行董事、党委副书记、执行委员会委员，兼任中信集团总经理助理、中信集团股份有限公司总经理助理、中信证券国际董事长，曾任职于长盛基金管理有限公司。

★任珠峰，中央财经大学金融学院1989级金融专业本科校友，经济学学士学位。现任五矿资本控股有限公司董事长、总经理、党委书记，曾在五金制品上海公司、英国金属矿产有限公司小有色、铁合金及矿产部等单位任职。

任珠峰不仅致力于金融事业的建设，为五矿集团的发展、国有经济的建设作出了突出的贡献，而且还积极参与新时代金融人才的培养与指导。

★ 谢卫，中央财经大学金融学院1986级货币银行学专业硕士校友，经济学博士，第十一、十二、十三届全国政协委员，中国民主同盟第十、十一、十二届中央委员。现任交银施罗德基金管理有限公司总经理，曾在中国社会科学院、中国电力信托投资公司、中国人保信托投资公司、富国基金等单位任职。

谢卫曾经参与国家级社会科学重点课题研究，主持一项国家社会科学青年基金，发表学术论文近百篇，两次获中国金融学会论文三等奖。作为第七、第八届中国证监会发行审核委员会委员，曾参与股权分置改革相关工作。作为基金业唯一的全国政协委员，谢卫委员前瞻性揭示金融领域存在的诸多风险，诚心呵护行业发展，维护百姓利益。担任全国政协委员12年以来，共提交了30余份提案，其中2013年的《关于推进互联网金融规范发展》的提案获得了第十二届全国政协优秀提案。作为与基金行业共成长的职业经理人，谢卫致力于将交银基金打造成"有责任、受尊敬"的专业资产管理公司。交银基金坚持稳健发展、专业经营，管理规模节节攀升，总管理规模近2500亿元，公募规模全行业排名前1/5；坚持打造投研核心竞争力，投资业绩处于行业领先水平，屡获"金牛基金管理公司"等权威奖项认可；在多元业务全面发展的同时，坚守以客户利益为中心，不盲从、不激进，守住合规底线，为投资人提供多元化、全球视野的理财产品和投资服务。

★ 赵桂才，中央财经大学金融学院1986级金融专业本科校友，工商管理硕士，高级经济师，天津市第十七届人大代表。现任工银金融租赁有限公司党委书记、执行董事、总裁，工银航空金融租赁有限公司董事长，中国银行业协会金融租赁专业委员会第四届主任，曾在中国工商银行总行、中国工商银行（巴西）等单位任职。

赵桂才1990年8月加入中国工商银行，先后在总行商业信贷部、营业部、宁波分行和公司业务二部工作，参与领导筹建了工银金融租赁有限公司和中国工商银行（巴西）有限公司，具有丰富的商业银行经营管理和国际金融从业经验。在工商银行总行工作期间，负责管理工商银行全球飞机船舶融资、出口信贷及国际银团等专业产品线，协助大批中国企业成功出海。在工银巴西任职期间，创下了当地外资银行申设最快纪录并在开业首年即实现盈利，领导成立了巴西中资企业协会并担任首任会长，获得了国家领导人、当地使领馆及中资企业的高度肯定。近年来，在领导国内综合实力、企业创新能力、国际化程度均处于领先地位的金融租赁公司——工银租赁持续稳健高质量发展的同时，积极致力于推动金融租赁行业健康规范发展，在服务国家战略与支持实体经济方面发挥更大作用。

★ 潘江雪，中央财经大学金融学院1990级金融专业本科校友，1999级金融学专业研究生校友，经济学硕士学位，上海市第十三届政协委员。现任职于真爱梦想公益基金会理事长。

2014年，潘江雪获评《南方周末》"年度责任领袖"。2015年，在第三届"中华女性慈善公益典范"颁奖典礼上被评选为"十大女性公益推动者"。2017年获得第四届CCTV慈善之夜"年度慈善人物"大奖。2018年10月，作为上海社会慈善组织代表，潘江雪参加全国妇女第十二次代表大会。2018年12月，潘江雪获得"第五届上海市非公有制经纪人士优秀中国特色社会事业建设者"。2019年获得"全国三八红旗手"荣誉称号。潘江雪曾任职于中国多个金融机构和企业的高级管理职务，秉持着以教育推动社会进步的初心，2007年辞职并出资创办、运营了一间致力于儿童素养教育的公益组织"真爱梦想公益基金会"，为1~9年级学生倡导和实现平等而高质量的全人教育机会。在潘江雪的领导下，真爱梦想公益基金会积极改善中国教育均衡，在全国31个省份捐建了3300多间"梦想中心"，配套提供的素养教育服务体系已经覆盖全国360多万义务教育阶段的师生，为中国慈善界和教育界带来极大影响。

★ 白伟群，中央财经大学金融学院1991级金融专业本科校友，2013级金融学博士，高级经济师，博士后导师，荣获"上海领军金才""沪上金融家"等奖项称号。现任中央国债登记结算有限责任公司党委副书记、监事长，兼任上海总部总经理、中债金融估值中心有限公司董事长，任全国青联副主席、上海金融联合会副理事长、上海金融学会常务理事、上海新金融研究院常务理事，曾在国家开发银行、中国电子集团等单位任职。

白伟群长期工作在中国金融市场建设一线，对国际国内金融市场有扎实的理论研究与丰富的实践经验。致力于金融市场基础设施建设、债券市场开放路径与人民币国际化等领域研究与实践。深度参与中国债券市场发展创新与对外开放，参与制定"信用债券市场发展""银行间市场开放""完善地方政府债券市场""信贷资产政策化创新"等重要政策框架。主持建设债券招标发行、债券 DVP 结算等市场基础制度安排。

★王学东，中央财经大学金融学院 1997 级货币银行学在职研究生校友，经济学硕士。第十二届全国人大代表，享受国务院政府特殊津贴，全国五一劳动奖章获得者，湖南省劳动模范。现任国银金融租赁股份有限公司党委书记、董事长，曾在国家发改委、国家开发银行等单位任职。

在担任第十二届全国人大代表期间，围绕预算法修正案、金融扶贫、政府债务、金融风险防控等提出了 30 多个建议和议案；率先提出国家开发银行"投、贷、债、租、证"结合金融服务模式；创新了上海市城投、久事公司政策性贷款（软贷款）融资模式、中小企业贷款再担保模式；带领国银租赁于 2016 年在香港联交所上市，并成立全国第一家由银保监会批准的境外子公司；出版《见证改革——一名全国人大代表的履职历程》等 4 部著作，先后在《人民日报》《中共中央党校校报》等刊物发表文章 30 余篇，为我国金融事业的改革和发展做出贡献。

第八章
金融学人

中央财经大学金融学院在过去半个多世纪的发展过程中，先后涌现出一大批在金融学研究、金融教育领域产生重要影响的学者。本章介绍的 25 位金融学人是改革开放后复校期间最早来到中央财政金融学院金融系的一批老教师。在这批老教师中，既有在金融学科领域具有很高声望的著名金融学家和金融教育家，也有担任中央财经大学重要管理职务为学校发展鞠躬尽瘁的教师，还有一大批在金融教育第一线兢兢业业，奉献一生的教师。这一批老教师的勤勉工作、无私奉献，为中央财经大学金融学科的发展奠定了坚实的基础。

张焕彩

张焕彩（1915～1985），原名张文昺，男，河南南阳人，我国著名金融学家、会计学家、教育家。1941 年，他肄业于国立西北联合大学法商学院经济系，之后曾在民主建国大学学习。1935 年，年仅 24 岁的他就加入了中国共产党领导的中华民族解放先锋队，开展抗日救国和民族解放运动。新中国成立前，他先后在西北大学地下党任党支部书记和陕南学委书记、隐蔽在国民党 59 和 98 军做地下党工作、在中原解放区新四军做民运后勤工作、任冀南银行审计科长和晋冀鲁豫根据地冀南银行建业会计学校教务主任。新中国成立后，他先后任天津市军管会审计科长、中国人民银行总行的科长和专员。1958 年，他调入中央财政金融学院，担任副院长、金融系主任和会计系主任，还兼任中国金融学会第二届理事会常务理事。

张焕彩教授是中央财政政金融学院的创建者之一，开创了金融系的教育工作，是 1977 年复校筹备工作的中坚力量。他热爱教育事业，着力培养青年教师，重视学生人生观和价值观的培养，在学校工作 20 余年，为我国金融学、银行学、会计学的教育做出了突出贡献。2000 年，作为 20 世纪中国会计学界名人被收入《中国会计学界百年星河图》，列为三星人物。

张焕彩是优秀的爱国人士，在抗战期间积极参加抗日救亡活动。在1934年考上北平大学法商学院，在1935年参加了中华民族解放先锋队，后不久担任区队长的职务。在"一二九"运动期间，为了掩护大家撤退受过伤。1938年他加入了中国共产党，在家乡做了大量的救亡宣传工作。1937年抗日战争爆发后，张焕彩离开了家乡到了西北联大继续学习。在西大学习期间，胜利地完成1941年暑假向延安输出送15名毕业生的任务，躲过了国民党顽固势力的盘查堵截。

张焕彩教授是银行会计核算制度的制定者。1948年底，张焕彩被调入新成立的中国人民银行，担任会计科长，在建立新中国人民银行会计核算制度中倾尽了他所有的心血。据中华人民共和国成立后第二任人民银行总行行长曹菊如的女儿回忆："我父亲生前说过，焕彩同志在制定银行会计制度上借助苏联的经验打造出了我国的第一部会计核算制度。在这方面他是主要起草制定者，也是当之无愧的红色会计专家。"

张焕彩教授是新中国财金教育的创始人和开拓者。中央财政金融学院建校后，他领导了金融系和会计系两个系的学科建设和发展，开创了金融系的教学工作。金融系老主任张玉文教授说："中央财金学院设立金融系，是首创金融系，没有经验可取，一切靠自力更生。在开课方面，张院长很有战略眼光，极力主张开办农村金融业务课。他对教师们说，我们是农业大国，一定要开好农金课，要培养好农金工作人才。"

张焕彩教授很注意培养青年教师。他从具体事情入手，要求青年教师做到在一定时间内通读一本书，一定时间内学会一门外语，一定时间内写一篇东西。王自端教授说："讲课时，张老师亲自到教室门外坐着听课，怕讲课人怯场，不到课堂里边听。听完课，再给讲课人提出不足之处。他就是这样耐心细致地、实实在在地培养青年教师的成长，我至今不能忘怀。"

1977年下旬，中央和国务院决定恢复中央财政金融学院，张焕彩承担起复校工作的主要工作。复校要比建校难度大得多，自从中央财政金融学院被解散，仅仅留下了几位所谓善后的留守人员，所有的房屋都被北京卷烟厂占用。张焕彩和他的老搭档姜明远副院长商量，提出学校建设发展的三个阶段设想。第一个阶段为复校时期。这个阶段又分为两段：（1）主要是恢复招生、调回师资和要回校园。（2）改造校园、适当增加专业、争取学术更上一层楼。第二个阶段是学校向多学科性大学转变。第三个阶段，建设高水平大学时期，使学校成为国家重点高校。

1980年初,作为中央财政金融学院主管教学的院长,张焕彩教授作出建立会计教研室的决定,把现代企业会计正式划分为财务会计与管理会计两大系统。管理会计的出台,标志着中国的现代会计科学进入了充满活力的新阶段,从而成为中国会计发展史上的第二个里程碑。1981年,他写成《管理会计基础》,被列为新编立信会计丛书。这是我国第一本自编的管理会计教材,在全国会计界引起了很大轰动。1984年,在原有基础上全面加以修改补充,写成《管理会计学》,1985年正式出版,并于同年9月起在中央电视一台播出,影响面更广。上述两书到1989年止,已先后发行95万余册。

刘光第

刘光第(1917~1996),男,湖北省仙桃市人,我国著名经济学家、教育家。新中国成立之初,他亲历了上海金融业的接收与改造,为新中国金融制度的建立和国民经济快速恢复做出了重要贡献。他是改革开放初期最活跃和最有影响的经济学家之一,发表了的一系列重大研究成果,许多政策建议被政府采纳,推动了我国经济金融改革。1992年被英国剑桥国际名人传记中心列为当年国际名人。他为新中国成立之初培育了大批金融人才,是中央财经大学金融学科和经济学科发展的推动者。

刘光第教授先后毕业于重庆大学和西南联合大学,大学毕业后,他全身心地投入到探求国家富强之道的学术研究与教育事业,成果卓著,桃李芬芳。特别是改革开放之后,他满腔热情参与到经济金融改革的理论与政策研究之中,发表了一系列具有重大影响的研究成果,提出了许多政策建议并被国家有关决策部门采纳,是改革开放初期最活跃和最有影响的经济学家之一,为推动经济金融改革和社会主义市场经济体制建立奉献了自己全部的心力。刘光第教授是一位循循善诱、品格高尚的好老师,一位潜心学问、慎思明辨的学者,一位具有强烈家国情怀的知识分子。

刘光第教授出生于职员家庭,自幼喜好读书与思考,有很好的古文功底和文化学养。1939年,他从武汉辗转来到重庆,考入重庆大学商学院学习富民强国之道。在这样艰苦的环境下完成了全部课程圆满毕业,获得商学学士学位。1943年秋,立志继续深造、怀揣着盖有刘大钧院长印章的本科毕业证书,他来到享誉中外的西南联合大学南开经济研究所报到。1945年秋，他以优异的成绩毕业，获得货币银行专业硕士学位。

1945年9月，研究生毕业后，经所长何廉先生介绍，他到重庆中央设计局货币银行组任研究员，并在沪江大学和重庆求精商业专科学校兼任教员。1947年8月，他离开重庆到上海，先后任上海证券交易所调查研究处统计室主任、上海中国经济研究所副研究员。1949年5月上海解放，他于7月调入中国人民银行华东区行担任研究员、计划科科长。这一时期，他还在上海《经济周报》兼任总编辑，在上海财政经济学院（上海财经大学的前身）兼任副教授，在《解放日报》《大公报》《中国金融》等报刊发表了多篇有关经济金融方面的学术论文，并出版了专著《货币管理》。他的著作和论文在学术界引起广泛关注，为新中国金融制度建立和货币金融管理提供了重要理论支撑。

1953年，新中国开始第一个"五年计划"的经济建设，金融事业发展迫切需要一大批专业干部，刘光第教授因其系统深厚的经济金融学理论功底和成功的金融实践经验，于当年3月调入北京，任教于中央财经大学前身之一的中国人民银行总行干部学校，担任政治经济学组长。先后主讲《货币制度和货币管理》《政治经济学》及《经济学说史》等课程，为新中国金融事业的起步开拓培养了最初的一批宝贵人才。1958年，中国人民银行总行干部学校与中央财政干部学校合并成立中央财政金融干部学校，1960年在此基础上成立中央财政金融学院，直至1996年学校更名为中央财经大学，他一直在这所学校潜心学术研究，精心教书育人。在这一时期，他集中研究了苏联计划经济体制下的经济金融政策和实践效果，梳理了西方经济金融理论的成果，特别是紧密结合当时中国的经济金融状况，投入更多精力用于马克思主义政治经济学理论研究，其著述的《政治经济学》（资本主义部分）作为高等院校教材使用，出版印刷30余万册，还发表了多篇学术论文。

党的十一届三中全会拉开了中国改革开放的大幕，刘光第教授虽年过花甲，但他像朝气蓬勃的年轻人一样以极大的热情和勇往直前的精神投身于经济体制改革和金融体制改革的理论与政策研究之中，迎来了他学术创作的高峰期。面对改革开放后经济体制的重大转型，他以极大的理论勇气投入学术研究，创新成果不断涌现。先后在《中国社会科学》《经济研究》《金融研究》《人民日报》《光明日报》等发表了几十篇学术成果，相继提出了宏观经济价值管理说、人民币价值基础说和金融市场发展战略论，在学术界、理论界和实务部门中都产生了重大影响。

随着我国经济体制改革的逐步深入，20世纪90年代我国金融市场起步阶段，出现了许多令人担忧的问题。刘光第教授发表了一系列论文，如《当前我国股票市场存在的问题及股市发展战略选择》《关于发展中国证券市场的几个问题》《对发展我国金融市场的几点看法》等。这些研究在我国金融市场发展过程中起到了积极的引领作用。

1993年，他主持了国家社会科学基金"八五"重点课题《中国货币政策及其宏观调控体系研究》，对改革开放以来的货币政策理论和实践进行了系统研究，搭建了宏观调控体系的总体框架。

在改革开放初期的十几年中，刘光第教授还积极活跃于各种学术论坛，他经常参加国家体改委、国务院发展研究中心、中国人民银行等组织的金融体制改革、货币政策、金融形势分析等方面的座谈会，是国家经济决策部门和改革的智库机构经常邀请的经济学家之一。20世纪80年代中国金融学会恢复活动后，他担任常务理事，1993年中国城市金融学会成立，他是首届的常务理事和学术委员会委员。他对经济改革和经济运行中的宏观政策特别是财政金融政策提出的重要建议，许多都被采纳，为中国经济改革与发展贡献了全部智慧与才华。

张玉文

张玉文（1920~1998），女，北京人，我国著名金融学家、金融教育家。1943年，张玉文毕业于辅仁大学经济学系，获经济学学士学位。毕业后先后曾在唐山市私立培仁女子中学（现唐山第十一中学）、北京市教育局、北京辅仁大学、中国人民银行总行干校、中央财政金融学院、厦门大学等单位任职和任教。1978年起，先后任中央财政金融学院金融系党总支副书记、主任。她兼任中央广播电视大学（现国家开放大学）主讲教师、中国农村金融学会理事、北京市金融学会顾问等职。1960年被财政部授予"三八"红旗手称号，曾任福建省第五届人民代表大会代表、第四届妇女代表大会代表和厦门市第八届妇女联合会执行委员。

张玉文教授是中国金融理论改革的先行者和推动者，当代金融理论创新的代表人物，为中国金融体制改革作出了重要贡献。她重视教学和人才培养，为中国金融领域培养了一大批推动中国经济改革和金融发展的优秀人才和中坚力量。她一贯重视金融基础理论研究，在通货膨胀、货币信用理论、财政与金融的关系等领域有丰富的成果，相关观点和建议具有前瞻性，影响了中国金融体制改革的路径和走向。她多年致力于教材建设，对"货币银行学"内容改革有深入研究，主持编写了多部不同版本、适用于不同类型人群的"货币银行学"教材，为中国金融教学的发展作出了重大贡献。同时，她积极投身于广播电视课程的教学，为传播金融学知识，推动金融普及性教育也做出了重要贡献。

张玉文教授一贯重视金融基础理论研究。1979年我国实行改革开放初期，货币信用领域，金融宏观调控等方面涌出许多待研究问题。基于多年教学实践，她预感研究这些问题，正表明"货币银行学"这门课程内容亟待改革。因而，研究基本理论，探索"货币银行学"内容改革，成了她近十年的主攻方向。她的金融宏观、微观的辩证理论，通货膨胀和信用膨胀的观点对解决中国金融问题有重要参考价值。

1979年以来，她共发表论文60余篇，编写了《货币银行学》教材，并于1984年获北京市优秀教学成果奖。1986年，她为中央电大编写了《货币银行学原理》。1990年参与出版了《中国金融百科全书》，金融市场篇分主编。1991年为高校本科新编的《货币银行学》（中国财政经济出版社），是对课改的初步尝试。1993年为电大重新编写了《货币银行学》，同时对高校本也做了修订，内容改革又深入了一步。1993年，在国家社科基金科研项目的资助下，主编了《金融改革与经济发展》一书。

张玉文教授在金融学教学和研究中的贡献给她带来了多种荣誉。1988年她获北京市高教系统先进工作者称号。1989年获北京市高教系统教学成果奖，获奖论文《对"货币银行学"课程内容改革的若干认识》（刊于《中国财政教育》创刊号）。1989年获北京市优秀教师称号；1993年起享受政府颁发的特殊津贴。

改革开放初期，我国财政资金与银行信用的界限尚不明确。张玉文教授撰写多篇论文，对银行信用进行了阐述和论证，提出财政与金融须相互独立的重要观点。这对社会主义金融理论的完善做出了重大的贡献，对中国金融实践有重要的借鉴意义。要发挥银行信用的作用，就要求银行在信贷业务上有自主权，也要使银行负相应的责任。她的观点具有前瞻性。我国此后推行的一系列金融体制改革均体现了其观点的正确性。她针对改革开放之初的信用膨胀问题指出，当前的信用膨胀最主要的原因是物资周转发生障碍和财政收支不平衡形成的，其中银行工作的差误是次要的，银行往往对一些不应贷的贷款被迫贷放，或是对那些使用不当的贷款监督不力，而究其根源是银行没有信贷的自主权。财政是对国民收入的分配，银行信用是对国民经济各部门资金余缺的调剂；财政和银行两个部门各有自己的任务，不容混淆。

张景文

张景文（1921~1993），男，河南滑县人，我国知名的金融学家、金融教育家。1947年，他毕业于复旦大学经济系。毕业后在上海国民信用合作社复旦分社工作。中华人民共和国成立后，他先后在中国人民银行国外业务局、中国银行总管理处、中国人民银行安达市支行从事业务工作，1962年调到中国人民银行黑龙江省分行任副科长，1977年参与组织创建中国银行哈尔滨市分行并任国际贸易科科长，1979年调入中央财政金融学院，1982年任学士学位评定委员会金融系分会委员，1983年任副教授，1984年任金融系学术委员会委员及金融系国际金融教研室主任。

张景文教授长期从事国际金融的教学工作，为我国金融教学事业贡献了毕生的精力。1979年后，他调入中央财政金融学院，全身心地投入到教学科研当中。他为我国金融人才的培养和国际金融学科的建设呕心沥血，1985年病倒在工作岗位上，后因工作过度劳累患上了脑血栓。在病床上，他还一直关心着金融学院国际金融学科的建设和发展。

张景文教授学识渊博，是理论和实务双栖的知名国际金融专家。他拥有丰富的专业知识，精通中西方基本经济理论，早期先后在中国人民银行、中国银行等机构从事业务工作，积累了丰富的实务经验。1979年调入中央财政金融学院，投入教学工作与学术研究，1983年获评副教授，享有很高的声誉，曾任中国国际金融学会理事、西北和华北国际金融学会理事等职。

张景文教授是中央财经大学国际金融专业和国际金融教研室的创始人。80年代初全国仅有不到10个学校开办了国际金融专业，该方向的专业人才非常稀缺。他为开拓新专业任劳任怨、鞠躬尽瘁，从招募师资到制定教育计划都亲力亲为、尽心尽力，为学校的国际金融专业发展奠定了坚实的基础。

张景文教授是传道授业解惑的好导师。20 世纪 80 年代，我校尚未设置硕士点，张景文于 1984～1985 年担任包括我校张礼卿教授在内的 4 名五道口金融学院硕士生导师，兢兢业业为学生答疑解惑。据张礼卿教授回忆，当时学校很小，教师没有专门的办公室，学生每逢问题就来到他家中请教，每次他都会耐心与学生讨论问题，并分享自己最新的工作与成果。他平易近人，为人忠厚随和，待人客气有礼，对同事和学生都非常关心；对事认真负责，爱岗敬业，一丝不苟，受到师生普遍的尊敬与爱戴。

张景文教授参与编写了《国际金融概论》《中国金融百科全书》和参与翻译世界银行项目评估手册。《国际金融概论》是改革开放后第一本国际金融的教材，解决了当时急需的教材空白，教材被评为全国金融学科的优秀教材。由于专业基础扎实、业务经验丰富，还有良好的英文水平，他受到贸易部的邀请，参与翻译世界银行项目评估手册，为我国后续项目贷款申请提供了极大的便利。

张景文教授在国际金融学术界享有很高的声誉，对人民币汇率改革、利用外资问题、国际金融机构业务、外汇管理改革等方面都进行过深入研究。在人民币汇率改革方面，他提出我国应该废除 20 世纪 80 年代双重汇率制度，恢复单一的、统一的汇率制度，并以购买力平价为基础制定均衡汇率。在此基础上，他进一步提出了制定汇率的理论依据和具体设想。他指出，均衡汇率可以在购买力平价的基础上，经过各种测算最终制定。在利用外资问题的研究上，他重点关注利用外资问题，展开了许多有益研究。研究涉及包括我国是否应该利用外资，应该如何利用外资，应该用到何种程度，引进外资是否会损害民族工业，对外举债是否会引发债务危机等焦点问题。在国际金融机构业务方面，他参与了世界银行项目评估手册翻译等工作，对国际金融机构的基本状况、主要业务等方面均进行了研究。在外汇管理改革上，他顺应祖国需要，对外汇留存制度建设、留存外汇的流通与调剂、外汇调剂价格的设定以及外汇管理等问题均进行了研究。

商季光

商季光（1924～2018），男，汉族，黑龙江省哈尔滨人，我国知名的金融学家。1942 年，他毕业于哈尔滨商专，1945 年参加工作，1958 年毕业于东北财经学院财金系货币信用专业。早年他曾在银行系统从事货币、信贷的实务和政策研究工作近40年,提出了大量有关如何开展银行业务、稳定金融的论述。1980年,他调入中央财政金融学院,成为中央财政金融学院研究所金融理论方向的学术带头人。他曾任哈尔滨东北银行股长、人民银行沈阳分行副主任、中国管理科学院特约高级研究员、中央财经大学金融学会副会长;兼任中国老教授协会教授、《中国当代高科技人才系列词典》编委会编委、北京市金融学会理事、沈阳市金融学会顾问、沈阳市农村金融学会顾问、《房地产金融》杂志顾问等职。他发表学术论文140余篇,主编、合编7部专著与教材,共计200多万字,曾两次担任国务院经济研究中心关于金融改革的课题研究负责人,为我国金融事业的改革和发展做出了贡献。

商季光教授参加革命后曾在东北区银行系统先后担任科长、办事处副主任、政策研究员等职,具有丰富的银行实践经验和大量的科研成果。在中华人民共和国成立前夕和20世纪五六十年代他发表了大量文章,论述如何开展银行业务、大力吸收存款、发展生产、稳定金融等问题。1954年他具体指导全东北的货币流通量调查研究工作,并编写了《货币流通量的调查、计算方法》专辑,成为东北各银行学校的教材。

1980年调入中央财政金融学院后,商季光教授主要从事货币银行学领域的理论研究与教学工作。他共指导研究生、研修生合计18名,发表学术论文140余篇,主编、合编了《中国金融体制改革综论》《社会主义经济建设教程》《房地产金融学》《财政金融重点问题研究》等7部专著与教材,共计200多万字,社会影响广泛。其中,他编著的教材《中国社会主义经济建设教程》荣获北京市教学科研优秀成果二等奖。1983年和1988年他曾两次担任国务院经济研究中心关于金融改革的课题研究负责人,相关成果也分别获得学院论文一等奖,并列入国务院发展研究中心科研成果。商季光教授发表的多篇文章曾获得中央财政金融学院、中国金融学会全国优秀论文奖,部分文章被编入了《中国"八五"科技成果选》《中国改革成果理论卷》《中国经济大论战》《中国改革全书》等书中。

商季光教授是全国最早进行房地产金融研究与教学的学者之一。他曾为全国金融系统和房地产人员举办讲座20余次。他的事迹先后被载入《中国当代名人录》《中国当代经济科学学者辞典》《中国当代教育名人大辞典》《中国高级人才辞典》《世界名人录中国卷》等十余部名人录中。

调入中央财政金融学院后，商季光教授开始专门致力于货币银行学的理论研究，研究范围涉及信用、银行、储蓄、金融体制改革等诸多领域。信用领域方面，有关"何为信用膨胀""中国是否发生信用膨胀"等问题成为20世纪80年代初学术界争论的焦点。商季光教授指出，真正的信用膨胀应发生在生产下降或生产增产幅度很小时银行信用和商业信用却大大增加的情况中。他认为在当时中国商业信用和消费信用受到限制、国家银行贷款有充分物资保证的情况下，中国并未发生信用膨胀。

银行领域方面，商季光教授认识到了改革开放后银行系统在组织货币流通和资金运动等宏观调控方面的作用将大大增强。在专业银行向商业化经营过渡的过程中，他认为政府要减少对银行的行政干预，银行自身也要将政策性业务与经营性业务分离，并且银行总行要学会放权使得各分支机构真正实现自主经营。

储蓄领域方面，商季光教授一直都是我国储蓄事业的坚定支持者。在20世纪末，当众多学者认为当时中国储蓄增长过快而期望通过消费信贷的方式来抑制居民储蓄倾向时，商季光教授指出储蓄事业依然不能放松，并分析了当时消费市场疲软、消费信贷叫好不叫座的实质原因在于有效需求和有效供给的严重失衡。他认为未来投资增长、居民消费从低层次向高层次迈进、国民经济建设，都需要一段时间的货币积累，储蓄事业至关重要。

金融体制改革方面，商季光教授在其撰写的《中国金融体制改革综论》一书中深入探讨了"为什么要进行金融体制改革""如何进行金融体制改革"等问题。他认为计划与市场并存、行政手段仍发挥主要作用的改革是不彻底的改革。改革过程中产生的利益调节与行为约束的失衡、总量与结构的失调、通货膨胀的压力等一系列问题不容忽视。具体地，在金融体制改革过程中，他主张要搞活银行，大力发展间接融资的功能；坚决反对当时颇占上风的适度通货膨胀论，认为需要严格控制货币发行量，抑制总需求的膨胀；认为宏观调控应重点落眼于控制总量，同时主张调整信贷结构，对企业进行去劣扶优；吸取东南亚金融危机的教训，主张金融体制改革要循序渐进，要及时预防、控制潜在的金融风险。

王佩真

王佩真（1927~2018），女，内蒙古清水河人，我国著名的金融学家、金融教育家。1952年，她毕业于中国人民大学，研究生学历，毕业后留校任教；1954~1963年在中国人民解放军后勤学院任教；1963年调入中央财政金融学院任金融系副主任；1971~1978年在辽宁财经学院金融系任系副主任；1978年回到中央财政金融学院，先后担任金融系副主任和名誉主任。曾任中国金融学会分会副会长、北京市投资学会理事等职。1991年获北京市优秀教师称号，1993年获财政部全国财政系统优秀教师称号，教学科研成果获4项省部级奖励，1993年起终身享受政府特殊津贴。2015年被授予"中国金融学科终身成就奖"。

王佩真教授从教60余年，长期坚守教学第一线，为本科、硕士、博士各层次学生授课，积极参与社会各种形式的金融教育活动，为我国金融学科建设、师资队伍建设和金融人才的培养做出了突出贡献。她科研成果丰硕，理论水平高，学术影响力大；教学效果好，勤勉敬业，师德高尚，是我国金融教育教学战线的优秀代表。

作为一名教育者，王佩真教授是中国金融学科建设的重要参与者和贡献者，金融人才培养模式的积极探索者和践行者，中国金融教育师资团队建设的倡导者和引领者，是为人师表之楷模和高尚师德之典范。作为一名研究者，她在金融学科的基础理论、我国货币信用理论及金融宏观调控、金融体制改革的探索中求真务实、敢于创新，大胆提出了一系列富有理论和实践价值的观点和建议。她始终坚持将金融教学与科研工作融为一体，在互动中汲取灵感与精华，在融合中推动双向发展，为中国金融事业发展做出了突出贡献。

在金融学科的研究视角方面，王佩真教授较早提出金融教学应正确处理微观金融与宏观金融的关系，既要重视微观金融运作，又不能忽视宏观金融研究。她认为金融是特殊产业，有鲜明的宏观特征，金融业对整个国民经济运行的重要影响、银行体系与货币供给及其均衡的关系、货币政策与宏观调控、金融业的系统风险与监管、金融全球化及其国际金融关系的协调等问题，都难以用微观金融理论解决问题，如果金融专业教育教学改革只重视微观层面将会出现偏差。在金融学科的研究方法上，她一直倡导定性分析与定量分析相结合，指出过去的金融专业教育注重定性分析，定量分析不够，但也不能矫枉过正，以定量分析取代定性分析。这些理念和观点充分体现在她的教学和科研成果之中，受到学生的欢迎和同行的尊重。

在金融人才的培养模式上，王佩真教授提出应针对我国不同经济发展时期金融人才的需求特点采取多元化的培养方式。从20世纪50年代初起，她在学校承担了本科、硕士和博士多层次的教学工作，主编过20余本教材，探索不同学历层次的教育教学内容；在超额优异完成校内教学任务的前提下，她以开放包容、勇于创新的心态积极参与包括电视大学、函授教育、自学考试等各种新兴金融人才培养模式的开创活动。1981年，她以其在金融教育领域的崇高声望成为中央广播电视大学的第一批特聘教授，与王克华教授共同主编了《货币银行学》教材并担任主讲教师；1984年参与金融函授教育工作，主编函授教材《金融概论》；1989年参加军地两用人才的培养，为中国军地两用人才大学主编教材《金融学》；1992年以专家身份为全国高等教育自学考试教材编写配套读物《社会主义货币银行学自学考试指导》；2000年为全国高等教育自学考试主编教材《金融概论》。王佩真教授的教学活动使不计其数的学习者从中受益，为及时满足中国金融业快速发展对各类金融人才的需求做出了突出贡献，在社会上具有极其广泛的影响力。

在金融体制改革方面，王佩真教授在货币流通体制改革、信用体制建设、金融机构体制改革、农村金融体制改革、金融监管体制改革等问题上提出了一系列大胆并富有远见的设想。在货币流通体制改革上，她强调合理的发行制度对保持货币平稳流通的重要性（"关于货币流通战略目标等问题"，《金融研究》，1983年）。在信用体制建设上，她强调银行和信用对于社会主义经济发展的重要性，是国内最早提出发展多种信用形式，发展非银行信用机构设想的学者之一（"信用经济是现代经济的重要形式——论信用经济与商品货币经济的关系"，《中国金融》，1985年；"宏观调控与金融体制改革"，《金融科学》，1989年）。在金融机构体制改革上，她较早提出以信用合作社为基础成立地方银行的设想（"宏观调控与金融体制改革"，《金融科学》，1989年）。在农村金融体制建设上，她强调多层次多种类金融机构并存的重要性，提出发展农村政策性金融机构、组建农业合作银行的设想（"创建有中国特色的农村金融体系是深化金融体制改革的关键环节"，《中央财政金融学院学报》，1994年）。在金融监管体制改革上，她强调不同金融行业监管协作的必要性，提出应注重协调中央银行货币政策与金融监管的关系（"浅析当前金融体制改革中有争议的几个问题"，《中央财经大学学报》，2002年）。中国经济和金融改革历程证实了她提出的诸多金融改革设想具有可行性和前瞻性，她的科研成果对完善金融学科的理论体系、推动金融业的稳健发展产生了深远的影响。

俞天一

俞天一，男，1927年出生，浙江上虞人，我国著名金融学家、金融教育家。早在1942年，年仅15岁的他就进入了上海宝康银行工作，1950年后先后在东北银行总行和中国人民银行工作。1959年，他调入中央财政金融学院，先后任金融教研室任教研组长、金融系副主任和主任。1987年他参与中国金融学院的组建，并任副院长兼金融系主任。此外，他曾兼任中国金融学会常务理事和副秘书长、中国城市金融学会和中国农村金融学会常务理事、北京市金融学会和北京市农村金融学会副会长、中国金融学会学术委员会和财政部学术委员会委员等职。教学科研成果获得省部级以上奖励7项。1992年起，他终身享受政府特殊津贴。2015年，他被授予"中国金融教育终生成就奖"。

他注重理论联系实际、西为中用的金融教育，培育了改革开放后我国第一批金融业务骨干队伍。他坚持市场化的银行体制改革和利率管理体制，是我国银行和资金管理体制改革的直接推动者。他还是中国金融学院的主要创办者之一。从教40年期间，他在金融教育教学、金融学科建设、金融体制改革和中国货币信用理论等方面做出了突出贡献。

20世纪60年代初期，为破解金融教学唯苏联式的本本主义，俞天一教授经常深入银行了解情况提出问题，引导学生对现实问题进行理论分析并探讨解决方案。针对国内教材稀缺的问题，他组织教师自编《工商信贷与结算》等教材。他紧跟现实把最新变化及时纳入教学之中，每次讲课不用教案，而是先发提纲，每讲内容随时更新并成稿印发给学生，到期末合订起来就成了一本活学活用的教材。这种以问题为导向的研究性教学教活了金融理论，培养了学生探究问题的能力。改革开放后，他敏锐地意识到基于计划体制的封闭型金融教育必须进行改革。1983年，他任中财金融系副主任时在课程体系改革中敢为人先，在国内率先倡议并安排开设了《当代西方货币金融学说》课程。1984年他大胆开设西方商业银行经营管理的讲座，把西方银行先进的经营管理模式引入课堂，培养学生的国际化视野。1994年，他率团到我国台湾地区参加第一届海峡两岸金融学术研讨会，完成了两岸金融实践和教育教学经验交流的破冰之旅。

在20世纪80年代，俞天一教授敢于突破计划经济体制下的一些理论框框，紧紧抓住市场化改革方向和渐进式改革进程，实事求是地探索研究我国转轨时期的货币信用理论，大大推动了国内货币理论和宏观调控政策的研究，澄清了转轨过程中对货币理论的一些认识错误，为制定正确的宏观调控政策提供了理论依据。

俞天一教授依据市场经济中货币运行的基本原理，针对我国改革进程中的实际问题，深入研究转轨时期的货币信用理论。他仅在《金融研究》发表的货币信用理论文章就多达8篇，包括"怎样才算真正的信贷平衡"（1981）、"要搞活国民经济必须强调贷款经济效果"（1982）、"如何发挥银行在宏观经济中的调节作用"（1983）、"论中央银行怎样发挥集中资金保证重点"（1983）、"改用'银行宏观利润'考核信贷资金效益的建议"（1984）、"论制定我国统一的社会主义银行信贷基本原则"（1984）、"重新考虑流动资金统一管理问题"（1984）、"论银行信贷资金的数量规律"（1987）、"亟待澄清的若干金融理论问题"（1988）等。这一时期，他提出的关于货币流通范围和层次的观点、关于必须通过控制贷款调控货币数量的观点、关于重新考虑信贷原则和改善资金管理的观点等，对我国货币金融理论体系的建设和宏观调控体系的建立起到了积极的推进作用。其中，他提交的"怎样才算真正的信贷平衡"作为内部资料被天津金融研究参政资料转载，《关于中央银行如何管理货币流通和信用的意见》（1983）和《关于如何进一步发挥利息杠杆作用的意见》（1983）作为内部资料被国务院经济研究中心印发。

俞天一教授对宏观调控政策，尤其是金融宏观调控问题的研究一直走在改革的前沿。早在20世纪80年代初他就对货币政策和宏观调控提出了超前的观点，相继发表了"发挥银行经济调节作用的设想"（1980）、"人民银行怎样发挥中央银行作用"（1981）、"试论我国的货币政策"（1982）、"关于中央银行如何控制和管理货币流通与信用的意见"（1983）、"关于稳定币值与发展经济的统一"（1984）、"论我国中央银行进行宏观调节的目标、手段和条件"（1984）、"论金融宏观控制和微观自动调节"（1985）、"论金融宏观控制"（1986）、"论信贷资金来源对总供求的影响"（1988）、"我国的通货膨胀与体制、政策、理论"（1989）等20多篇论文。他主张发挥银行体系在宏观调控中的作用，强调利率杠杆在宏观调控中的重要性，深入探讨了货币政策的目标、手段和条件，剖析了我国通货膨胀的成因、特点和对策等等。特别是1983年他主持的国务院经济研究中心委托课题研究报告中，他明确提出中央银行控制货币必须要重视存款货币及其派生问题，强调在银行信贷是社会唯一融资方式的情况下，控制信贷对控制货币量的重要性，具体从八个方面提出了中央银行如何通过控制贷款来实现对货币流通总量和现金流通量控制的方案，被国务院经济研究中心作为内部报告印发。他的一系列研究成果和政策建议大大推动了我国货币政策理论与实践沿着市场化改革方向前行。

曹兴华

曹兴华（1929～2003），男，河北省徐水县人，我国知名的金融学者。1954年，他毕业于中国人民大学财政信贷专业，1979年调入中央财经金融学院金融系任教，1987年获聘副教授，1992年获聘教授资格，1993年退休。他主要负责讲授《货币银行学原理》，同时还承担外专业《金融概论》授课的任务。除曾担任金融理论教研室主任外，他还兼任北京市自学高考委员会金融专业课程考试委员。1992年被评为海淀区成人教育先进教师。

曹兴华教授一生致力于教育和科研工作，教学成果优秀，科研成果突出。在改革开放初期，他为中国金融改革的理论发展做出了积极贡献，在流动资金管理、银行体制改革等领域都取得了丰硕的成果。他长期在教育一线工作，培养了一大批优秀的金融人才。

曹兴华教授重视并积极参加科研项目。根据财政部的指定，参与三人研究小组研究并提出部属院校"金融专业教改计划"。根据国务院经济研究中心确定的项目，他参与并主持小组研究"外国商业银行的企业化经营"，在1986年7月完成结果论文《关于西方商业银行的经营与管理》，并送国务院经济研究院中心审阅。

曹兴华于1984年12月加入中国共产党，热爱党、热爱社会主义，坚定地执行党的三中全会的方针、路线和政策，不仅在革命征程上为共产主义大厦添砖加瓦，在教学工作岗位上也要发挥应有的先锋模范作用。从他几十年的工作经历我们能够体会到，他那种为党的事业，为教学工作奋斗终生的信念和严于律己的工作态度。从1980年2月开始执教，共完成对金融专业78级到85级学生的《货币银行学原理》的授课任务。而在完成校内教学的基础上，根据组织安排还承担了一些校外教学的任务，同时作为学院学位评定委员会金融系分会委员，他也负责学生论文指导的工作。他为人师表，勇挑重担，教书育人，全面和出色地完成教学任务，体现了共产党员这勇于担当、无私奉献的崇高品质，得到包括时任金融系主任陈传新教授在内的众多学者的一致认可和高度赞扬。

曹兴华教授重视科研工作，在教学任务重的条件下，依旧积极进行科学研究，能够联系经济和金融体制提出理论和实际问题，提出有独到见解的观点，并对我国当时的经济金融建设工作有一定的实际价值。

受国务院经济研究中心委托，曹兴华教授参与研究财金第七课题，与王柯敬教授合写并主笔了《关于加强流动资金管理的意见》。在这一意见书中，调研组指出当时我国资金占用多、效益差的基本状况，并基于这一状况提出应当对乱上项目追究经济责任，同时要适当减少地方财权和尽快进行价格制度的改革。对国营企业流动资金由银行统一管理问题，他提出要在总结实践经验的基础上不断完善"统管"制度，而且需要进一步研究"固定资产投资与流动资金的综合平衡问题"和"关于企业原有国拨流动资金的处理问题"。意见书通过调研当时中国的社会经济情况和问题，从制度体制、协调管理和技术改革等方面提出了颇有实际意义的建议。1983年是改革开放提出并实施的第五年，正是需要社会各级人士为国家建设献计献策的时候，他的这些研究成果为国家和社会提供了有益的探索。

曹兴华教授先后发表了三篇有关我们国家银行体制的文章。1980年，他和俞天教授合作撰写的《论我国银行在国民经济中的地位与作用》发表在《财经问题研究》上。1984年，他和张玉文教授合作在《中央财政金融学院学报》上发表了《论我国中央银行的信用调节》。1985年，两位教授又一起在《金融研究》上发表了《对中心城市银行体制改革的探讨》。其中《论我国中央银行的信用调节》一文指出，在银行改革过程中出现了资金使用分散、管理多头、资金使用效益较低等现象。人民银行的目标应该是既要促进生产发展，又要保持货币稳定局面，必须有一定手段来控制信贷资金和协调专业银行的业务活动。他通过对西方国家中央银行调节信用"三大法宝"的讨论认为，人民银行应该从我国实际情况出发，采取存款准备金与计划管理相结合的调节方法。这些观点和建议对当时中央银行的建设和权力完善有积极有效的影响。

陈传新

陈传新（1935~2001），男，湖北省沙市人，我国知名金融学家者。1951年，他在沙市人民银行参加工作，曾于1959年获"沙市人民银行标兵"称号。1960年，他考入中央财政金融学院攻读金融专业，1964年毕业后留校任教。1964年至1978年先后在中央财政金融学院政治理论教研室、北京师范学院（现首都师范大学）读书班任教。1978年调回中央财政金融学院金融系任教，先后任金融系理论教研室党支部书记、系副主任、系党总支书记、系主任等职务，为中央财经大学金融学院的发展和金融学科的建设做出了突出贡献。他曾兼任中国金融学会会员、北京市金融学会常务理事、中国人才研究会金融人才专业委员会常务理事、北京高等教育自学考试《货币银行学》课程考试委员、中国工商银行北京经济信息咨询公司专家委员会委员等职务。

自20世纪80年代中期起，陈传新教授先后担任中央财政金融学院金融系主任、金融系党总支书记等主要领导职务，长期深入教学一线，在学生、教师间挖掘和培育人才等工作上付出大量心血与劳动。作为系主任，他克己奉公、默默奉献，为了使当时他的助手——潘金生和王广谦能有更多精力从事教学、科研工作，他主动承担了大量的日常事务工作；而在评定高级职称时，考虑到当时指标有限，他又两次主动让给其他教师；对于教师中优秀的人才，他不遗余力地为其推荐。

在工作中，陈传新教授非常重视教职工、学生们的思想政治工作，注重解决他们的各种实际问题，从而让教师们能够沉下心来工作、学生们能够少走弯路健康成长。在他的带领下，金融系形成了一种有利于人才健康成长的良好氛围，金融系发展迅速，金融学科建设成果斐然，金融系多次被评为北京市和学校先进单位，金融学科被财政部评为部属院校首批重点学科。他也被授予"中央财经大学优秀共产党员十杰"和"北京市德育先进工作者"等荣誉称号。

为了能够让更多的人系统地学习、掌握金融领域的相关知识，陈传新教授花费大量时间与心血投入到关于货币银行学、金融学等教材的编写工作中。他一共主编、参编十余本教材、工作书，满足了当时高等财经院校、函授大学、业余大学、电视大学、财经系统在职培训等多层次学历的教材需求。其中，由他主编的《金融概论》《货币银行学》两本教材，社会影响尤为深远。《金融概论》获评财政部优秀教材二等奖。

陈传新教授的研究范围涉及货币供求与均衡、利率理论及应用、金融机构与经济体制改革、金融市场形成及发展规律等诸多领域。他对于利息和利率机制的相关观点更是为我国的改革实践提供了重要参考。

在银行利息性质的分析中，陈传新教授认为利息是利润的一部分，其应从企业利润或利润留成中进行支出。他认为国家在制定银行一般放款利率时应以社会平均资金利润率作为一项重要依据，且应当摒弃"利息越低越能体现社会主义优越性"的错误观点，要防止出现银行存放款利息倒挂的不合理现象。他主张企业应当将利息视作利润的一部分，应当以利润或者利润留成来支付利息，以促使企业加强经济核算，提高劳动生产率，更好地发挥利息的经济杠杆作用。

在有关利率机制的探讨中，陈传新教授主张建立双重浮动利率机制，以期在1989年的治理整顿时期能够更好地发挥利率的经济杠杆作用。他认为中央银行要依据资金供求的变化在稳定中调整基准利率，并同时实现政府意图；专业银行依据中央银行划定的浮动幅度，根据市场上资金供求状况来确定利率的实际水平。此外，陈传新教授还主张应实行高利率政策，强调利率状况应跟踪物价水平的变动，从而才能使各经济主体对利率变化具有相应的敏感性。

吴慎之

吴慎之，男，1939年出生，河北人，我国知名的金融学者、金融教育家。1967年，他毕业于中央财政金融学院金融系金融专业，1969年至1978年在基层银行从事信贷管理工作，1978年始于中央财政金融学院金融系金融专业任教，并担任硕士研究生导师。1988年被聘为副教授，1992年任中央财政金融学院投资经济管理系副主任，1993年被聘为教授，任投资经济管理系主任。1993年后，他先后担任中央财政金融学院（中央财经大学）教务委员会主任、教务处处长、学生处处长、图书馆馆长以及组织部部长，并于2004年退休。此后于2004年任中央财经大学第一届教学督导组组长，主要负责投资经济系的督导工作，2005年兼任中央财经大学关心下一代工作委员会委员，保持共产党员先进性教育活动领导小组办公室联系指导组成员。

吴慎之教授从教40年一直坚守教学第一线，著书立说，将理论联系实际，为新中国培育了大批金融人才，是我国金融学科和经济学科发展的推动者。吴慎之教授科研成果丰硕、理论水平高、学术影响力大，在银行经营管理、信托与租赁以及房地产金融理论上深挖细掘，是我国金融教育教学的优秀代表。

改革开放之初，中国银行体系建设拉开了帷幕，机遇与挑战接连而至，吴慎之教授以极大的热情和勇往直前的精神投身于经济体制改革和金融体制改革的理论与政策研究之中，并担起培养未来专业金融人才的重任。他于1978年回到母校中央财政金融学院任教，在此后近40年的教学生涯中，他尽职尽责，发光发热，真正诠释了"教书育人"的伟大内涵。1979年起，他主讲《工商信贷与结算》等系列课程。1990~1992年，他为了使课堂教学体系更为完善，总结了多年课堂经验，主编和参与编写了《银行经营管理学》和《中央银行概论》等教材，系统地阐述了银行体制改革后的经营与管理、中央银行的产生与职能等金融专业知识，广受师生欢迎。

进入21世纪，即使工作重心已经移到了行政上，吴慎之教授仍然时刻关心着金融学科的建设与发展。2004~2006年，吴慎之教授任校第一届教学督导组组长，主要负责投资经济系的督导工作，具体工作为检查教师备课是否充分、授课过程是否完整流畅、教学内容是否更新的同时，重点检查教案是否完整，能否按教学大纲和教学计划（进度）进行教学，是否教书育人，能否严明课堂纪律，维护正常教学秩序，为课堂秩序的稳定和教学效果的提升做出了贡献。2010年，已经退休的他仍积极参与中央财经大学金融学院商业银行学课程体系的建设，这一课程也获得了校级精品课程的荣誉。他无时无刻不心系学术，躬耕学术，传承了金融学科建设的大旗，是我国金融学科现代化建设的拓路人和先行者。

吴慎之教授不仅在学术上颇有建树，还推动了学校的教学体制改革与创新。1996年，他任图书馆内部体制管理改革小组成员，在内部人员结构、管理流程上进行了卓有成效的改革，使图书馆第二课堂的作用得到了进一步的发挥。

吴慎之教授是一名优秀的老共产党员。1999年，在校内民主评议中，他荣获"优秀党员"称号。2005年起，他任中央财经大学大学保持共产党员先进性教育活动领导小组办公室联系指导组成员，退休后仍积极参加中国共产党中央财经大学第四次、第五次代表大会，是纯洁、先进和忠诚的优秀共产党员代表。

吴慎之教授奋战在教学前线近40年中，著书立说，成果丰硕。他先后主编撰写《银行经营管理学》（1989）和《中央银行概论》（1990）等著作，并在《中国农村金融》《中央财经大学学报》等优秀期刊上发表了《专业银行商业银行化的必然选择》《商业银行提高资本充足比率的途径》《国有企业重组与深化金融体制改革》《对发展我国住房金融的思考》和《我国国有商业银行资本问题研究》等学术论文，对我国银行体制和住房体制的改革做出了不可或缺的理论贡献。

潘金生

潘金生，女，1941年出生，河北沧县人，我国知名的金融学家、金融教育家。1963年，她毕业于天津财经学院财政金融专业，先后在中央财政金融学院、河北大学工作。曾任中央财政金融学院教授，硕士生导师，金融系副主任，中国金融学会财金分会副秘书长。1992年被评为优秀骨干教师。

潘金生教授工作勤勉，教学成果和科研成果突出，编著的著作、教材、工具书，发表的论文等累计500多万字，其中，主编教材6本，工具书7本，发表有较大影响的论文十余篇。她作为主编、副主编出版的主要著作：《信托知识手册》，北京科学技术出版社1989年版；《涉外金融法案》，中国政法大学出版社1989年版；《金融实用手册》，经济学科学出版社1990年版；《证券知识手册》，中国金融出版社1990年版；《金融概论》，中国华侨出版社1990年版；《比较银行法》，中国金融出版社1991年版；《中外证券法规资料汇编》，中国金融出版社1993年版；《社会主义金融理论》，中国财政经济出版社1993年版，《证券投资理论与实务》，中国财政经济出版社1994年版。

潘金生教授在证券、信托、金融法律等方面的研究具有开拓性，她的多项研究成果受到财政部系统和学校嘉奖。在社会主义储蓄存款与社会积累的关系上，她指出马克思分析资本主义社会的情况指的是绝对意义上的积累，从社会主义社会的实践来看，国民收入经过分配再分配以后形成的归社会分配的积累基金，是社会总积累的一部分，消费基金中用于个人消费的部分会采取储蓄存款的方式转化为生产建设资金，即扩大积累；补偿基金中的折旧基金在一定限度内也会转化为积累基金。所以，用于生产投资的社会总积累包括三个部分：一部分是国民收入经过分配、再分配以后形成的社会积累基金；一部分是以个人储蓄的形式转化的社会积累；一部分是固定资产折旧在一定限度内用于积累的部分。

在证券市场建设方面，潘金生教授提供了很多政策建议。她指出，应当发展投资基金，推广大众化投资工具，为股市的繁荣、稳定注入新的活力；应当疏通渠道，建立多层次的证券交易市场网络，活跃股市；应当加强宏观调控，综合治理股市。

关于国有企业融资问题，潘金生教授认为，我国国有企业长期以来单纯依赖银行的间接融资机制带来了不良的后果和危害。企业利息负担过重，加大了企业的经营成本，大量的银行贷款成为企业的铺底资金，银行不良贷款增加，银行金融风险加大，杠杆作用难以发挥。我国现代企业面向市场的新型融资机制的建立目前还存在不少困难，它需要和企业转制、银行转制、资本市场、宏观调控诸方面的改革同步而行。现代企业制度的建立是企业融资新机制形成的前提和基础；商业银行破产机制的建立是国有企业新融资机制实施的催化剂；社会保障制度的建立是解除国有企业向现代企业转化之中后顾之忧的重要保证；发达成熟的资本市场是现代企业融资的重要场所。

丁邦石

丁邦石，男，1938年生，江苏张家港人。1986年开始，丁邦石担任中央财政金融学院科研处副处长；1992年，开始担任中央财政金融学院学报编辑部副主任兼副主编，并于1994年获得研究员职务任职资格；1997年开始，丁教授担任中央财经大学学报编辑部主任（行政处级领导干部）。

丁邦石教授一直非常积极参与中央财经大学的人才培养工作，为青年教师的进步作出了贡献。他分别在1999年和2000年，担任中央财经大学教育发展基金管理委员会"涌金"奖励基金青年教师学术奖评审组成员和中央财经大学其他系列专业技术职务评审委员会委员。2009年，丁教授还担任了中央财经大学第三届教学督导组组长。

丁邦石教授在学术上孜孜不倦的研究，留下了多篇学术论文和专著。1996年，丁教授负责的科研课题《商业银行经营风险分析及其控制》获中央财经大学校级立项。1998年，他撰写的论文《强化宏观调控，稳定货币币值》发表于《中国金融》，并获得中央财经大学优秀科研成果三等奖。1998年，丁教授出版学术专著《社会主义农村金融学》。

丁邦石教授的研究领域包括货币理论与政策、商业银行和中央银行的改革和发展、宏观调控、农业经济等，著作多、涉及面广。他对我国货币理论与政策问题有大量的深入研究。发表的论文包括《论我国当前货币量的计量与控制》《关于货币量的计量与控制的探讨》《关于当前我国货币政策若干问题的思考》《论我国当前的货币政策》和《强化宏观调控稳定货币币值》等，深入探讨了我国货币理论和货币政策问题的历史、现状和政策，例如他提出用现金量占货币供应量的比例和货币量占国民收入的比例等指标来设定合理的货币发行量等。

丁邦石教授在银行改革方面提出了许多真知灼见。发表的论文有《专业银行向商业银行转变中的几个问题》《试论专业银行向商业性银行转变》《专业银行向商业银行转变的难点与对策》和《试论专业银行向国有商业银行转制》等，他多次提及专业银行的改革难点，并给出大量的政策建议。在论文《对我国商业银行主要业务经营风险管理的具体思考》和《论我国商业银行的经营风险与管理》钟，他还对我国商业银行经营风险的成因及特点做出分析，并给出对应的政策建议。

丁邦石教授关注银行改制过程中的不良资产的处理。在《我国资产管理公司与债转股的困境分析》和《试述债转股运作中的问题与政策建议》中，他论述了债转股的困境、道德风险和引发的社会问题等，并给出了明确主体、完善职能、加强信息披露等政策建议。

丁邦石教授对中央银行的宏观调控也有自己的见地。他在《建立分层次金融宏观调控体系，强化和完善中央银行职能》一文中提出在多个地区设立央行分支机构，在央行系统内实行分层次调控，给予金融宏观调控系统内各控制层因地制宜、灵活调控辖区内金融活动的权力和责任，来达到全国统一协调又保证地区经济发展的目的的这样一个理论。

丁邦石教授在金融业的其他各个改革发展领域等都有所涉猎。他的论文《当前经济形势与金融改革深化》《试论我国金融业经营制度改革》《论非银行金融机构的改革》《浅谈银行在宏观控制和微观搞活中的调节作用》等，深入探讨中国的金融市场改革，包括银行、证券、保险、信托、租赁，涉及分业经营、股票发行、金融法律规范等等多个话题。《谈谈确定银行利率依据的几个问题》从理论上分析银行利率相关的几个因素，给出了计划经济下制定和调整利率的理论依据和政策建议。《加强监管，确保一方金融平安》提出了健全完善我国央行稳健的金融管理制度，银行实施资产负债比例管理，建立我国的存款保险制度，完善我国的金融监管体系等政策建议。

此外，丁邦石教授还非常关心农业相关金融的发展。他在《如何提高农贷资金的使用效益》一文中倡导"因地制宜地支持开展多种经营，发展商品生产，讲究经济效益，活跃农村经济"，在《加快商业企业流动资金周转，提高贷款经济效益》中提出"农业设备和工商业贷款按生产周期掌握的做法，由于适合农、副业经济收支活动的规律，不仅资金运用充分，而且有力地促进了农业和工副业生产的发展"，在《农业总产值与所需资金的依存关系及对2000年的预测》中用计量模型预测2000年的农业总产值等。

徐山辉

徐山辉（1942~2019），男，湖北人，我国知名金融学者。1965年，他来到中央财政金融学院工作，1971年调任辽宁财经学院（今东北财经大学），1978年调回中央财政金融学院，从1986年起，他先后担任教务处副处长、院长助理、党委副书记、纪委书记、工会主席、教代会执委会主任等职务。他曾任北京市经济学总会理事。

徐山辉教授积极主编和参编教材、专著和工具书，积极从事科学研究。他出版专著7部，发表大量论文，主持财政部"八五"重点课题1项。他写的书包括：主编《中国国债市场》，经济科学出版社（1996年）；参编教材《中国社会主义金融理论》，中国财政经济出版社（1993年）和《金融概论》，中国财政经济出版社（1996年、2000年）；参编工具书《中国改革全书》，大连出版社（1992年），是《当代中国经济大辞库》（金融卷）的副主编，经济出版社（1993年），是《党的十五大报告经济词语解释》的编委，中国财政经济出版社（1997年）。

徐山辉教授教书育人，认真敬业，讲课生动细致，广受学生欢迎。尽管更喜爱站在讲台上教书育人，在学校需要的时候，徐山辉教授毅然承担起学校管理的行政工作。当领导层决定将他调任教务处，开始时，他并不非常愿意，相比于当领导，他更喜欢当老师。但是，在当时包括王柯敬教授在内的多个领导的劝说下，他最后就任教务处和党委的行政工作。调任教务处后，他履行教学科研副院长的职责，主要负责师资队伍建设，教学质量检查部分。

建校后，国家各方面开始恢复，包括出外交流访问。徐山辉教授跟随财政教育司领导张玉泰带领的财政部六所院校有关人员出访泰国、新加坡等国家。初次踏出国门的他在交流访问后，感受最深的就是国外师资队伍建设。国外教学不仅规范，也特别重视师资的培养，这点值得我们国家借鉴学习。在随后的工作中，他积极探索我国教育的改革和发展，他认为我们在发展高等教育时不能照搬别人的模式，要探索自己的新路子。

徐山辉教授在中国国债市场的发展、通货膨胀和商业银行改革等方面有深入的研究，主张发挥市场对经济运行的调节作用，建立市场化的银行体系，加强政府对货币的控制。关于中国国债市场发展，他指出，发展完善国债流通市场，对发挥金融宏观调控的功能具有重要意义。但我国国债市场存在流通不规范、持有者结构不合理、流动性不足以及国债利率作用的机制不合理等问题，因此需要进一步完善国债流通市场体系，建立和健全国债流通市场稳定机制，理顺国债利率和市场利率之间的关系，按照中国国情进行探索，使我国国债市场化建设不断发展和完善，更好促进我国社会主义市场经济的健康发展。国债的发行应当依据法律规定和合同约定履行按期按约定条件偿付国债本息的义务，发行额度的确定要考虑国家对债务收入资金的需求以及未来的偿还能力问题，国债采取固定利率还是浮动利率取决于国债投资的需求状况、市场物价水平和利率水平稳定与否，国债利率的确定应该依据市场供求状况决定。

在通货膨胀问题上，徐山辉教授认为，治理我国通货膨胀的有效措施包括：加强和改善政府宏观调控，强化信贷管理，严格控制货币和信贷总量；严格控制固定资产投资规模，努力调整投资结构；严格控制消费基金的过快增长；第四，改革流通体制，加强市场体系的培育和建设。

在商业银行转轨问题的研究中，徐山辉教授指出，首先，要对现行专业银行的经营机制进行根本性改革；其次，借鉴国外先进经营，积极推行资本负债化比例管理，以建立银行的自主经营机制、强化自我约束以及风险防范机制。

姚 遂

姚遂，男，1945年生，贵州省贵阳市人，我国知名的金融史学家。1962年，他考入中央财政金融学院。毕业后，他曾在中国人民银行西宁支行工作了十年，1978~1979 年在青海财贸学校任教。1979 年回中央财经大学一直任教直至退休。在 1996~2003 年间曾担任中央财经大学副校长。他撰写的著作有：《货币银行学》（中国金融出版社 1999 年版），《中国金融思想史》（中国金融出版社 1994 年版），《中国金融史》（高等教育出版社 2007 年版）等。

姚遂教授四十余年专注于中国金融史和中国金融思想史的研究与教学，著有《中国金融史》《中国金融思想史》。这两本著作旁征博引、贯通古今，是他的呕心沥血、厚积薄发之作，目前已成为两个领域最受欢迎、最受认可的本科生和研究生教材。年逾古稀，仍然担负着博士生的教学工作，培养出了大量金融史学人才。

姚遂教授是我国金融史学的探索者。他曾说，他之所以选择"史"的研究，是因为历史是最能增强一个民族凝聚力的，是一个民族的精神寄托，他进行中国古代金融思想史研究的初心之一，就是想要破除欧洲文化中心论的偏见，确立中国金融思想在世界金融思想史中的一席之地。《中国金融史》和《中国金融思想史》对中国自先秦以来两千多年的中国金融业的发展和中国金融思想的方法进行了深入系统的研究。这两本耗费了他一生心血的书，却成为这个领域承前启后的血脉之作。其中《中国金融思想史》在 2015 年获得中国金融图书"金羊奖"。

在自己的研究基础上，姚遂教授提出"国本主义"是中国古代经济政策思想的出发点、归宿点，制定政策的立足点。在大一统的制度下，国家从政权的需要出发，形成法制政策和统治思想，官办工商业异常发达，官办金融业也超常发展。而他认为，希腊雅典文化和金融思想作为西方文化、经济乃至金融思想的历史溯源，从一开始就是奴隶主的家庭经济学。因此，西方经济思想从一开始就表现为一种以私人经济为主体，而不是以国家为本位的经济思想，它们以家政为核心，而不是以国富为核心。就此而论，中西经济思想从一开始就具有起点不同之异。

而对于中国金融思想史的研究，姚遂教授有两个主要的研究兴趣。一个是管子的经济思想研究。他认为，管子的经济思想是中国古代治国理财思想的先驱与典范，有着深刻和丰富的哲学内涵，《管子》中国家治理的轻重之术更是宏观调控理论的先驱。他对中国金融思想史的另外一个关注点则在近代。近代中国处于中西方文化的交汇、冲突、融合的关键时间点上，同时也是中国人民救亡图存、改造社会的关键时期。在这一时期，他对中国金融思想的研究则更关注其应用性、实务性、务实性。他认为，民国金融思想以陈光甫、马寅初、章乃器、李达四大家为代表，他们的著述与实践体现了那一代人身上最突出的创新观念、超前意识和时代精神。这四个人亦是他极为推崇的近代金融思想家和实干家。

姚遂教授是一个严谨治身、情操高尚的学者和教师。他曾说，做学问也要有做学问的心气儿，做学者也好，做教师也好，也要有"立德、立言、立行"的担当，不能只为了讨人欢心。学者骨子里要有傲气，不跟风，不附和，不做违心事，不说违心话。"知之为知之，不知为不知"。作为教师，更要有师道的尊严。不在课堂上跟学生"侃"、浪费学生的时间是底线。在人格上，教师更要约束自己的言行，总以积极的态度引导学生。因为，就像他所说，"培养下一代，意义重大"。而他认为，中国的文化自觉，是一个漫长的过程，需要四五代人甚至更长时间的努力，才能实现中国传统文化与现代化的真正融合，我们每个人都要为此做出长时间的准备，作为教师，责任重大。

年逾古稀，姚遂教授仍坚持主讲博士生的课程，一讲就是三个小时。学院有年轻人向他请教，他也从不吝啬自己的时间，不厌其烦地把自己所知所学双手捧出。他说，如果自己的人生有准则的话，那么一条是严格的自律，另一条是顺其自然。他说，他一生并不顺遂，唯靠着这两条傍身，倒也自得其乐。

李锡梁

李锡梁，男，1925年生，浙江人，副教授。1945年，他进入上海四明银行工作，1949~1952年任上海公私合营银行总管理处干部，1955年任甘肃兰州银行学校教员，同时加入中国共产党，1957~1963年任职于甘肃财经学院，1963~1971年进入中央财政金融学院金融系任教，1979年复校后继续担任金融系讲师，1987年被评为副教授。在中央财政金融学院任职期间，两次被评为"先进教师"，在教师节受到表彰和奖励。2000年在学校民主评议中获得"优秀党员"称号。他专注于"农村金融"问题研究20多年，出版了大量与之相关的教材与专著，曾编写《社会主义农村金融》教材、《农村金融手册》工具书，以及《经济大辞典》。

在中央财政金融学院，李锡梁教授主要负责"农村金融""银行计划"以及"银行会计"课程的教学，曾担任过农村金融教研组组长和金融业务教研室主任。1985年前后,"农村金融"课程的其他几位教师陆续调离,该课程的教学任务及有关工作、社会活动全部由他承担。通过经过多年的努力,他的专业理论水平不断充实提高。课余时间,他经常深入班级辅导,听取同学意见,交流思想,以此改进教学内容和教学方法,在授课班级的学生中产生了良好的影响。因此,1985年和1986年,他连续两次被学院评为先进教师。

1979年,李锡梁教授参加了统编教材《社会主义农村金融》中关于农村现金管理与转账结算的编写。他从农村的货币流通入手,分别介绍农村现金管理与转账结算的意义、内容以及管理的要求,并且进行了大量实际调研。内容结构严谨,在逻辑上有很强的科学性。在阐述业务方法时,也照顾农村特点,既坚持了原则性又注意到了因地制宜的灵活性,对于实际工作有一定的参考价值。

1986年,李锡梁教授参加了上海辞书出版社出版的《经济大辞典》编写工作。他负责"金融卷"金融机构词条的编写以及定稿工作,共完成2万字。在辞典中,他详细评议了"银行""中央银行""商业银行""国家银行""中国人民银行"五个词条,是该书中金融机构类的重点条目。这些定义非常准确,知识十分丰富,文字简明而资料翔实,具有较强的科学性和知识性。

1985年,李锡梁教授在《农村金融月刊》第7期发表了"农业银行必须办成真正的经济实体"。文章提出"农业银行作为经济实体,它的经营目标是,遵守国家政策法规,以宏观经济为指导,在支持农村商品经济发展,提高资金使用效益的前提下,努力增加农业银行自身利润。农业银行的对外业务活动(如信贷、信托),要执行合同制,违反合同的任何一方均要赔偿经济损失,这样才有可能保证银行经营目标的实现。对内,要实行经济核算制,计算业务成本和利润,特别是要实行行长负责制和职工岗位责任制两项重要制度。"

1986年,李锡梁教授在农村金融学会第二次年会发表"论我国专业银行的性质"主旨演讲中,深入系统地分析了我国的社会主义专业银行与西方的资本主义商业银行的主要区别,该文发表在《中央财经大学学报》。他提出的四点区别包括:第一,我国实行的是有计划的商品经济,银行必须按照国家宏观政策的要求,有计划地管理信贷资金;第二,我国的专业银行有类似西方的商业银行和专业银行的两重性质;第三,我国的专业银行,在日臻完善的金融市场上虽然也有优胜劣汰的问题,但它们还要作为市场的中坚力量,受中央银行委托充当市场的管理者,并对企业的资金使用负有监督职责;第四,我国尚处于新旧体制交替过程中,实行以利润为唯一经营目标的条件还不成熟,各种法律手段不完善,生产和流通企业未能实现真正的自主经营、自负盈亏。他的这些观点为当时指导中国特色的专业银行合规发展提供了宝贵的意见与建议。

除此之外,李锡梁教授曾为北京市高等教育自学考试命题以及建立题库,并多次为全国银行系统评定职称进行考试命题,为金融实践的发展贡献了力量。

黄贤镛

黄贤镛,男,生于1926年,福建省福州市人,副教授。1951年,他毕业于福建学院经济学系。毕业后,先后在中国人民银行总行、中央财政金融学院、北京财贸学校等单位任职和任教。1960年3月~1973年11月、1978年9月至1990年12月间在中央财政金融学院工作,先后任讲师、副教授,金融理论教研室副主任。他致力于中国近代金融史的研究与教学,为我国金融史的学科建设和教材建设做出了贡献。他长期坚持在教育一线工作,为我国培养了一大批优秀的财经专业人才。

黄贤镛教授忠于党的教育事业,坚持教书育人。在中央财政金融学院金融系任教起,他先后担任中国金融史、农村金融等课程的教学。1973年中央财政金融学院停办后,他被分配到北京财贸学校,担任财税和银行课的实践教学和政治经济学课的教学。1978年调回中央财政金融学院后,他承担起中国近代金融史课的教学任务,先后在金融78级、金融79级、金融82级、金融84级和国际保险84级等班级任课。

黄贤镛教授热爱金融教育事业,除了在本校上课,还去外校承担部分教学任务。他还参加了北京市高等教育自学考试《政治经济学》的评卷工作,并为中国人民银行总行招考研究生命题,为中国人民银行干部大专班讲授《货币银行学》课等。从1984年9月到1986年12月,他还担任了中央财政金融学院金融理论教研室副主任的职务。

1978年中央财政金融学院恢复办学后,黄贤镛教授承担了中国近代金融史课的教学任务,而这门课所面临的第一个问题是没有现成的教材。为了能够按照教学计划如期开课,首要任务是推动教材建设。为此,他在接受了金融史课的教学任务后,便立即投入了编写教材的工作。在认真阅读主要史书和有关经典著作的同时，他也着手翻阅并摘抄大量图书和档案资料。1979年，他还去中国人民银行和西安等地收集有关金融档案资料。在收集考证大量资料的基础上，我国第一本《中国近代金融史》教材终于在1980年撰写完成，并在中央财政金融学院及陕西财经学院、吉林财贸学院等兄弟院校使用，获得一致好评。

1984年，黄贤镛教授受中国人民银行总行委托，承担了《中国近代金融史》统编教材部分内容的编写工作，1985年，他又编写了适用这本统编教材的多达3万字的教学大纲，促进了我国金融史的学科建设和教材建设。

黄贤镛教授深耕中国近代金融史领域的教学和研究，主编书籍3本，发表论文1篇，编写了我国第一本《中国近代金融史》教材。1983年他在《中央财政金融学院学报》上发表了《清末——北洋军阀时期帝国主义对华金融侵略》一文。从资本输出、扩大再剥削、政治借款三个方面，对清末至北洋军阀统治时期中帝国主义对华的金融侵略进行了细致的梳理，娓娓道来，史料翔实，条理清楚，夹叙夹议。

黄贤镛教授还负责编写了高等财经院校试用教材《中国近代金融史》中第三章"清政府崩溃时期的金融"的内容。在这一章中，他以历史唯物主义和辩证唯物主义为指导思想，联系甲午战争、八国联军侵华前后的经济政治状况，研究了1895~1911年中国金融演变的历史过程，阐述了"中国新式银行、钱庄与票号、清末的货币"等金融活动的特点，探索其发展演进的客观规律，并结合丰富的史实，阐明了旧中国半殖民地半封建金融崩溃的过程，及其对社会经济的影响。

于　滔

于滔，男，1928年生，副教授。20世纪80年代初期，他是中央财经大学金融学院较早研究中国近代金融发展历史的学者。他对中国共产党在革命时期的金融政策和金融活动的研究走在了这一学术领域的前列。

早在20世纪80年代初，当时关于我国近代金融史的研究刚刚起步，既没有统一的教材，对该领域研究的对象、范围等一些基本问题的认识也模糊不清。在这样的条件下，于滔教授较早地、系统性地提出了其对近代金融史研究对象、范围和意义的理解。

首先，他强调中国近代金融史研究要有"大历史观"。这是因为，在这一时期，我国的政治社会发生了剧烈的变化，各种矛盾空前激化和复杂。中国社会变化的过程和中国人民救亡图存的过程可以说是中国近代史的主要内容，因此也是中国近代金融史的主要线索。

其次，就研究范围而言，他强调，不要把"金融"研究的视野局限在某一个狭小的枝节里，要把货币流通、信用活动和金融机构变化三者统一起来，不能分割开来。同时还要联系时代背景，注意社会政治、经济对金融发展的影响与制约，进行综合研究。

于滔教授最早提出了对中国近代金融史发展阶段的划分。他认为，中国近代金融史从1840年鸦片战争到1949年新中国建立彻底改变旧的金融体系为止，可划分为三个历史阶段。第一阶段：1840～1894年，是半殖民地半封建社会开始的金融。这一阶段的主要特征是，外国资本主义入侵，中国封建经济逐渐分解，以英国丽如银行为开端的外国银行先后侵入中国，操纵中国金融，钱庄票号盛行，货币流通混乱。第二阶段：1894～1927年，即半殖民地半封建社会深化的金融。这个阶段的主要特征是，外国资本主义进入帝国主义阶段，增加在华投资，进一步控制中国金融和财政，以中国通商银行建立为开端的中国银行业开始兴起，货币流通极度混乱。第三阶段：1927～1949年，即半殖民地半封建社会崩溃的金融。这个时期的主要特征是：一方面，国民党政府以中央银行建立为开端的金融垄断的形成和崩溃，货币制度的改革和最后失败，帝国主义金融势力的消长和败退；另一方面，在中国共产党领导下，根据地和解放区的金融机构由建立、发展到统一，其货币流通和信用活动由局部地区扩展到全国，获得彻底胜利。这三个阶段的划分，对于我们理清很多中国近代金融史上的问题提供了清晰的线索。

在近代金融史的具体问题上，于滔教授也有相当广泛的研究成果，尤其是他对中国共产党领导革命根据地时期的金融问题的长期关注，提供给后来学者大量历史案例与经验总结。他认为，由于1927年中国第一次国内革命战争失败以后，中国共产党所领导的革命根据地是建立在战争频繁、敌人封锁和小农经济为主的农村，因此，中共面对的任务是既要大力发展军事斗争，又要进行必要和可能的经济建设。为此根据地苏维埃政府先后创办了工农银行，而后又成立了国家银行。在组织货币发行和货币流通方面进行了艰巨的工作，对于支援革命战争，巩固根据地起了积极的作用，积累了十分有益的经验。

于滔教授系统研究了抗日根据地时期的货币流通问题。他发现抗日根据地按照不同的时间、地点和条件，主动地处理了本币的发行与收缩问题，主动地调节了货币流通。具体来说，随着根据地的扩大或缩小，本币在相应时间地点也应当扩张或收缩，避免币值发生较大波动；由于根据地以农业经济为主，受季节影响较大，因此根据地在旺季适时增加收购，发放货币，在淡季出售库存，回笼货币，从而稳定了物价；根据物价的变化状况，根据地适时调节货币的流通；同时，根据地也注意银行与财政收支、物资进销、货币收付及外汇贸易管理等工作相结合，共同组织好货币流通。可以说，这些战时的宏观调控政策为中华人民共和国成立后中国共产党的治理措施也提供了极为宝贵的经验。

除货币政策问题外，于滔教授也较早地关注到了根据地的民间债务政策。他注意到，在革命不同的历史阶段，中国共产党对民间借贷问题的认识有不断的演变。

于滔教授对于中国近代金融史的研究，可以说是既从大历史观出发，又尊重了历史的细节。真正做到了从个性到共性，再从共性到个性这样一历史唯物主义、辩证法的研究方法。他对于中国共产党在革命时期金融政策的研究对理解我党领导中国革命的胜利提供了一个非常独特的视角，让我们从更多的角度来认识了革命胜利的原因，同时也对我们理解金融的本质问题提供了一个历史的独特案例。

杨美玲

杨美玲（1928~2010），女，湖北人，副教授。她毕业于北京对外贸易学院外贸经济系。曾在外贸部所属中国轻工业品、纺织品进出口总公司从事纺织进出口业务多年，后转至银行工作，1979年转到中央财政金融学院国际金融专业任教。1982年被评为讲师职称，1988年被评为副教授。1986~1987学年被评为"教书育人，服务育人"先进工作者。她长期从事高等财经教育和科研工作，任教期间讲授《国际贸易与航运知识》以及《进出口业务》，受到学生一致好评。其间，她参与编写《国际贸易与航运知识》教材的四章、教材《国际金融》国际结算部分以及《金融概论》一书中的国际金融部分。

1987年，杨美玲教授在《中央财政金融学院学报》上发表了《改革外汇管理体制的几点意见》，对外汇体制改革提供了政策建议。面对20世纪80年代我国外汇管理的复杂问题，她认为在改革思想上应明确：第一，改革要有利于对外汇的宏观控制；第二，改革要有利于我国对外贸易事业的发展；第三，改革要有利于利用外资和引进先进技术的工作；第四，改革要有利于国家外汇的集中。针对上述改革中的问题，她提出更具体的建议：（1）加强人民银行对外汇管理工作的宏观控制作用；（2）善于发挥各专业银行及其他金融机构经营外汇的积极作用，共同做好外汇体制改革工作；（3）要慎重地引进外资银行和侨资银行，应慎重选择资金雄厚、信用和经营作风好的大银行。其好处是可以利用其资金，同时也能促进我金融机构学习他们经营管理方面的先进经验，在竞争中来推动我们的体制改革工作。

她参与编写《金融概论》的国际金融部分，从国际收支、外汇与汇率、外汇市场及国际金融机构、利用外资问题、国际结算等五个方面概括国际金融体系。这本教材后出版后，产生广泛影响。

焦玉兰

焦玉兰（1933~1992），女，山东人，教授。中华人民共和国成立前，她在山东济南接受了基础教育与专科教育。在1949年6月至1951年4月间担任济南工业局的统计员，后调往华东工业厂山东办事处，做调配员，直至1952年6月。后又前往山东省工业所，担任计划员。1952年6月，她参加高考并以优异的成绩被中国人民大学录取。毕业后在统行干校企业运动分析组中做教员。后前往中央财政金融学院金融系担任教员。她重视金融基础理论研究，主要研究货币流通与财政金融等领域。她长期在教育一线工作，为我国培养了一大批优秀的金融人才。

焦玉兰教授的主要学术成果集中在货币流通、外汇券、纸币与黄金等相关领域。她指出，在货币流通规律上，财政赤字与货币流通的关系与"货币流通"这一概念的界定范围有关。对于狭义的货币流通即现金流通与财政赤字的关系，由于影响二者的因素并不一致，二者无论是在数量上抑或是方向上都是不一致的。而对于广义的货币流通与财政赤字的关系，又取决于国家弥补财政赤字的方式。一般而言，只有当国家银行通过直接扩大贷款的方式弥补财政赤字时，才会影响货币流通。

在外汇券的研究方面，焦玉兰教授系统分析了20世纪八九十年代外汇券流通乱象。她尖锐地指出，外汇券的流通非但没有达到加强外汇管理，维护社会主义金融秩序的目的，反而产生了破坏人民币威信，引起国内市场投机，不利于外汇管理，减少国家侨汇收入等一系列严重的问题。她论证了货币排他性的一般规律，即作为一般的价值形态，在一段时间内，一定范围内，充当一般等价物的货币只能有一种，如果有两种货币同时流通就必然发生相互排斥的现象。

关于纸币与黄金的关系，焦玉兰教授认为应该从本质看纸币和黄金的联系而非现象，即纸币和黄金均符合货币流通规律的要求，纸币流通的特殊规律也只能从纸币是金的代表这一规律中产生，因而纸币流通规律本质上也是货币流通规律，纸币和黄金本质上有一种必然的联系。

万长荣

万长荣，男，1934年出生，湖北武汉人，教授。1963年，他毕业于湖北大学经济系财金专业。随后进入中央财政金融学院工作，1973年调任调至北京市财经学校，1978年调回中央财政金融学院工作至1995年退休。他注重理论联系实际、西为中用的金融教育，培育出众多金融业务骨干队伍。他的主要研究领域为金融应用以及信贷，有着丰厚的学术成果。1997年，他的著作《中国典当之研究》获得校级科研课题立项。他还著有《社会主义银行经营与管理》与《信托与租赁信用》两本专著，其中，后者被评为"信托法学三十年的重要理论成果"之一。此外，他还在金融领域发表多篇学术论文，对相关理论的进展做出了突出贡献。他长期坚守教学第一线，为我国金融学科建设、师资队伍建设和金融人才的培养做出了贡献。

万长荣教授在科学研究注重求真务实，从实践中发现问题，在理论上深入论证，切合现实提出可行性强的解决对策。在改革开放之后，如何协调财政与银行的关系是摆在人们面前的一大难题。在一背景下，他对市场经济态势下的财政银行工作方针提出了《市场经济态势下的财政银行工作之总方针》，指出社会主义市场经济态势下财政和银行工作要转换意识，更新服务。坚定不移地执行"发展经济，保障供给"的总方针，为实现共同富裕做出更大的贡献。其次，他认为，在发展市场经济的过程中，既要充分利用市场经济的长处，也要高度警惕其自身的弱点和消极方面。因此，在市场经济大发展的背景下，财政与银行必须充分发挥分配调节功能，实现国家的宏观调控，从而使市场经济机制更好地为"发展经济"贡献力量。

为了进一步落实邓小平关于培养军地两用人才的一系列指示，万长荣教授积极参加由中央党校、中国社会科学院、中国人民大学、中国政法大学、中央财政金融学院和中国军地两用人才大学组成的教材编审委员会，负责教材编写。八十年代中期，银行和非银行金融机构急需为方兴未艾的信托租赁机构充实信托、租赁人才。为了社会需要，为了展宽过细过窄的金融专业，也为了提高毕业生分配双向选择的主动权，他参与编写的《信托与租赁信用》于1988年设置课程并开讲。这门课程为培养信托业的优秀人才做出了贡献。

万长荣教授深入研究了信贷资金使用效果从使用的要求、方向、数量和经济价值来，并发表了《谈谈信贷资金使用效果及其考核指标》一文。他还提出仅从经济角度衡量是远远不够的，还需要从社会角度主要是环境污染程度来考核，只有同时从经济效果和社会效果进行分析，才能准确地衡量信贷资金对人民利益的提升作用。为此，他又从环境以及社会的角度定义了一些新的信贷资金使用效果衡量指标。他这一考虑环境影响的思想十分超前，而近年来火热的绿色金融概念与他的思想正是一脉相承的。

刘焕成

刘焕成，男，1937年出生，讲师。他25岁时担任中央财政金融学院金融系见习助教，1979年提升为讲师。从教多年他坚守教学第一线，为各个层次的学生授课，在金融教学岗位上工作兢兢业业，为我国20世纪60年代初期和改革开放初期培养了一批金融人才。他长期研究我国的信用、货币和银行等问题，产生了一批研究成果。

改革开放初期，刘焕成教授以极大的热情和勇往直前的精神投身于经济体制改革和金融体制改革的理论与政策研究之中。他以坚实的经济学理论为基础，从客观的经济规律和社会发展的总趋势出发，补充了社会主义社会的货币理论，提出社会主义社会依然存在货币的现象，是由局部的社会劳动与社会总劳动的矛盾决定的，代替了资本主义社会私人劳动和社会劳动的矛盾。此外，他还就社会主义货币的性质、职能和作用，在马克思的货币理论基础上，结合中国的国情，分别作了非常详尽的阐述。

在社会主义社会的货币流通这一主题下，刘焕成教授详细论述了由于信用、银行的存在，货币流通的两种形式在社会主义中国也都是存在的。他指出，货币流通有利于加速资金的周转，节约社会流通费用，有利于发挥银行对国民经济的反映、监督和调节作用。他介绍了我国当时现金流通和转账流通的渠道，强调了货币流通规律及其作用范围，特别指出在社会主义制度下，不论是哪种形式的货币，都是社会购买力，社会货币购买力要与社会商品供应量相平衡。最后，他给出了货币流通正常化的三条标志，实现货币流通正常化的基础和条件等。

在中央财政金融学院执教同时，刘焕成教授还利用各种途径向全社会普及金融知识，积极承担高等院校服务社会的责任。他组织和参加了大量金融知识培训活动，深厚的金融理论造诣和丰富的实践经验在金融业界赢得了声望。他在金融学科的新建和课程建设方面倾注了大量心血。他一生笃爱金融教育事业，将自己的毕生精力投入到教学科研之中，他讲课逻辑清晰，内容丰富，深受学生喜爱。刘焕成教授在教学岗位上奋战多年，为我国金融人才的培养做出了贡献。

许慧君

许慧君，女，1939 年生，广东汕头人。她毕业于上海财经学院。1979 年进入中央财政金融学院任教直至 2000 年退休，主要讲授金融史相关课程。她曾任金融系理论教研室副主任，担任中国钱币学会第六届理事会名誉理事。1987 年被评为中央财政金融学院评为"教书育人先进工作者"。

许慧君潜心学术，教书育人，不断提升自身的科研和教学素养。为了更好地掌握我国金融史资料，曾克服各种困难，到北京大学、人民大学进修和旁听中国古代货币史、中国近代经济史、古汉语和史料学，积极投入和提升金融史方面的研究和教学工作。在这个过程中，她参与编著了《近代金融史》。

许慧君的研究领域集中于中国金融史，特别是近代史的研究。她曾先后发表多篇关于近代中国通货膨胀、证券交易方面的文章，通过剖析中国历史上的财政金融现象，为改革开放后中国金融改革、金融市场发展建言献策，提出了很多宝贵的经验和见解。

1987 年，许慧君在《中央财经大学学报》发表"评国民党政府的通货膨胀"一文，通过历史比较和数据对比，对国民政府时期的通货膨胀进行剖析。她指出，造成国民党政府时期通货膨胀的根源在于，国民党政府的法币改革名义上通过黄金和外汇实现货币稳定的制度，但受到战争的影响没有发挥作用，最终由于财政赤字货币化，引发货币超发。该文对于特定条件下通货膨胀的成因以及可能造成的严重后果都有了深入的探讨，对于改革开放后的货币政策和人民币币值问题有一定的借鉴意义。

她与盛慕杰合作发表于《上海金融》1986年第10期的《中国证券交易所的历史启示》聚焦近代中国历史上的证券交易。该文通过梳理和研究近代中国证券交易的相关史实，对改革开放后中国金融市场发展、特别是1992年中国证券交易所的建立具有极为重要的借鉴意义，在当时看来非常具有前瞻性和预见性。

曾广宇

曾广宇，男，1948年出生，广东省番禺人，副教授。1966年，他毕业于中央财政金融学院，1973年在广西财经学校任教，1980年调回中央财政金融学院金融系任教。他于1990年加入民主建国会，并于1997年当选民建北京市第七届委员会常务委员会副主任委员、常务委员。他在信用社体制改革、政策性农业保险等方面颇有建树，在政府相关政策的决策与实施中起到了重要作用。

1966年毕业后，他被分配到基层进行学习。1973年，广西财经学校恢复银行专业，他调入该校讲授银行信贷学。在教学过程中，他深感专业书籍的稀缺，为扩充学生们的专业知识，更好地将中国实际问题与理论知识结合起来，编写了《工业企业财务与分析》《工商信贷工作基础知识》等专业教材。

1980年，他调入中央财政金融学院金融系任教，主讲《银行信贷学》《工商信贷与结算》等课程。在其后十几年的教学生涯中，他专心于教书育人，将推动中国银行信贷学发展、培养专业的信贷人才视为己任。他一直倡导理论与实践教学紧密结合，身体力行成为理论联系实际的金融教育家代表，长期密切关注金融发展和实务变化，及时将最新变化引入课堂教学，使学生们及时获知金融体制改革的最新动态和理论发展成果，培养了一大批专业的金融人才。

在同民主党派接触过程中，曾广宇教授对于主要面向经济界的中国民主建国会产生了浓厚的兴趣，于1990年加入民建会，并于1993年当选为北京市政协委员。1997年民主党派换届，他出任民建北京市第七届委员会常务委员会副主任委员、常务委员。在担任民建北京市委员会副主任委员期间，他心系国家，积极参加到中国特色社会主义社会的建设中，多次建言献策。在2008年某高官腐败案中，他提出，由于上级纪委掌握着特殊的资源和权力，对下一级纪检干部的选拔、任用、监督、评价和任免以及日常的教育也是必不可少的环节。市场经济应该让政府超然于具体的经济行为之外，官员自觉约束自身言行，将为政府职能归位起到先导作用。

在民建会东城区委召开的中共十六届五中全会精神学习座谈会上，曾广宇教授根据规划中提出的全面贯彻落实科学发展观、坚持六个"必须"原则以及"十一五"的主要目标，提出了八个意识和五点要求，即：北京的机遇意识、科学发展意识、自主创新意识、强农意识、和谐人本意识、改革意识、将北京建成首善之区的意识和加强忧患意识。

同时，作为一位有多年教学经验的专业金融人才，在从政生涯中，曾广宇教授将金融理论与实际相结合，在信用社体制改革的课题研究和建立政策性农业保险的课题研究等具体问题提出了诸多政策建议，对于信用社改革产权制度、资金运营、内部治理、监管状况进行了系统梳理，对政策性农业银行在财政补贴政策、再保险制度、巨灾风险基金制度、税收减免制度方面做了详细的分析与展望，为中国经济金融发展突破瓶颈、落实细处做出了贡献。

钱中涛

钱中涛，男，1943年生，江苏常州市人，副教授。1962年，钱中涛考入中央财政金融学院金融专业。毕业后，他先在中国人民银行新疆维吾尔自治区分行农三师支行担任信贷员，并于1974年调任化工部第九化工建设公司财务会计。1980年，他回到中央财政金融学院工作，并于1982年获评讲师职称，1987年评为副教授。在中央财政金融学院，他在1983~1985年担任金融系党总支副书记并兼任金融业务教研室主任，1983~1984年间，他在国务院经济研究中心从事研究工作，并先后担任中国金融学会《金融研究》编辑委员会委员、中国金融学会金融体制改革研究会副主任。1985~1992年间，任中央财政金融学院第一副院长（常务副院长）。1992年调任财政部农业税征收管理局局长，并于 1994～2004 年任中国进出口银行董事、副行长。

钱中涛教授担任中央财政金融学院第一副院长时期正是学校最艰难的时刻。由于学校复校不久，百废待兴。学校的校舍也由于历史原因于被北京卷烟厂占据。据钱中涛教授自己介绍，这一时期是他一生中最艰难的时期，比他在新疆工作还要困难。为了解决校区问题，他四处奔走，承担着巨大的压力，甚至还得罪了不少政府领导。最终，在他的坚定不移的努力下，圆满地解决了问题，为后来中央财经大学的发展奠定了学院南路校区的重要基础。

钱中涛教授的研究领域主要集中在经济改革尤其是银行改革方面。在改革开放初期，他在《关于银行体制改革若干问题的认识》《苏联东欧国家银行体制的演变及改革》《要进一步发挥银行作用》等多篇论文中，多次强调正确认识银行在国民经济中的地位和作用，认为银行的运行机制要和体制配套，提倡建立一个有权威的中央银行，对货币发行、信贷资金的运用、利率变动、外汇收支等实行集中统一管理，并保证把资金用到国家最急需的方面去。

在《认真分析我国通货膨胀的成因、特点及对策》中，钱中涛教授分析了造成通货膨胀的表层原因。他提出，货币的过量投放的背后是经济发展速度过热和投资消费的双膨胀，其深层原因是经济改革的战略失误和宏观调控的失灵。他在《信贷控制与调节是我国中央银行的重要职能》和《银行贷款投向与经济效益》进一步通过分析中央银行在货币发行上的控制手段，提出需要发挥银行的信贷控制的作用来控制通胀和促进经济发展。

此外，他在任中国进出口银行副行长时，发表了《亚洲区域经济一体化与官方出口信用机构的作用》主题演讲，提出采用官方出口信用机构通过促进国际贸易、国际投资和国际合作的活动可以促进区域经济一体化的发展思路。

李玉书

李玉书，男，1944 年生，北京人，教授。他在 1967 年毕业于中央财政金融学院，毕业后进入山西大同供电局工作，1978 年调回中央财政金融学院金融系任教。之后，他先后担任中央财政金融学院的宣传部副部长、学生工作部部长、党委副书记和纪委书记、中央财政管理干部学院的党委书记、中央财经大学的党委副书记等职务。他学于中财、教于中财，从教三十余年，始终坚持理论联系实际，关注中国经济的现实问题与未来走向，积极提出亦深亦专的前沿观点。他注重学生和教师队伍的思想理论建设，育人先育德，兢兢业业，恪尽职守，多次被评为"先进工作者"，为学校发展做出了突出贡献。

李玉书教授强调理论学习的重要性，同时强调理论要联系实际。1978年，他进入中央财金学院金融系任教，主要讲授货币流通与银行计划课程。"文革"后恢复办学，已经停滞多年的理论研究明显与现实发展脱轨，为了更有效率地讲好这门课，他同东北财大的林继肯教授一同前往辽宁本溪、浙江余姚等地展开调研，了解当时中国银行业的发展状况，并根据调研成果编写了《货币流通与银行计划》一书。

1984年，中国人民银行成为中央银行，其商业银行业务由新成立的中国工商银行和其他专业银行接管。原有的银行理论已不适用实践的发展，李玉书教授与同事一道，在实践调研的基础上，编写了《中央银行概论》和《中央银行概论学习指导书》，联系我国银行工作的实际对中央银行的理论与实务进行了系统论述，推动了我国中央银行的理论研究。

李玉书教授结合新时期经济发展的新形式，与江苏省、山东省地方政府机构合作，参与主编了第三辑《迈入21世纪的中国经济》，对经济全球化背景下中国面临的各类突出问题进行理论探讨并提出相应对策。他注重研究现实问题，探索我国经济发展的未来趋势，研究内容充实，理论有深度、有特色，极具前瞻性和策略性的参考价值，为21世纪中国经济的重点、热点、难点问题研究做出了一定的理论贡献。

李玉书教授学以增智，践行真理，兢兢业业，恪尽职守，为党政工作做出积极贡献。他曾编写《邓小平理论问题研究》等书籍，鼓励学生继承和发展我们自己的宝贵精神财富。1984年，他在宣传部工作期间，组织党员轮训班以更好地学习整党文件。1987年从事党务工作后，在人才管理工作方面，他紧抓中层干部的配备工作；同时，为了提高政工干部和班主任、辅导员的素质，在校内举办了政工干部进修班等，加强了基层党建工作。

李玉书教授注重学生的德育工作，主张以德为先，培养厚德之人。1986年在学生工作部任职期间，他紧抓学生工作，整顿校风校纪，同时注重班主任、辅导员队伍建设，起草了《关于加强学生思想政治工作的意见》等文件并积极推动实施。他常常说，做这份工作，德是第一位的。我校培养的大批学生今后都要走向与金钱打交道的岗位，在物质欲望面前，守住好的德行和基本的职业操守格外重要。教育是培养良好道德的重要一环，在这一环上我们不能懈怠。

　　李玉书教授常鼓励自己的学生多阅读一些哲学和逻辑学的书籍，注重学生的基本思想理论基础。他用"矛盾观"举例，任何事物都是有矛盾的，做事情抓住主要矛盾、抓住主要矛盾的主要方面，也就有了行动的方向，不至于迷茫，可能问题也变得容易解决了。"哲学是现世的智慧"，他一直鼓励年轻人在哲学学习中培养思考问题的方式方法，形成正确的世界观和方法论。

　　李玉书教授经常鼓励学生养成牺牲精神和奉献精神，尤其重视对学生干部的培训。他于1986年暑期组织班主任、辅导员研讨班，交流工作经验，研究学生特点和学生工作的内容及方法，通过对学生干部和学生工作的合理考核，鼓励这种集体精神和奉献精神的发扬，并在同学们中间起到传染、辐射的作用。

　　从教30余年，在专业教学上，李玉书教授关注金融发展和实务变化，探索新兴事物，及时将最新变化引入课堂和教材；在党政工作上，他又兢兢业业，始终以立德树人为己任，不忘初心。

第九章
金融学院大事记

1978 年

3 月

16 日，教育部〔(78)教计字179号〕向财政部发出通知：根据国务院领导同志的批示，同意在北京恢复中央财政金融学院，并设置金融、国际金融等专业，学制3年。

8 月

4 日，财政部党组会议研究决定，中央财政金融学院今年金融等3个专业共招生120名，教学系统设有金融系等6个单位，编制325人。

10 月

12 日，中央财政金融学院举行复校后首届新生开学典礼，复校后第一次招收金融专业的学生43名。

12 月

本月，中央财政金融学院为北京市代办扩招班，招收金融专业27人。扩招班学生1979年1月来校报到上课，编为1978级金融2班。

本年，设立金融理论教研室（张玉文任主任）、银行业务教研室（俞天一任主任）。

1979 年

6 月

11 日，财政部〔(79)财政字第13号〕文件：经1979年6月5日部党组会议讨论决定，张焕彩同志兼任金融系主任，张玉文同志为金融系第二主任（处长级）。

7 月

25 日，校党委文件：经报请财政部政治部，征得北京市委教育工作部同意，金融系建立总支委员会，由张焕彩同志任书记，张玉文同志、马旭光同志任副书记。

9 月

本月，金融系参加国庆三十周年学术讨论会的论文共两篇，包括：1.《关于社会主义资金分配方式的改革问题》（王佩真）；2.《关于我国银行在国民经济中的地位与作用问题》（俞天一，曹兴华）等。

11 月

5 日，财政部〔（79）财政字第 35 号〕文件：经部党组 1979 年 11 月 2 日讨论批准，任命王佩真同志为金融系副主任；俞天一同志为金融系副主任。

12 月

26 日，财政部〔（79）财政字第 41 号〕通知，同意学校 1980 年设置包括金融、国际保险在内的 5 个新专业，每个专业招生 40 名，共计 200 名。

本月，在中国金融学会成立大会上，张焕彩同志当选为理事。

本年，增设保险教研室（李继雄任主任）。

1980 年

1 月

本月，徐山辉编写的教材《社会主义银行理论与业务》出版。

本月，张焕彩同志被选为中国会计学会副会长。

5 月

本月，李锡梁编写的教材《社会主义农村金融》出版。

6 月

本月，俞天一、万长荣、吴慎之编写的教材《工商信贷与结算》出版。

本月，潘金生编写的教材《金融概论》出版。

7 月

1 日，学校召开 1980 年度夏季学术讨论会，金融系提交 7 篇论文。

本月，陈传新编写的教材《〈资本论〉三卷部分提要》出版。

11 月

19 日，正式成立中央财政金融学院学术委员会，副主任委员包括张焕彩等；委员有张玉文等。

本年，金融系共招收新生 80 人，其中，新增国际保险专业招收 40 人。

本年，俞天一教授在《财贸战线》上撰文，明确提出"要给银行以较大的经营自主权""与此同时银行要建立一整套符合客观经济规律的制度和管理办法"，是国内最早主张专业银行实行企业化经营的学者之一。

本年，增设国际金融教研室（张景文任主任）。

1981 年

2 月

17 日，学校致函北京市高等教育自学考试委员会，同意承担金融专业主考任务。

3 月

21 日，高教人字（81）第 15 号通知：同意确定评聘金融系王佩真、俞天一等为副教授。

9 月

本月，中国人民银行南口管理干部学院和金融系联合主办中国人民银行干部培训班（南口），该培训班是面向中国人民银行系统全国中层以上领导干部开设的培训项目。项目先后开设了三期，每期学习期限为半年，在 1984 年初项目结束，先后共有学员 240 余人。刘光第、张玉文、俞天一、王佩真老师等主要参与授课，秦池江、周正庆、魏盛鸿、赵锡安等在项目中学习深造。项目学员随后大多跻身我国主要银行业金融机构负责人的行列。

10 月

本月，徐山辉、陈传新编写的教材《社会主义金融概论》出版。

12 月

本月，1980 级金融班被评为北京先进集体。

本年，金融系是中央广播电视大学选定的首批主讲院系，王佩真教师以其在金融教育领域的崇高声望成为中央广播电视大学的第一批特聘教授，与王克华共同主编《社会主义货币信用学》教材并担任主讲教师。

本年，俞天一在《金融研究》上发表论文"怎样才算真正的信贷平衡"，并被作为内部资料被天津金融研究参政资料转载。

1982 年

2 月

本月，李继熊教授编写的教材《船舶保险》出版。

3 月

6 日，财政部〔（82）财人字第 31 号〕向教育部报告中提到，经研究认为，根据我校师资力量和教学条件拟同意举办函授教育，设金融等 3 个专业。面向华北、西北两个大区招生。

19 日，校务会议讨论通过金融系等学士学位评定委员会分会组成人员名单。金融系分会主席：张玉文，副主席：王佩真、俞天一，委员：于滔、张景文、李锡梁、曹兴华。

26 日，财政部〔（82）财人字第 38 号〕文件：同意于滔任金融系副主任。

5 月

3～5 月，1978 级金融班学生赴中国人民银行广西壮族自治区分行进行为期 8 周的实习。

6 月

1 日，俞天一教授编写的教材《社会主义银行信贷与结算》出版。

9 日，财政部〔（82）财人字第 85 号〕批复，同意我校学位评定委员会（第一届）成立，其中委员包括：张玉文等。

本年，张玉文、俞天一在《金融研究》上分别发表论文"论信贷资金与财政资金的使用界限——兼及银行发放固定资金贷款问题"与"要搞活国民经济必须强调贷款经济效果"。

本年，金融系 1979 级王广谦同学被评为"北京市三好学生"。

1983 年

3 月

3～5 月，1979 级金融班学生由金融系统一安排到中国人民银行浙江省分行进行为期 8 周的实习，分别在杭州、嘉兴、宁波、绍兴等支行跟信贷员一起工作，由曾广宇带队。

9 月

17 日，学校举行 1983 级新生开学典礼。金融系共招收本科生 97 人，其中，国际金融专业为新增专业，招收 19 人。金融系首次以货币银行学专业招收硕士研究生，第一届研究生为王广谦、陈昭、唐美霞，导师有张玉文、俞天一、王佩真三位教师。

12 月

9 日，财政部〔(83) 财人字第 216 号〕文件：经部党组 12 月 3 日会议研究决定，任命俞天一为金融系主任，陈传新为金融系副主任，于金富为金融系党总支副书记（副处级），钱中涛为金融系党总支副书记（副处级）。免去张焕彩金融系主任职务，张玉文金融系第二主任职务，王佩真金融系副主任职务。

本年，金融系在全国院校中率先开设《当代西方货币金融学说》课程。

本年，在《金融研究》上，王佩真发表论文"关于货币流通战略目标等问题"，俞天一发表论文"如何发挥银行在宏观经济中的调节作用""论中央银行怎样发挥集中资金保证重点"。

本年，俞天一的论文"关于中央银行如何管理货币流通和信用的意见"和"关于如何进一步发挥利息杠杆作用的意见"作为内部资料被国务院经济研究中心印发。

本年，陈继儒主编的《保险学概论》出版。

1984 年

1 月

本月，李继熊编写的教材《中国社会主义保险学》出版。

3 月

本月开始，1980 级金融班学生由金融系统一安排到中国工商银行青岛分行进行为期 8 周的实习，由穆琳琳带队。

6 月

本月，王克华、王佩真编写的教材《货币银行学》出版。

7 月

本月，王佩真等教师编写的《金融概论》出版。

本月，王佩真编写的教材《社会主义财政与信用》出版。

9 月

本月，李锡梁、丁邦石编写的教材《农村金融学自学大纲》、吴慎之编写的教材《工商信贷管理学自学大纲》出版。

10 月

19 日，金融系等部分教工及研究生班全体学员参加了荷兰埃因霍温技术大学教授索宁博士开展的报告会。

本年，张玉文教授编写的《货币银行学》教材获北京市优秀教学成果奖。

本年，金融系开设西方商业银行经营管理讲座，把西方银行先进的经营管理模式引入课堂。王佩真参与金融函授教育工作，主编函授教材《金融概论》。

本年，俞天一在《金融研究》上发表论文"改用'银行宏观利润'考核信贷资金效益的建议""论制定我国统一的社会主义银行信贷基本原则""重新考虑流动资金统一管理问题"。

1985 年

3 月

本月，张玉文等编写的教材《货币银行学原理》出版。

5 月

本月，李继熊编写的教材《船上保险提要》出版。

9 月

10 日，中央政治局候补委员、国务委员兼人民银行行长陈慕华，同从事金融教育的教授和专家进行座谈，讨论进一步加强金融专门人才的培养问题。金融系张玉文、俞天一应邀参加了专家座谈会。

本月，李健编写的教材《当代西方货币金融学说》出版。

本月，曾广宇、吴慎之编写的教材《工商信贷与结算》出版。

本年，张玉文在《金融研究》上发表论文"对中心城市银行体制改革的探讨""社会主义银行信用活动的经济性质初探"；在《农村金融研究》上发表合作论文"农业银行必须办成真正的经济实体"。在《经济研究》上，陈昭发表论文"关于货币流通及货币必需量的计算"与"社会主义股份制度探讨"；王广谦发表论文"稳定货币供应增长率问题"。

本年，金融系与中国人民银行南口管理干部学院合作举办函授金融大专班，104 名学员均来自各大银行业务骨干，学习期满发放学校成人教育（现为继续教育）大专文凭，后来这些学员大多成为我国各地金融机构的负责人和业务骨干。

本年，金融系与中国工商银行合作举办金融专修班。

1986 年

1 月

17 日，财政部〔(86) 财人字第 5 号〕批复，同意学校增设保险系，国际保险专业从金融系中分离。

22 日，(86) 财院党组字第 3 号文件：经 1986 年 1 月 21 日党委会研究决定，陈传新同志任金融系主任（专职），潘金生同志任金融系副主任，聘请俞天一同志为金融系名誉主任。免去俞天一同志的金融系主任职务，免去于滔同志的金融系副主任职务。同时决定于金富同志任金融系党总支书记。

3 月

本月开始，1982 级金融班学生由金融系统一安排到中国工商银行辽宁省分行进行为期 8 周的实习，由许慧君、陈颖带队。

6 月

9 日，学校举行 1986 届研究生、本科生毕业典礼。研究生王广谦等 3 人为金融系首届硕士毕业生，全部授予经济学硕士学位。

9 月

8 日，学校对在财政部教育司布置的 1986 年部属院校 1984 级金融专业英语统考中取得平均分数第二名的 1984 级金融班给予表扬。

10 月

本月，俞天一的文章"克服企业行为短期化的一种设想——建议国营企业实行'企业内部积累奖息制'"刊载于新华社内参。

本年，张玉文为中央电大编写《货币银行学原理》，并担任主讲教师。

本年，俞天一在《管理世界》发表论文"论金融的宏观控制"，张燕生在《世界经济》发表论文"现代工业区位理论初探"。

1987 年

4 月

本月，学校夜大学在北京首次招生，招收专业包括金融专业。

11 月

本月，俞天一的论文"关于中央银行如何管理货币和信用的意见"与刘光第的论文"计划经济的货币化是我国经济体制改革主线"均荣获第一届北京市哲学社会科学优秀成果二等奖。

本年，刘光第的著作《谈"钱"》荣获广西社会科学优秀成果二等奖。

本年，李健主编的《国民经济管理的理论与方法》出版。

本年，张玉文在《农村金融研究》上发表论文"论我国专业银行的性质"；俞天一在《金融研究》上发表论文"论银行信贷资金的数量规律"；周兴新、陈昭在《管理世界》分别发表论文"我国分级财政体制的历史现状的改革"与"货币运动与供求矛盾"；陈昭在《经济研究》发表论文"我国货币政策面临战略调整"；晏群在《世界经济》发表论文"西方国际收支调节改革"。

本年，学校主办，金融系承办面向高校教师的助教进修班（1987 年、1988 年、1991 年各举办一期，学习时间为一年，共 59 人），为高校培养师资。

1988 年

2 月

3 日，学校校长办公会议讨论决定，1960 年 8 月中国人民银行选送到学校金融系本科国外业务专业学习的 69 名学员，凡 3 年修完全部课程，成绩合格者，均被确认为大学本科学历。

4 月

15 日，金融系举办国外业务专业 1960 级学员返校座谈会。

26 日，（88）中财院党组字第 8 号文件：经 1988 年 4 月 22 日党委常委扩大会议讨论决定，王广谦任金融系副主任（列潘金生之后）。

本月，学校上海市校友会召开成立大会。金融系教授张玉文、俞天一出席了大会。

8 月

张礼卿教授在《经济研究》（1988 年 8 月）发表论文《适度外债规模问题》，并被摘要刊登在《中国社会科学院要报》，报送党中央、国务院有关领导。

11 月

本月，金融系张玉文教授被评为北京市高教系统 1988 年"教书育人、服务育人"先进工作者。

12 月

4 日，澳大利亚新南威尔士大学大学学院经济与管理学系代表谭安杰先生应金融系主任陈传新邀请来校访问。

本月，研究所于滔与其他 5 所院校的 7 位教师共同编写的《中国近代金融史》荣获中国人民银行颁发的全国高等学校金融类优秀教材二等奖。

本年，货币银行学专业的硕士生导师队伍扩大到 10 人，这一规模持续到 1993 年。

本年，范棣、陈昭在《经济研究》发表论文"关于双二元经济结构的理论分析"；陈昭等在《管理世界》发表论文"论再度紧缩的货币政策——紧缩与农村发展"；晏群在《世界经济》发表论文"各国外债管理比较"。

1989 年

3 月

14 日，学校函授夜大学招生报名工作结束，将在北京地区招收金融专业函授生 100 人。

4 月

本月，贺强的论文"论股份制联合所有制"荣获中国股份制理论与实践研讨会论文二等奖。

8 月

25 日，金融系主任陈传新等应邀访问了澳大利亚新南威尔士大学。

9 月

5 日，张玉文被评为北京市优秀教师，并于当日出席北京市庆祝教师节表彰大会。

17 日，学校新增建的青岛函授站举行首届金融专业函授生开学典礼，金融系副主任潘金生等参加了典礼。

12 月

12 日，张玉文的《〈货币银行学〉课程内容改革》获市高教局局级奖。

本年，报考学校研究生金融专业共 39 人，招录 5 人。

本年，商季光的著作《中国社会主义经济建设教程》荣获北京高校中国社会主义建设教学研究会首届教学科研优秀成果二等奖。

本年，王佩真教授出版专著《货币经济学》，并参加军地两用人才的培养，为中国军地两用人才大学主编教材《金融学》；潘金生编的《涉外金融法案》出版；李健主编的《当代西方货币金融学说（1989）》出版。王广谦、张礼卿分别在《经济研究》发表论文"关于资金'体外循环'问题的几点思考"与"外债的规模的控制与管理"。

本年，金融系与中国工商银行联合举办工商银行专业证书班，为学校成人教育学院（现为继续教育学院）函授专升本，货币银行学专业，1989年、1990年、1994年、1995年，共举办四期，学员共395人，学习合格，获得学校成人教育专升本文凭。

1990 年

2 月

本月，王佩真获名为"在改革开放条件下如何稳定货币问题研究"的国家社科基金项目。

3 月

20 日，青海省工商银行副行长我校金融专业 1962 级学生陈永达来校与学校部分教师进行了会谈，金融系张玉文、王广谦等参加了座谈会。

4 月

本月，陈传新、潘金生、王佩真编写的教材《货币银行学》出版。

5 月

8 日，金融系召开茶话会，庆祝张玉文教授 70 寿辰和从教 46 周年。

17~20 日，在北京市高校第 28 届学生田径运动会上，金融系张二军获得女子标枪第 5 名。

7 月

本月，陈传新、潘金生、刘成、应红、史建平编写的教材《金融概论》出版。

8 月

25 日，应澳大利亚新南威尔士大学堪培拉学院院长威尔逊博士的邀请，金融系主任陈传新赴澳对该院进行了为期 10 天的访问。

10 月

本月，吴慎之、陈颖编写的教材《银行经营管理学》出版，李玉书、吴慎之编写的教材《中央银行概论》出版。

12 月

8 日，中国社会科学院通知，金融系张玉文、谢卫同志获得"八五"社科基金和青年社科基金课题项目奖。

本年，《中国金融百科全书》出版，张玉文主编金融市场篇；王佩真教授主编的《货币经济学》出版；沈海育在《管理世界》发表论文"关于当前利率问题的几点建议"；张燕生在《经济研究》发表论文"贸易战略与经济发展之关系研究"。

1991 年

6 月

21 日，本年报考学校金融专业研究生 37 人，金融系收录 6 名研究生。

本月，刘光第教授编写的教材《社会主义初级阶段经济理论问题》出版。

9 月

本月，潘金生、唐兴光编写的教材《比较银行法》出版。

12 月

本月，在北京市第二届哲学社会科学优秀成果评选活动中，刘光第主编的教材《论中国宏观经济价值管理》荣获二等奖，王广谦的论文"论中央银行的单一政策目标"荣获中青年优秀成果奖。

本年，张玉文为高校本科新编的《货币银行学》出版，王广谦、李健、左毓秀等编的《中国证券市场》出版。

本年，王佩真、王广谦获北京市优秀教师称号。

本年，我校主办、金融系承办海峡两岸国际金融大专班，学制两年，有 21 名学生，学习合格者获得学校大专文凭。

1992 年

2 月

3 日，农历大年三十，学校及财政部和教育部领导到张玉文等老教授家中，同他们进行了亲切交谈。

4 月

17 日，财政部〔（92）财教字第 18 号〕印发评奖结果，金融系李健编著的《当代西方货币金融学说》荣获荣誉奖（即向国家教委推荐申报全国优秀教材备选教材），王佩真主编的《金融概论》荣获二等奖。

5 月

20 日至次月 6 日，美国肯德基默里州立大学助理教授郑子云先生为金融系研究生及部分教师讲授"跨国公司财务"专题课。

本月，1989 级金融班团支部在共青团北京市委员会举办的首都高校主题团日活动中，荣获最佳团日方案设计奖。

6 月

15 日，校发〔1992〕33 号文件：经研究决定成立校教学委员会，包括委员：王佩真、潘金生等人。

25 日，以王佩真等为团员的讲学团启程赴独联体访问。

7 月

7 日，校教学委员会经过讨论，评选出了 1991～1992 学年第二学期校优秀教研室，包括金融系金融理论教研室。

11 月

17 日，李健编著的《当代西方货币金融学说》（中国财政经济出版社 1989 年出版）荣获国家教委颁发的第二届普通高等学校优秀教材全国优秀奖。

12 月

本月，1989 级金融班王代音被评为"北京市三好学生"；1989 级金融班任珠峰被评为"北京市优秀学生干部"；1989 级金融班被评为"北京市先进班集体"。

本年，王佩真以专家身份为全国高等教育自学考试教材编写配套读物《社会主义货币银行学自学考试指导》。姚遂任中央广播电视大学《货币银行学》课程主讲教师。

本年，张礼卿同志著的《适度外债规模问题》荣获中国金融学会首届全国金融优秀论文二等奖。张燕生著的《新中国经济的变迁和分析》荣获孙冶方经济科学著作奖。

本年，刘光第被英国剑桥国际名人传记中心列为当年国际名人。北京市高等教育局批准，王广谦为青年学科带头人，张燕生为优秀青年骨干教师。

1993 年

5 月

17 日，财政部教育司〔(93) 财教司字第 67 号〕批复，同意学校组建第二届学术委员会和学位委员会，委员包括：王广谦、吴慎之等。

31 日，中财院党字〔1993〕第 06 号文件：聘任王广谦为金融系主任，潘金生、史建平为副主任，陈传新为金融系党总支书记，史建平为党总支副书记。任期两年。

7 月

2 日，北京市高教局（京高教师〔1993〕011 号）文件：批准金融系李健、张礼卿为优秀青年骨干教师。

8 月

11 日，中国工商银行北京市分行教育处委托学校举办函授金融专业大专起点本科班。

28 日，学校颁布实行《辅修专业教育试行办法》并宣布首次开设 7 个辅修专业，包括国际金融等。

9 月

本月，学校招收计划内国际金融本科自费班，即 1993 级国际金融 2 班（连招三年）。

11 月

19 日，财政部〔(93) 财教字第 44 号〕通知：王佩真等被授予"全国财政系统优秀教师"称号。

12 月

17 日，国务院学位委员会（学位〔1993〕39 号）通知，学校获国际金融专业硕士学位授权。

本年，金融系新设国际金融专业，与货币银行学专业平行招收硕士研究生，研究生导师队伍扩大到 18 人。

本年，中国城市金融学会成立，刘光第任首届常务理事和学术委员会委员。

本年，张玉文为电大重新编写了《货币银行学》；并在国家社科基金科研项目的资助下，主编《金融改革与经济发展》一书。潘金生主编的《社会主义金融理论》出版。

本年，刘光第获名为"中国货币政策及其宏观调控体系研究"、王佩真获名为"经济体制改革与货币政策"的国家社科基金项目。

本年，张业丰被评为北京市青年优秀教师。

本年，本科金融专业调整为货币银行学。

1994 年

1 月

14 日，据财政部〔（94）财人字第 2 号〕通知，人事部〔人专发（1994）1 号〕批准刘光第、王佩真、张玉文、王广谦等享受政府特殊津贴。

19 日，刘光第教授主持的《中国货币政策》课题组一行 4 人，包括李健等，赴中国香港地区考察。

4 月

本月，李健编著的《当代西方货币金融学说》荣获中国金融教育发展基金会颁发的首届院校"金晨"优秀科研成果一等奖；张礼卿的《适度外债规模问题》获首届院校"金晨"优秀科研奖。

6 月

本月，1994 届毕业生作为最后一届服从指令性计划分配的学生奔赴指定单位报到。

11 月

本月，在北京市第三届哲学社会科学优秀成果评选中，刘光第的论文"关于发展股票市场的几个问题"荣获一等奖；王广谦、李健的专著《中国证券市场》、王佩真的专著《经济体制改革与货币政策》获二等奖。

本月，1992 级国际金融班被评为 1993～1994 年度北京高等院校市级先进班集体。

本年，潘金生等编的《证券投资理论与实务》出版。

本年，学校主要面向校内教师群体招收货币银行学专业硕士研究生课程进修班 20 人，其中金融系有 2 名教师参加。

本年，张礼卿被评为北京市优秀青年骨干教师。

1995 年

2 月

本月，金融系成立证券期货研究所，贺强任所长。

张礼卿赴美国华盛顿特区在世界银行经济发展学院担任访问学者（2～5月），合作开发宏观经济政策培训课程。

3 月

本月，王广谦的论文"从社会发展的角度看中国金融改革与发展的着力点"获中国金融学会第二届全国优秀金融论文三等奖。

4 月

本月，在证券期货研究所指导下，金融系及其他专业学生组成金融学术研究会并成功举办了第一届模拟股市。

5 月

15 日，中财院党字〔1995〕第 11 号文件：院党委批准史建平为金融系党总支书记，南琪为党总支副书记。

18 日，北京股份制企业研究会成立大会暨第一届理事会在学校召开。刘光第教授被聘为研究会高级顾问，王广谦教授被聘为顾问。

31 日，中财院党字〔1995〕第 04 号文件：校党委批准聘任陈传新为金融系主任，史建平、贺培、南琪为副主任。任期两年。

6 月

本月，1995 届毕业生是第一届采取双向选择就业的学生。

7 月

8 日，证券期货研究所与《改革》杂志社、《中国证券报》报社联合举办"巨额游资与金融市场健康发展高级研讨会"。

31 日，澳大利亚国卫保险集团资助 30 万元人民币用于学校 1996～1998 年金融等学科奖学金、奖教金，王广谦等参加了签字仪式。

本月，史建平被评为北京市高等学校优秀青年骨干教师。

9 月

本月，金融系国际金融专业部分课程实行双语教学。

10 月

本月，1993 级国际金融 1 班曾锋同学在北京市高校武术比赛中取得棍术第一，刀术、拳术第二的成绩。

本年，学校决定举办货币银行学专业在职研究生课程进修班，入学考试课程为：英语和货币银行学。招收 35 人，其中，合作单位中国银行、中国工商银行、中国石化财务有限责任公司 29 人，学校 6 人。

1996 年

5 月

16 日，中央财政金融学院更名为中央财经大学。

9 月

13 日，中国台湾地区暨南国际大学经济研究所所长许振明教授率团一行 9 人来学校参观，王佩真等教授参加了就海峡两岸财税金融等问题的学术交流。

本月，金融系 1996 级新生与全校本科新生进驻清河校区，进行为期一年的学习生活。

12 月

12 日，财政部下达"九五"科研规划（院校部分）课题，张礼卿、王佩真分别主持的 2 项课题中标。

本月，北京市第四届哲学社会科学优秀成果奖评奖结果公布，姚遂的专著《中国金融思想史》荣获一等奖；李健的论文"中国金融市场效率与发展战略刍议"；贺强著的《中国企业改革与证券市场运作》，王佩真著的《经济体制改革与货币政策》荣获二等奖。

本月，1994 级货币银行学班马曲琦同学被共青团北京市委评为 1995～1996 学年"北京市三好学生"；1993 级国际金融 1 班被评为"北京市先进班集体"。

本年，李健主编的《中国国债市场》出版。

本年，王广谦在《经济研究》发表论文"现代经济发展中的金融因素及金融贡献度""经济发展中的金融化趋势"。王佩真获名为"'一国两制'下的金融体制和运行机制研究"的财政部"九五"规划项目。

本年，经国务院学位办批准，学校开展在职人员以研究生同等学力申请硕士学位工作。金融系（金融学院）1994～2013 年招收硕士研究生课程进修班学员 2900 余人。

1997 年

1 月

31 日，（财人字〔1997〕7 号）通知：学校金融学学科被批准为财政部部属院校首批重点学科。王广谦、张礼卿等被批准为部属院校首批跨世纪学科（学术）带头人。

5 月

13 日，金融系主任陈传新与荷兰蒂尔堡大学经济商业管理学院签署了《合作意向书》。

30 日，校发〔1997〕58 号文件：聘任陈传新为金融系主任，贺培、南琪、葛仁霞为副主任，任期三年。

6 月

22 日，金融系与中国市场经济报、中国金融学会联合举办"庆祝香港回归暨两地金融合作研讨会"。

24 日，校党字〔1997〕05 号文件：批准史建平为金融系党总支书记，南琪为党总支副书记。

本月，"首都大学生 5000 里单车至香港迎回归"大型活动的选拔工作结束，金融系阎敬等被选中。

8 月

6 日，根据财政部财人干字〔1997〕203 号文件，学校金融学获得财政部部属院校重点学科建设专项资金 235000 元。

10 月

24 日，学校与亚洲（澳门）国际公开大学合办的第四期中国财经、金融课程班开学，有 8 位教师分期赴澳门讲授金融等 8 门课程。

30 日，校党委常委会研究，同意聘任王佩真任同志担任金融系名誉主任。

12 月

本月，赵建平获"财政部部属院校成人高等教育优秀教师"荣誉。

本年，李健主编的《1996～2050 年中国经济社会发展战略——走向现代化的构想》出版。

本年，金融系举办国家开发银行专业证书班，167 学员来自国家开发银行全国各地分支机构的业务骨干，成绩合格者获得学校成人教育（现为继续教育）大专文凭。

1998 年

5 月

12 日，学校与北京市高校干部培训中心共同举办了"金融知识系列培训班"。金融系教授王佩真、副教授贺强等分别做"金融与现代市场经济""金融市场及期货经营管理"的讲座。

6 月

19 日，国务院学位委员会下发学位〔1998〕44 号文件，学校金融学专业获得博士学位授予权。

7 月

本月，南琪荣获"北京市优秀青年骨干教师"称号。

8 月

12 日，《关于进一步做好"百千万人才工程"人选考核工作的通知》，王广谦教授入选第一、二层次人选。

24 日，陈传新荣获1998 年"北京市教育系统德育先进工作者"称号。

9 月

11～20 日，以副校长姚遂教授为团长金融考察团一行 4 人（贺强、陈颖、史建平）应香港特区经济与法律出版社社长兼总编陈应良先生的邀请，对香港特区进行为期 10 天的访问和考察。

22 日，学校国务院分流人员研究生课程进修班正式开学，来自财政部、铁道部、国家安全部等20 多个部委的 40 名分流人员分别参加了金融学和会计学专业研究生课程的脱产进修学习，时间为 2 年。

本月，贺强教授在对广东和福建等地的法人股市场进行了深入调查之后，写出的《关于法人股市场的调查报告》受到国务院朱镕基总理亲自签名批示，并转送证监会领导研究。

11 月

12 日，"安盛·国卫奖教金"颁奖大会在专家宾馆报告厅举行。学校金融等专业的 14 名教师、29 名学生获奖。

12 月

17 日，（财政部财人函字〔1998〕239 号）通知，王广谦被批准为金融学专业博士生指导教师。

本月，北京市第五届哲学社会科学优秀成果奖评奖结果揭晓，王广谦的专著《经济发展中金融的贡献与效率》、刘光第等的专著《中国经济体制转轨时期的货币政策研究》均获一等奖。

1999 年

1 月

4 日，学校副校长王广谦同志当选为海淀区第十二届人大代表。

5 月

5~11 日，金融系和中国高科技产业化研究会联合举办首期"中国风险投资高级研修班"，全国人大常委会副委员长成思危出席开学典礼并讲话。

6 月

本月，学校副校长、中国人民大学博士研究生王广谦的论文《经济发展中金融的贡献与效率》被评为 1999 年全国优秀博士论文，该论文系经济学科全国唯一获此项奖励的著作。

9 月

8 日，张碧琼的课题获批财政部部属院校"九五"科研规划课题。

10 月

15 日，学校和《金融时报》报社、《中国金融》杂志社等联合举办"21世纪金融趋势国际研讨会"。

18 日，由金融系牵头，来自全国各省、市、自治区、港澳特区及海外的包括金融系在内的历届校友及教师代表 2300 余人在人民大会堂举行盛大的校友联谊会，庆祝母校建校 50 周年。

11 月

5~7 日，金融系主任陈传新率团对我国台湾地区和香港特区两地进行了学术访问，应邀出席了高雄市义守大学亚太金融中心举办的"金融风险防范及强化地区经济体制"国际研讨会，并做了专题报告。

本年，教育部本科专业目录调整，倡导宽口径培养本科人才，金融系货币银行学专业与国际金融专业合并为金融学，新增国际经济与贸易本科专业，并于1999年招生；金融学专业博士研究生开始招生。

本年，作为中央党校《货币银行学》课程的主持学校，李健、左毓秀为中央党校制作并讲授课程，受益干部学员超过百万人。

2000 年

1 月

5 日，1996级国际金融1班田柳同学被评为1998～1999年度"北京市三好学生"。

5 月

10 日，校党字〔2000〕6号文件：任命史建平为金融系党总支书记（兼），南琪为副书记。

7 月

本月，校党委常委会研究决定，批准陈传新为金融系系主任，批准张礼卿、葛仁霞为金融系副主任。

8 月

本月至次月，张礼卿教授随教育部"中国大学教授代表团"出访瑞士，参加"经济全球化与教育改革"国际研讨会，并先后访问了世界贸易组织（WTO）、日内瓦国际学院（GIIS）等国际组织和学术机构。

9 月

本月，张礼卿在中国世界经济学会第七届年会上再次当选为理事。

10 月

本月，李健、郭田勇在北京出席由中国金融学会和中国台湾地区台北研发基金会主办的"第六届金融研讨会"。

11 月

17～24 日，学校张礼卿等一行5人赴中国台湾义守大学参加第五届亚太金融中心学术研讨会并作演讲。

12 月

本月，在北京市第六届哲学社会科学优秀成果评选中，王佩真的专著《"一国两制"下的货币金融比较研究》荣获经济类一等奖，王广谦的专著

《中国经济增长波动与政策选择》、李健的专著《金融创新与发展》均获经济类二等奖。

本年，王佩真为全国高等教育自学考试主编教材《金融概论》。

本年，金融系创办双周学术论坛，该论坛是全校首个学术讲座系列。

2001 年

3 月

26 日，1997 级国际金融 2 班秦娟娟同学、1998 级国际金融 2 班时开娜同学分别被评为 1999~2000 年度"北京市三好学生""北京市优秀学生干部"。

4 月

23 日，经校学位评定委员会审议通过，李健、史建平同志取得金融学专业博士生指导教师资格。

6 月

20 日，北京市哲学社会科学"十五"规划第一批研究项目评审结果揭晓，李健主持的《加入 WTO 对首都金融业的影响及对策研究》获准立项。

8 月

17 日，"21 世纪中国金融学专业教育教学改革与发展战略研讨会"在青海省西宁市召开，此次会议由我校主办，厦门大学、复旦大学、中国人民大学协办，教育部及青海省的领导以及来自全国 20 多所高校、科研机构的 60 余位专家学者出席会议。

9 月

本月，王佩真、潘金生、李健、左毓秀、贾玉革等为主要完成人的《货币银行学》课程教学改革研究和以史建平、贺培、南琪等为主要完成人的《加强素质教育，培养学生实践能力和创新能力》均获北京市教学成果二等奖。

12 月

9 日，我校首次召开北京市高校 2001 年数学年会暨市大学生第 13 届数学竞赛颁奖大会，2000 级金融专业林静同学获丙组二等奖，2000 级国经贸专业郎媛媛同学获丙组三等奖。

本月，国家教改委学科评审委员会投票表决通过，将我校金融学科列为国家重点学科点。

本年，姚遂主编的《货币银行学》、贺培主编的《国际结算学》、马丽娟主编的《现代商业银行业务教程》3本教材被教育部确定为全国推荐教材。

本年，金融系开始举办全日制自考助学班，当年招收528人，2001~2010年共招收3000余人，于2002年9月搬迁入住玉泉路自考教学区，2011年7月该校区平稳关闭，所剩在校生全部转入中国建设大学继续完成学业。

2002 年

1月

18日，教育部公布高等学校重点学科点名单，我校金融学科被批准为国家重点学科。

2月

26日，金融系申报的金融工程本科专业获教育部批准，我校成为全国首批设置金融工程本科专业的五所院校之一，并于当年招生。

4月

10日，1998国际金融2班陈静同学、国际金融1班肖蓉同学分别被评为2000~2001学年"北京市三好学生"和"北京市优秀学生干部"。

5月

本月，金融工程教研室成立，黄辉任主任。

6月

本月，张碧琼教授申报的国家社会科学基金项目《国际资本流动对世界经济体系的影响研究》获准立项。

10月

本月，经北京市教育委员会组织评审，史建平教授的《商业银行经营管理》获得2001年北京市精品教材立项。

12月

31日，李健教授的《当代西方货币金融学说》被确定为2002年北京市高等教育精品教材建设重点资助项目。

本月，李健教授申报的国家自然科学基金学部主任应急项目《国有商业银行改革中的宏观管理问题研究》获立项。

本年，吴念鲁教授、李健教授、史建平教授开始招生，加上原先的王广谦教授，博士生导师达到4人。

2003 年

3 月

11 日，2000 级金融 3 班被评为 2001～2002 学年"北京市先进班集体"。

8 月

6 日，学校党委常委会议研究决定，在金融系的基础上成立金融学院。

24 日，李健教授荣获"国家级教学名师奖"，并于 9 月参加了在北京召开的第一届高等学校教学名师表彰大会。

9 月

本月，校党委常委会研究决定，聘任史建平为金融学院院长，任命贺培为金融学院党总支书记。聘任贺培（兼）、张礼卿、葛仁霞（兼）为金融学院副院长，任命葛仁霞为金融学院党总支副书记。

本月，中央财经大学国际金融研究中心成立，张礼卿任中心主任。

李建军副教授主持的课题"中国地下金融规模与宏观经济影响的测度方法研究"获得国家自然科学基金项目资助是我校第一项面上项目。

10 月

16 日，学校批复同意学院设立金融学系（李健任系主任）、应用金融系（陈颖任系主任）、金融工程系（黄辉任系主任）、国际金融系（张碧琼任系主任）、国际经济与贸易系（李军任系副主任，主持工作）五个系；设立证券期货研究所（贺强任所长）和国际金融研究中心（张礼卿任主任）；学院内设机构可设学院办公室（王颖任主任）、教学与科研管理办公室（李岫辉任主任）、学生工作办公室（毛静任主任），教辅机构设信息资料中心。

31 日，学院成立大会在教学楼学术报告厅召开，校党、政领导，各院、系、部、处领导及全院师生共 500 余人出席了大会。

12 月

16 日，北京市教育委员会公布 2003 年北京市高等教育精品教材建设立项项目，姚遂教授的《新编中国金融史》被确定为重点资助项目。

17 日，北京市教育委员会公布了 2003 年北京地区高等学校市级精品课程名单，李健教授讲授的《货币银行学》入选。

29～30 日，著名国际金融学家、牛津大学经济学博士、英国多伦多大学商学院教授张志超先生为全校师生做了题为《评人民币汇率升值问题的国际争论》和《行为金融学的新发展》的两场学术报告。

本月，学院成功举办"人民币汇率问题国际学术研讨会"，在社会上引起较大反响。

本年，张礼卿教授的《汇率改革的国际经验及其对中国的借鉴》获国家自然科学基金立项，《全球化进程中的资本账户开放与金融不稳定》获得北京市社会科学理论著作出版基金资助。

本年，获批设立应用经济学一级学科下金融学博士后科研流动站，并于2004年进行了首批博士后研究人员招收工作，先后与北京银行、中国建设银行、中国长城资产管理公司、中国信达资产管理股份有限公司及内蒙古银行合作建博士后科研工作站，截至2018年底，共招收博士后60余人。

2004 年

3 月

3 日，霍英东教育基金会决定向郭田勇的"中国中小企业融资与金融服务问题研究"项目提供青年教师基金资助。

4 月

本月，2000 级金融（3）班被评为 2003 年度"全国先进班集体"。

5 月

12 日，学校与美国密歇根大学签署谅解备忘录。两校决定在金融、经济学学科领域开展学术研究、学生海外学习与实习、教师进修等领域的合作。

18 日，经校学位评定委员会审议通过，学院 11 位教授取得博士研究生指导教师资格，名单如下：校内教师（4 人），金融学：张礼卿、贺强、姚遂；国际贸易学：张碧琼。校外聘请教师（7 人），金融学：戴相龙、吴晓灵、李扬、谢平、王松奇；国际贸易学：张汉林、张松涛。

6 月

本月，学院党组织获得"校级先进基层党总支"荣誉称号。

上半年，学院有 2 部著作获得北京市社会科学理论著作出版资助，分别为贺强的《中国资本市场若干重大问题研究》和应展宇的《储蓄——投资转化中的资本市场》。

9 月

6 日，教师节前夕，教育部副部长吴启迪到学校视察，走访了金融学院，看望师生员工代表。

7~8日，由学院国际金融研究中心、《国际金融研究》杂志和留英中国经济学会联合举办的"汇率制度变革：国际经验与中国选择"国际研讨会在北京举行，国际货币基金组织、国际清算银行和德意志联邦银行的经济学家出席会议。

26日，张礼卿教授作为2004年"富布赖特"项目出国留学人员起程赴美研修。

29日，王广谦教授专著《20世纪西方货币金融理论研究：进展与述评》、贺强教授的专著《我国经济周期、货币周期与股市周期互动研究》获北京市第八届哲学社会科学优秀成果二等奖。

本月，国际经济与贸易专业开始招收硕士研究生。

本月，经教育部批准的我校与澳大利亚维多利亚大学本科教育合作项目开始招生，专业为国际经济与贸易专业（国际贸易/金融风险管理方向），包含计划内与计划外两类招生。

10月

10日，2003级金融工程班的张恭获北京市大学生数学竞赛特等奖。

11月

12日，金融学院与美国金融管理学会、LOMA国际寿险管理协会联合举办首届亚洲财富管理高峰论坛。

18日，校党委常委会议研究决定，聘任陈颖同志为金融学院副院长，免去贺培副院长职务。

30日，经国务院批准，李健教授享受政府特殊津贴。

12月

本月，王广谦教授主持的《金融体制改革和货币问题研究》获教育部哲学社会科学重大课题攻关项目立项（项目批准号：04JZD0013）。

本月，由王广谦校长等主持的"21世纪中国金融学专业教育教学改革与发展战略研究"以及金融学院李健、左毓秀、李建军、马亚、魏建华等完成的"《货币银行学》精品课程建设与质量保证体系研究"获北京市2004年高等教育教学成果一等奖。

本年，《金融学》（李健主编）、《金融监管科技》（郭田勇主编）、《发展经济学教程》（张礼卿主编）被指定为"十五"普通高等教育本科国家级规划教材。

本年，学院出台"教改课题资助办法""精品课程培养方案""科研项目资助管理办法""省部级以上科研项目经费配套资助管理办法""科研成果奖励办法"。本年，学院成立二级教代会，并召开第一届第一次教职工代表大会；是学校二级学院中首个成立二级教代会的学院，教代会的成立，推进了学院的民主参与、民主管理、民主监督。

2005 年

1 月

本月，贺强教授讲授的《证券投资学》、李健教授主编的《货币银行学》被评为 2004 年北京高等教育精品教材。

2 月

本月，中央财经大学中国银行业研究中心成立（史建平任主任，2007 年起郭田勇任主任）。

3 月

11 日，2002 级金融研究生班成燕、2001 级金融 1 班杜艳 2 名同学获 2003～2004 学年"北京市三好学生"，2001 级金融 2 班获"北京市先进班集体"。

25 日，史建平教授当选为中国金融学会理事会常务理事，张礼卿教授、李健教授、贺强教授当选为理事会理事。

4 月

本月，张礼卿教授入选教育部 2004 年度"新世纪优秀人才支持计划"。

6 月

1 日，张礼卿教授主持的《我国外汇储备与人民币汇率机制改革研究》、李建军副教授主持的《"未观测金融"对经济运行扰动的统计监测研究》获得国家社会科学基金立项资助。

20 日，王广谦教授主持的教育部哲学社会科学重大课题攻关项目"金融体制改革和货币问题研究"的开题报告会在保定召开。

9 月

6 日，贺培教授主持申报的《金融学与国际经济贸易复合专业国际化建设及人才培养模式研究》获北京市高等学校 2005 年度教育教学改革立项。

9 日，王广谦教授等主持的《21 世纪中国金融学专业教育教学改革与发展战略研究》教学成果项目获第五届高等教育国家级教学成果一等奖。在人民大会堂举行的颁奖仪式上，温家宝总理亲切接见王广谦教授等获奖代表。

13日，金融学院院刊创刊号《融》隆重发行。

28日，校党委全委会议研究决定聘任史建平同志为校长助理，兼独立学院筹备组组长，并继续担任金融学院院长。

10月

15日，"2005海峡两岸财经高层论坛"在学校举办，金融学院副院长张礼卿教授出席并做报告。

12月

10~11日，第五届中国经济学年会在厦门大学举行，金融学院陈锋的论文"制度扭曲环境下的中国民间利率安排——兼评Stiglitz—weiss信贷配给模型"被评为优秀论文。

20日，王广谦教授获教育部聘任经济学类学科教学指导委员会副主任委员，李健教授获聘高职高专经济类专业教学指导委员会主任委员。

本年，硕士研究生在原有的金融学专业的基础上增设了国际贸易、证券投资专业，招生人数达到206人。

本年，张礼卿教授作为富布莱特项目的高级访问学者应邀以观察员身份出席联合国经济与社会理事会"发展融资"第二次部长级高层对话，并先后参与了"国际私人资本流动与经济发展"和"面向经济发展的全球体制：增强国际货币、金融和贸易体制的协调一致性"两个圆桌会议的讨论。

本年，李建军副教授入选教育部新世纪优秀人才。学院引进海归史秀红博士。

2006年

1月

13日，2004级金融研究生刘宗业同学被评为2004~2005学年"北京市三好学生"，2003级金融工程班被评为2004~2005学年"北京市先进班集体"。

本月，2003级金融学专业博士生张长全的论文"中国金融开放与发展中的安全预警问题研究"获北京市科委软科学"博士生论文资助专项"立项资助。

6月

6日，贾玉革的著作《货币市场结构变迁的效应分析》获北京市社会科学理论著作出版基金资助。

7月

本月，李健教授获"北京市优秀教师"荣誉称号。

本月，校党委常委会研究决定，聘任张礼卿为金融学院院长，聘任陈颖、张晓涛为金融学院副院长；任命贺培为金融学院党总支书记，任命毛静为金融学院党总支副书记。

8月

8日，教育公布了普通高等教育十一五国家级规划教材选题，金融学院共有11本教材入选，位居同类院系前列。

9月

18日，史建平教授主持申报的《金融工程专业高层次人才培养模式改革研究》获北京市高等学校教育教学改革项目立项。

10月

6日，在北京市第九届哲学社会科学优秀成果评选中，王广谦教授的专著《经济全球化进程中的中国经济与金融发展》获一等奖，李健教授的专著《中国金融发展中的结构问题》获二等奖。

26~27日，由金融学院、中国人民银行、《金融研究》编辑部共同主办的"全球经济失衡及其调整：宏观经济政策与制度改革"国际学术研讨会在北京举行。

11月

20日，学校与日本一桥大学签署"学术交流之备忘录"，两校将在金融学等社会科学领域的教育及研究方面开展合作。

12月

14日，王广谦教授主编的《中国经济增长新阶段与金融发展》获第四届中国高校人文社会科学研究优秀成果奖三等奖。

12月，李国重的《企业资本结构要素：多层次动态研究》和陈颖的《商业银行市场准入与退出问题研究》获北京市社会科学理论著作出版资助。

本年，经教育部批准，美国加州大学戴维斯分校经济系胡永泰教授受聘于中央财经大学，担任长江学者讲座教授（金融学）（三年一个聘期，连续聘任三次)。

本年,学院开设"经济与金融名家论坛"。

2007 年

3 月

15 日,诺贝尔经济学奖得主斯蒂格利茨教授受聘中央财经大学金融学院名誉教授。

20 日,学院和中国金融出版社共同举办"《斯蒂格利茨经济学文集》首发式暨学术演讲会"。

本月,中国金融网和 CCTV 经济频道联合举办 2006 中国金融年度人物评选活动,贺强教授当选 2006 中国金融业突出贡献专家。

4 月

11 日,经校学位评定委员会审议通过,学院兼职教师赵海宽教授取得金融学专业博士研究生指导教师资格。

5 月

8 日,共青团北京市委授予 2004 级金融学 2 班 2005~2006 学年"北京市先进班集体"荣誉称号。

9 日,2003 级金融 2 班王婉婷同学被评为 2005~2006 学年"北京市三好学生"。

13 日,2004 级金融 2 班章之夷获全国大学生英语竞赛北京赛区决赛特等奖组第 1 名。

22 日,教育部学位管理与研究生教育司下发了《关于公布国家重点学科考核评估结果的通知》,我校金融学国家重点学科顺利通过考核评估。

6 月

15 日,学院与北京鑫源港工业发展有限公司捐资助学协议签字仪式在金融学院会议室隆重举行。该公司本次向金融学院捐助 100 万元人民币,此次捐资助学活动是金融学院第一次接受社会企业捐助。

7 月

7 日,校长王广谦当选为中国国际金融学会副会长。王广谦校长和金融学院张礼卿院长还当选为中国国际金融学会常务理事和学术委员会委员,张礼卿兼任学会副秘书长。校长助理史建平以及李健、贺培、郭田勇当选为中国国际金融学会理事。

9日，金融学院成为中国国际金融学会团体会员。

20日，金融学院与英国杜伦大学商学院签订教师、学生交流备忘录，双方将开展学生交流、科研项目合作等交流。

9月

14日，金融学院与澳大利亚莫纳什大学商学院共同举办"第一届亚太经济与金融论坛（2007）：中国银行业的开放与银行法人治理"。

18日，应金融学院、国际金融研究中心之邀，世界著名的国际经济学家、彼得森研究院资深研究员约翰·威廉姆森教授来学校作题为"从历史角度审视全球不平衡现象"的学术演讲。

20日，金融学专业2006届博士生李超的毕业论文《中国经济增长中的货币需求问题研究》荣获首届中金经济学/金融学优秀博士论文金融类二等奖。

本月，史建平教授的"中小企业信用风险识别与度量研究"获国家自然科学基金项目资助立项。

本月，李健教授为带头人的金融学专业教学团队被评为2007年北京市优秀教学团队。

本月，学院2007级本科新生与全校的本科新生均进驻上庄校区，进行为期一年的学习。

10月

30日，郭田勇教授入选教育部2007年度"新世纪优秀人才支持计划"。

11月

7日，贺强教授被聘为北京市人民政府参事。

12月

29日，教育部下发了《教育部财政部关于批准第二批高等学校特色专业建设点的通知》，金融学院金融学专业被评为高等学校特色专业建设点。

2008年

1月

26日，贺强教授当选中国人民政治协商会议第十一届全国委员会委员。

2月

26日，张礼卿教授入选2007年"新世纪百千万人才工程国家级人选"。

5月

25日，2006级金融工程何京锴和2005级金融工程纪若楠同学组成的中央财经大学代表队获第十二届"外研社杯"全国英语辩论赛决赛冠军。

6月

11日，应展宇的《中国金融发展的决定因素研究：1978～2007年》获2008年国家社会科学基金项目立项。

23日，学校中澳合作项目首届毕业生参加由澳大利亚维多利亚大学举办的毕业典礼暨学位授予仪式。

7月

本月，中央财经大学民泰金融研究所成立，史建平任所长。

9月

17日，学校金融学专业被评为2008年北京市级特色专业建设点。

25～26日，学校与中欧世贸项目共同举办中欧"金融创新与金融业综合经营"研讨会。

28日，张礼卿教授主持的《国际金融》课程建设项目被教育部和财政部评为2008年度双语教学示范课程建设项目。

本月，江世银申报的《中国金融体制改革30年的理性思考》书稿获得2008年上半年北京市社会科学理论著作出版资助。

10月

15日，著名金融学家、教育家黄达教授应邀来校作了题为"关于金融学科演进概貌"的讲座。

11月

9日，学院与清华-布鲁金斯公共政策研究中心、澳大利亚蒙纳士大学商学院联合主办第二届亚太经济与金融论坛，主题为"改革开放30年后的中国金融发展：机遇与挑战"。

11日，美国斯坦福大学教授、金融学院名誉教授罗纳德·麦金农为学校师生作了题为"中国的汇率僵局与财政扩张（China's Exchange Rate Impasse and Fiscal Expansion）"的讲座。

16～22日，学院2006级金融二班学生杜竞强作为中国四名青年代表之一参加了"APEC未来之声"活动，列席APEC峰会，并与胡锦涛总书记亲切握手交谈。

18日，2004级金融工程班李颖同学、2004级国际经济与贸易班郑吉同学分别评为2006～2007学年"北京市三好学生""北京市优秀学生干部"。2005级金融2班荣获"北京市先进班集体"荣誉称号。

12月

本月，李俊峰及合作者撰写的《多因素模型下的风险预算分析及其在我国的应用》发表于《经济研究》。

本年，在张礼卿教授指导下，中央财经大学博士生胡晖撰写的《全球经济失衡的原因与影响》荣获2008年北京市优秀博士论文。

2009年

3月

本月，学校申请的"2009年全国研究生暑期学校（金融学）"和"2009年博士生国内访学"经国务院学位办评选正式获批实施。

4月

1日，张礼卿教授的《全球金融危机冲击下的中国：宏观经济政策选择和结构调整》获教育部"国际金融危机应对研究"应急重大课题资助。

5月

7～8日，学院与德国开发研究院、德国国际继续教育与发展协会联合举办"全球金融危机和国际金融监管框架改革"学术研讨会。

9～16日，金融学院2007级英语实验班叶子菡参加的我校代表队荣获第十三届"外研社杯"全国英语辩论赛大赛一等奖。

7月

19日，由教育部主办、我校研究生部承办、金融学院作为实施单位的"2009年全国金融学研究生暑期学校"举行开学典礼。

9月

本月，由李建军教授担任第一作者并主编完成的英文专著《中国的非正规金融》（*Informal Finance in China：American and Chinese Perspectives*）由牛津大学出版社正式出版。

10月

11日，学校60周年华诞前夕，中共中央政治局委员、国务委员刘延东来我校视察金融学科、国家优势学科创新平台并参观校史馆，充分肯定我校60

年来的办学成绩,给予高度评价,并作出重要指示。

12月

17~18日,学院主办"第三届亚太经济与金融论坛",主题为"后危机时期全球经济面临的新挑战"。

本年,经教育部批准,美国加州大学伯克利分校巴里·艾青格林(Barry Eichengreen)教授受聘我校,担任长江学者讲座教授(金融学),第一个聘期为2009年12月~2012年12月。

本年,学院2008级本科生及2009级本科新生进驻沙河校区。

本年,应展宇副教授入选教育部新世纪优秀人才。金融学院引进史英哲博士。

2010年

1月

本月,金融学院团队赴美参加美国经济学年会,并进行海归博士的招聘工作。这是我校各学院首次赴海外招聘青年海归博士回国任教。

3月

本月,经学校批准,在金融学院国际经济与贸易系的基础上成立国际经济与贸易学院,金融学院国际经济与贸易专业学生、中澳项目学生全部转入国际经济与贸易学院。

4月

20日,金融学院贺强教授被评为2010年"北京市先进工作者"。

27日,校党委常委会研究决定,聘任张礼卿为金融学院院长,任命葛仁霞为金融学院党总支书记。

本月,张学勇以及合作者撰写的"股权分置改革、自愿性信息披露与公司治理"发表于《经济研究》。

5月

本月,校党委常委会研究决定,聘任陈颖、杜惠芬、李建军为金融学院副院长,任命李德峰为金融学院党总支副书记。

17日,傅强副教授入选2010~2011中美富布赖特项目。

31日,张礼卿教授获第六届北京市高等学校教学名师奖。

本月,2006级金融2班杜竞强同学入围百名"2009中国大学生年度人物"

评选。

6月

本月，经学校批准，金融学院开办了多国公立大学留学3+2本硕连读项目。项目的学制为五年，学生在中央财经大学学习三年，出国留学两年，符合条件后，取得国外高校的学士及硕士学位。国外合作高校遍及英国、澳大利亚和美国，截至2018年合作高校共计28所。

7月

13日，金融学院承办的中国农业银行第三期城区支行行长"商业银行城市市场竞争力提升"高校专题研修班举行开班典礼。随后的两年之内，金融学院承担了新上市的中国农业银行教育培训"3510"规划的部分轮训任务，对于培训效果中国农业银行给予高度评价。

本月，王广谦教授指导的金融学专业博士生赵会军的博士学位论文《金融监督管理，金融制度变迁》被评为2010年北京市优秀博士学位论文。

8月

20日，中国高等教育学会高等财经教育分会"金融学专业协作组"成立大会在新疆乌鲁木齐市召开，我校成为中国高等教育学会高等财经教育分会"金融学专业协作组"主任委员单位，金融学院院长张礼卿成为主任委员。"协作组"的成立是我国国内金融学科建设和发展中一件富有重要意义的事情，"协作组"决定每年定期开展"中国金融教育论坛"。20~21日召开"首届中国金融教育论坛"，本届论坛的主题是"金融学理论动向与学科建设"。

9月

2日，学校申报的金融硕士专业学位授权点获得国务院学位委员会批准，并列入2011年全国研究生统一招生专业目录。

22~24日，由金融学院与德国发展研究所、德国国际继续教育与发展协会主办的国际学术会议"区域金融与监管合作——中欧对话"召开。

10月

本月，全国政协委员、证券期货研究所所长贺强向全国政协提交的《关于"十二五"期间资本市场发展的建议》获国务院副总理王岐山同志亲自审阅，并作出重要批示。

11月

25日，应展宇教授当选为北京市青年联合会第十届委员会委员。

12 月

13~14 日，金融学院举办"第四届亚太经济与金融论坛"，主题为"经济复苏、结构调整和制度变革"。

本年，《金融学》（李健主编）、《证券投资学》（贺强主编）被指定为"十一五"普通高等教育本科国家级规划教材。

本年，金融学院招收金融学、国际金融、证券投资、金融工程专业硕士研究生共计169人。

本年，金融学院引进海归黄瑜琴博士。

2011 年

3 月

3 日，贺强教授在全国政协全体会议上做大会发言。

22 日，金融学院协办的第二届浦山世界经济学优秀论文奖（2010）颁奖典礼暨斯蒂格利茨教授学术演讲会在学校举行。

18~19 日，金融学院和美国哥伦比亚大学政策对话倡议组织共同主办的"全球货币体系改革"国际研讨会在学校召开。

22 日，诺奖得主约瑟夫·斯蒂格利茨教授出席金融学院主办的"全球货币体系改革"国际研讨会。

本月，王广谦教授、史建平教授当选为全国专业学位研究生教育指导委员会委员。其中，王广谦教授当选为金融专业学位研究生教育指导委员会副主任委员。

6 月

15~16 日，金融学院和亚洲开发银行、哥伦比亚大学环球研究院联合举办的"国际政策建议小组"研讨会在学校召开，会议成果将提交11月在法国戛纳召开的G20峰会。

7 月

7 日，金融学院与中国工商银行北京市分行共建教学实践基地，金融学院大三或大二学生一学期每周去实习两天，取得良好效果。

15~17 日，教育部金融学骨干教师高级研修班在学校举办。

28~29 日，金融学院联合主办的"金融专业协作组年会"暨第二届中国金融教育论坛在昆明举行，主题为"金融硕士专业学位教育"。

9月

15日，金融学院院长张礼卿教授被推选为中国世界经济学会副会长。

本月，金融学院首批金融专业硕士开始招生，学院为金融专业硕士学生配备校内校外双导师；增设本科金融学专业国际货币与国际金融方向，并开始招生。

10月

21日，金融学院与德国发展研究所等联合举办国际学术研讨会，主题为"新兴经济体的金融稳定：全球流动性的管理"。

29日，金融学院2008级吴楚雁同学荣获第23届"韩素音青年翻译奖"汉译英二等奖。

11月

6日，张礼卿教授出席"国际经济政策咨询小组G20影子论坛"。

24日，北京华夏聚龙自动化设备有限公司在金融学院设立华夏聚龙奖学金，面向金融学院品学兼优且家庭经济困难的学生，每年10万元，连续资助5年。

25日，金融学院举办"中国入世十周年纪念暨金融业开放回顾与展望"高层论坛。

12月

14日，金融学院首届"卓越学术人才培养项目"启动仪式在沙河校区隆重举行。该项目旨在为金融学院本科生大二年级学有余力且有学术潜质的本科生配备指导教师，进行为期一年的学术训练，首批来自2009级与2010级的37名学生通过遴选入选该项目。本项目对拔尖创新人才培养，对推动学生创新精神与实践能力的培养工作具有重要意义。

本年，《商业银行管理》（史建平主编）、《国际金融》（张礼卿主编）被指定为"十二五"普通高等教育本科国家级规划教材。张礼卿主编的《国际贸易理论与政策》入选财政部"本科特色教材建设工程"。

本年，金融学院教师黄志刚、张学勇、李俊峰、王汀汀分别在《经济研究》《中国社会科学》发表论文。

本年，金融学院开设"金融街论坛"。

本年，金融学院党总支设立"融金弘德爱心基金"，资助本人或家庭突发变故的学生。为44天之内失去双亲的2009级本科学生陈丽芳募捐18万余元。

本年,张学勇副教授、刘向丽教授入选教育部新世纪优秀人才。

2012 年

6月

4日,张礼卿教授成功申请2012年第2期国家自然科学基金委管理科学部主任基金应急项目"欧洲主权债务危机的影响及对策研究"。

7月

9~13日,金融学院举办首届"全国卓越金融学子夏令营",来自全国31所高校的55名营员入营,经过夏令营选拔,拟录取10学生攻读金融学院硕士研究生。

9月

12日,学校与汉口银行合作的博士后工作基地揭牌。

21日,1984级国际金融班校友刘央首次进入美国《财富》(FORTUNE)杂志公布的2012年全球最具影响力的50位商界女性名单,排名第48位。

25日,世界著名经济学家罗纳德·麦金农教授在学校举办学术讲座。

本月,金融学院金融工程专业硕士和博士开始招生。

10月

12~13日,金融学院主办"第三届中国金融教育论坛",主题为"协同创新与多层次金融学教育"。

15日,金融学院举办第50期名家论坛,邀请德国著名经济学教授间·佩里维(Jan Priewe)发表题为"从资本管制到全面资本管理——老问题的新视角"的主题演讲。

18日,国际货币基金组织副总裁朱民博士做客金融学院经济与金融学名家论坛,做"变化中的世界"的精彩讲座。

18日,韩复龄教授应邀出席《亚洲未来论坛》并做主旨演讲。

22日,金融学院邀请澳大利亚国立大学宋立刚教授做客第53期经济与金融学名家论坛并发表演讲。

11月

12日,加拿大前财政部副部长温迪·多布森(Wendy Dobson)教授做客金融学院经济与金融名家论坛,做"全球经济中的中国"的讲座。

13日,由李健教授牵头承担的国家开发银行课题——"中国银行业'走出去'与海外并购研究——国开行境外发展战略研究"研究成果论证会在学校举行。

11月30日~12月1日，金融学院举办"第五届亚太经济与金融论坛"，主题为"欧债危机及其对全球经济的影响"。

21日，教育部公布了第一批"十二五"普通高等教育本科国家级规划教材书目，金融学院李健教授主编的《当代西方货币金融学说》，王广谦教授主编的《中央银行学》（第四版）入选。

12月

1日，金融学院与英国伯明翰大学签订学生交换项目谅解备忘录（校级），协议有效期为三年；2016年9月1日，协议续签（第二次）仅限本科，协议有效期为三年。

1日，由中国世界经济学会主办，由金融学院和《国际经济评论》编辑部共同承办的"浦山世界经济学优秀论文奖（2012）颁奖典礼"在学校隆重举行。

10日，2010级金融学专业本科留学生吉乐尔（哈萨克斯坦）获得由北京市人民对外友好协会等单位联合主办的在京外国留学生"我与北京"主题征文比赛二等奖。

27日，金融学院举办金融工程专业人才培养10周年庆典暨金融工程专业建设研讨会。

本月，王广谦教授主编的《中央银行学》（第二版），李健教授主编的《当代西方货币金融学说》两本教材被评为第一批"十二五"普通高等教育本科国家级规划教材。

本月，谭小芬副教授入选教育部2012年"新世纪优秀人才支持计划"。

本年，经校学位委员会评审通过，李建军教授、郭田勇教授、韩复龄教授具有金融学专业博士生导师资格。

本年，《金融风险管理（2012）》（杜惠芬主编）被指定为"十二五"普通高等教育本科国家级规划教材。

本年，金融学院李健教授在《经济研究》发表论文。

2013 年

1 月

9~11 日，金融学院院长张礼卿率团访问美国哈佛大学、麻省理工学院和纽约大学等著名高校。经协商，哈佛大学原则上同意金融学院每年派送 1~2 名学生赴哈佛大学进修学习。

本月，在教育部的学科评估中，我校应用经济学科与北京大学并列第二。

2 月

1 日，学校校长王广谦教授、贺强教授当选中国人民政治协商会议第十二届全国委员会委员。

3 月

7 日，金融学院十八大学习活动荣获"首都高校学习宣传党的十八大精神优秀活动"。

22 日，李建军教授等撰写的著作《未观测金融与经济运行——基于金融经济统计视角的未观测金融规模及其对货币经济运行影响研究》（中国金融出版社 2008 年版）获第六届高等学校科学研究优秀成果三等奖。

4 月

9 日，金融学院 3 名教师获聘 2013~2017 年教育部高等学校教学指导委员会委员。分别为：王广谦教授获聘经济学类专业教学指导委员会主任委员，史建平教授获聘实验教学指导委员会副主任委员，李健教授获聘金融学类专业教学指导委员会副主任委员。

5 月

9 日，郭田勇教授应邀出席"2013 中韩金融合作论坛"并发表演讲。

6 月

22 日，姚遂教授的专著《中国金融思想史》获得第一届金融图书"金羊奖"。

24 日，第八届 G8 青年峰会在英国伦敦正式开幕，金融学院吴天然同学入选代表团并担任司法部部长。

26 日，金融学院和英国伯明翰大学经济系举办"实验经济学和行为金融学"国际研讨会。

28 日，李健教授带领团队建设的《金融学》课程入选教育部"首批 120

门中国大学资源共享课"。

29日，金融学院联合广西大学中国-东盟研究院、纽约州立大学纽帕兹分校经济系举办"全球与中国影子银行风险国际研讨会"。

7月

13~14日，金融学院主办第四届"中国金融教育论坛"，主题为"中国金融教育的未来：创新与发展"。

18日，我校中国银行业研究中心在京举办的"中国银行业发展论坛"上发布新著《中国银行业发展研究报告·2013》。

本月，校党委常委会研究决定，聘任张礼卿为金融学院院长，聘任李建军、应展宇、张学勇为金融学院副院长；任命葛仁霞为金融学院党总支书记，任命谭小芬为金融学院党总支副书记。

9月

11日，韩国财政部前部长郑德龟教授做客金融学院"经济与金融名家论坛"，做"中国金融改革和金融自由化"的讲座。

10日，张礼卿教授荣获"北京市优秀教师"称号。

10月

28日，王辉副教授入选教育部2013年度"新世纪优秀人才支持计划"。

11月

1日，"中国国际金融学会学术峰会暨2013年《国际金融研究》论坛（秋季）"在学校举行。

2日，金融学院联合北京校友会金融分会举办校友论坛之"小微金融"。

4~7日，加拿大前副财长温迪·多布森（Wendy Dobson）在金融学院举办主题为"变化中的世界经济"的系列讲座。

8日，中国银行业研究中心主持的《2013小微金融发展报告》顺利发布。

12日，学校国际金融研究中心举办"人民币国际化研讨会"。

16~17日，金融学院承办"世界金融与银行研讨会（World Finance & Banking Symposium）"。

26日，王辉副教授、谭小芬副教授入选北京高校"青年英才计划"。

本月，"老师的爱，伴你回家"：金融学院应用金融学系党支部赞助"寒门学子，寒假返乡"。

本年，金融学院新引进陈锐博士、王盈博士。

2014 年

1 月

18~20 日，傅强及其学生应邀赴曼谷出席"第二届曼谷国际社会科学研讨会"。

2 月

25 日，张礼卿院长会见荷兰蒂尔堡大学提亚斯（Tias Nimbas）商学院一行，与提亚斯商学院共同签署了合作备忘录。

3 月

3 日，全国政协委员王广谦教授提交"关于规范互联网金融发展"的提案；贺强教授提交"关于加快大数据应用促进社会经济健康发展"等提案。

18 日，由学校中国银行业研究中心举办"《中国现代支付体系变革与创新》发布仪式暨中国支付体系发展高层论坛"。

19~21 日，傅强带领 5 名硕士研究生应邀参加新加坡举行的"第四届应用社会科学国际学术会议"，并发表主题演讲。

本月，金融学院国内首推专题讲座式课程《互联网金融》，该课程是面向 2013 级全日制学术型及专业硕士研究生全新打造的新型选修课程，并被写入研究生培养方案。

4 月

4 日，辅导员李菊荣获第二届北京高校辅导员职业能力大赛二等奖。

14 日，教育部高等学校经济学类、财政学类、金融学类和经济与贸易类专业教学指导委员会联席会议在学校召开。会议由经济学类专业教指委主任委员、我校校长王广谦教授主持。

20 日，金融学院首期互联网金融高管培训班顺利结业。

24 日，金融学院院长张礼卿教授应邀参加了第十五届首尔国际金融论坛。

5 月

8 日，"爱课程"网中国大学 MOOC 平台上线，李健教授带领其团队建设的《金融学》课程成为首批上线课程。

17~18 日，张礼卿院长应邀出席在杭州举办的"纪念布雷顿森林体系成立 70 周年暨国际货币体系改革学术研讨会"。

23 日，金融学院金融学术研究会承办第八届首都高校研究生财经论坛，主题为"大数据时代下的金融创新"。

6月

26日,金融学院党总支荣获"北京高校先进基层党组织"称号。

27日,法国巴黎政治学院菲利普·马丁(Philippe Martin)教授为金融学院做题为货币战争中的欧元(The Euro in the Currency War)的讲座。

30日,"金融市场改革与监管国际研讨会"在学校举行。

7月

2日,瑞士日内瓦高级国际关系及发展学院主任理查德·鲍德温(Richard Baldwin)在金融学院做题为"全球化的错误认识"(Mis-thinking Globalization)的讲座。

21日,李建军教授作为首席专家主持申报的《金融排斥、金融密度差异与信息化普惠金融体系建设研究》项目,获国家社科基金重大项目立项。

8月

12日,张碧琼教授的论文《中国对外投资环境评估:综合评分法及其应用》荣获"2013邓子基财经学术论文奖"。

9月

1日,由金融学院国家级教学团队建设的《金融学》资源共享课在人气榜排名第一。

5日,加拿大前财政部副部长温迪·多布森(Wendy Dobson)教授做客金融学院经济与金融名家论坛,做《预计未来:变化中的全球经济》的讲座。

6日,金融学院国际金融研究中心举办"资本账户开放专题研讨会"。

16日,张礼卿教授的课题"中国资本账户开放进程安排和风险防范研究"获得2014年度教育部哲学社会科学研究重大课题攻关项目资助。

30日,金融学院院长张礼卿率团赴乌兰巴托参加了"蒙中货币金融合作"首届论坛。

本月,金融学院2014级硕士研究生新生进驻我校沙河校区。

10月

20日,教育部印发第二批"十二五"普通高等教育本科国家级规划教材书目,金融学院王广谦教授主编的《金融中介学》,李建军教授主编的《金融统计分析实验教程》,李健主编的《金融学》入选。

24日,亚洲开发银行研究院院长吉野直行教授做客金融学院经济与金融学名家论坛，做"人民币汇率动态"的演讲。

11月

7~8日，金融学院主办第五届中国金融教育论坛，主题为"新科技革命冲击下的金融教育变革"。

28~29日，金融学院主办第五届亚太经济与金融论坛，主题为"中国经济的崛起及其对世界的影响"。

12月

16日，全国金融专业学位研究生教育指导委员会领导来金融学院调研。

30日，由张礼卿教授担任首席专家的2014年度教育部哲学社会科学研究重大课题攻关项目《中国资本账户开放进成安排和风险防范研究》成功开题。

本年，金融学院姜富伟助理教授、张学勇教授分别在《金融研究评论》（Review of Financial Studies）和《经济研究》发表论文。

本年，在国家和学校的政策规定下，金融学院开设金融专业在职高级研修班，纳入继续教育工作管理办公室统一管理，招生入学、结业均上报继管办。2014~2018年共招收金融专业在职高级研修班1400余名学员。

本年，金融学院新进海归姜富伟博士、金谷博士、张莉妮博士。

2015年

2月

本月，金融学院与荷兰蒂尔堡大学提亚斯（TIAS）商学院合作举办的金融学博士学位教育项目获教育部正式批准。

3月

6日，韩复龄教授应邀出席"第四届国际金融会议（IFC）"。

11~21日，英国伯明翰大学中国研究中心主任大卫·迪金森（David Dickinson）教授来金融学院讲授行为金融学课程。

4月

9日，金融学院举办中欧资本市场论坛。

18日，金融学院和刘鸿儒金融教育基金会共同举办2015年度"中国金融学科终身成就奖"颁奖典礼，金融学院王佩真、俞天一、吴念鲁三位教授获此殊荣。

5月

20日，荷兰蒂尔堡大学TIAS商学院院长克斯·寇第科（Kees Koedijk）教授一行访问我校，签署中央财经大学与荷兰蒂尔堡大学合作举办金融学博士学位教育项目协议。

22日，金融学院融通汇信教学实践基地揭牌仪式在融通汇信大厦隆重举行，副院长李建军出席。

本月，在转专业后，经金融学院2014级学生自愿报名，选拔30名学生组建金融学实验班，2015年9月开始按照金融实验班的培养方案实施培养。

6月

6日，李建军教授担任首席专家的国家社科基金重大项目，在北京成功举办"2015普惠金融国际论坛"。

17日，金融学院圆满举办"乌克兰及亚投行问题"专题讲座。

7月

7~14日，金融学院院长张礼卿率团赴澳大利亚进行学术交流，先后参加"全球背景下中国国内经济转型研讨会""中国前沿年会（China Update）""第27届澳大利亚中国经济学会年会"。

9月

7日，金融学院张礼卿院长会见日本内阁特别经济顾问滨田宏一先生。

10日，李健教授、张礼卿教授荣获鸿儒金融教育基金会2015~2016年度"金融学杰出教师"称号。

29日，李建军教授荣获第十一届北京市教学名师奖。

本月，金融学院首次招收金融学专业互联网金融方向本科学生25人报到。

本月，北京市"双培计划"项目开始实施，北京工商大学、首都经济与贸易大学招收金融学专业互联网金融方向30人，北京物资学院招收金融学专业国际货币与国际金融方向14人。

10月

17日，金融学院主办、江西财经大学承办的第六届中国金融教育论坛成功举办，主题为"金融教育理念与方法：变革和创新"。

23日，首批中央财经大学—蒂尔堡大学金融学博士项目学生开学典礼隆重举行，首批学员20人。

11月

12日，金融学院暑期社会实践团队——"继往开来"团队，在"全国大学生纪念抗战胜利70周年寻访活动"中获国家级"精品团队"称号。

28日，金融学院本科生卢冰参加2015中国金融论坛暨第六届《金融研究》论坛。

12月

4~6日，金融学院研究生杨楠参加中国新兴经济体研究会2015年会暨2015新兴经济体论坛。

20日，金融学院代表队夺得首都金融资产规划大赛校际总决赛冠军。

23日，韩复龄教授获聘央视财经评论员。

30日，姚遂教授的专著《中国金融思想史（上下册）》荣获第七届高等学校科学研究（人文社会科学）优秀成果二等奖。

30日，金融学院2013级本科生"继往开来"团队荣获全国大学生社会实践优秀团队称号，获团中央表彰。

本月，副院长李建军教授主持金融学院工作，张礼卿教授辞去金融学院院长职务。

本年，经校学位委员会审议通过，应展宇教授、谭小芬教授、张学勇教授、王遥研究员具有金融学专业博士生导师资格，刘向丽教授具有金融工程专业博士生导师资格。

本年，金融学院新进海归顾弦博士、董兵兵博士。

2016年

1月

3~5日，黄瑜琴、董兵兵、顾弦三位教师赴美参加2016年美国经济金融年会。

3月

22日，金融学院和布雷顿森林体系重建委员会等联合举办"G20与全球金融稳定"国际研讨会。

29日，中央财经大学中国资产管理研究中心成立，张学勇任主任。

本月，金融学院成立"金融专硕教学研究与案例中心（王汀汀任主任）""金融课程现代化教学创新中心（方意任主任）"。

4月

13日，金融学院师生赴捐资助学单位北京华夏聚龙自动化股份公司开展感恩回访活动。

25日，张礼卿教授应经济科学出版社之邀，担任《新帕尔格雷夫经济学大辞典》（中文第2版）翻译编辑委员会委员。

5月

18日，顾弦的论文被世界金融学领先期刊《国际货币与金融期刊》接受。

19~23日，应展宇副院长率团赴台参加2016年海峡两岸金融教育联盟暨中部财经学术研讨会。

21日，金融学院卓越学术人才培养项目成员尹碧娇、卢冰同学参加中国世界经济学会中青年论坛。

25日，金融学院代表队夺得第七届鸿基世业行业研究大赛冠军。

6月

29日，金融学院党总支荣获"北京市先进基层党组织"称号。

30日，金融学院举行《全球金融治理报告（2015~2016）》新书发布会暨全球经济金融形势研讨会。

7月

9日，为庆祝建党95周年，金融学院党总支开展"送温暖"慰问老党员活动。

28日，张学勇教授、陈锐博士一行2人赴美国参加2016年全球金融年会。

本月，校党委常委会研究决定，聘任李建军为金融学院院长，聘任应展宇、谭小芬为金融学院副院长；任命葛仁霞为金融学院党委书记，任命王辉为金融学院党委副书记。

本月，金融学院成立中央财经大学丝路金融研究中心，李建军任主任，彭俞超任执行主任。

9月

1日，金融学院6项课题获2016年度国家自然科学基金资助立项。

10日，金融学院主办第七届中国金融教育论坛，主题为"金融教育国际化：理念、方式和经验"。

23~24日，金融学院联合主办"第七届亚太经济与金融论坛"，主题为"全球宏观经济治理：挑战与政策选择"。

10月

8日，方意撰写的案例，2015级专硕边雯晖、郭少杰同学撰写，黄瑜琴老师指导完成的案例，获得全国金融专硕优秀案例。

15日，金融学院双培学生郝磊代表中财参加北京市高校运动会，取得三级跳乙组第三名的成绩。

28日，吴偎立的论文被国际顶尖经济学期刊《经济学理论期刊》（*Journal of Economics Theory*）接受。

28~30日，张礼卿教授、谭小芬教授、苟琴博士和张辉、马永娇、赵艺迪、姜天予4位学生参加2016年中国世界经济学会年会，并宣讲论文。

11月

5日，张礼卿应哈佛大学费正清中国研究中心邀请，前往从事为期7个月的学术访问。与Richard Cooper合作研究中国对外金融开放的国际影响。

7日，金融学院本科生卓越学术人才培养项目成果发表于《经济研究》2016年第10期。

12日，金融学院本科生张金慧参加第五届宏观经济政策与微观企业行为学术研讨会。

21~25日，贺强教授参加全国政协经济委员会港澳调研。

本月，北京市鸿儒金融教育基金会在金融学院设立"鸿儒奖学金"。

12月

2日，李建军教授被授予"全国金融青联优秀委员"称号。

7日，王辉教授获2016年度全国统计科学研究项目重大项目资助立项。

9日，金融学院副院长谭小芬教授会见国际货币基金组织"金融部门评估项目"（Financial Sector Assessment Program，FSAP）经济学家苗辉（Hui MIAO）先生，会谈的主题是企业杠杆率与宏观审慎政策。

10日，金融学院卓越学术人才培养项目五周年总结大会暨项目成员发展论坛在沙河校区图书馆报告厅成功举行。

20日，金融学院《综合型卓越金融硕士留学生人才培养项目》入选2017年北京市外国留学生"一带一路"奖学金项目。

本年，方意博士、张学勇教授分别在《经济研究》发表论文。

本年，金融学院开始启动海外引智项目。金融学院引进朱一峰博士。

2017 年

1 月

6 日，顾弦博士的论文"贷款人如何评估诉讼：企业债券市场的证据"（How Lenders Evaluate Lawsuits：Evidence from Corporate Bond Market）入选美国经济学年会，王盈博士的论文"新闻的动量"（The Momentum of News）成功入选美国金融学年会。

11 日，李健教授获得 2016 年度中国大学 MOOC 杰出贡献奖。

12 日，金融学院成功举行深圳瑞视恒通科技有限公司视频会议室、智能录播教室捐建启用仪式。

2 月

24 日，由张礼卿教授和魏旭副教授主持的金融学院《国际金融》《高级微观经济学》两门课程入选教育部第二期来华留学英语授课品牌课程。

3 月

22 日，全国人大常委、全国人大财经委员会副主任委员、清华大学五道口金融学院院长、我校兼职教授吴晓灵应邀做客金融学院，就"从资产管理市场看中国监管体制改革"发表演讲。

4 月

13 日，王雅琦博士的论文《人民币汇率变动与企业出口产品决策》被评为"国际金融学 2015 年最佳中文论文 TOP10"。

22 日，金融学院举办中财校友金融三十人论坛——银行资管：监管新规下的机遇与挑战。

5 月

10 日，金融学院启动"卓越职业人才培养项目"，项目主要面向来自贫困家庭的学生，旨在打造学生就业核心竞争力。

12 日，姜富伟副教授的课题《财务报表文本情绪分析与股票收益预测》获 2017 年度北京市自然科学基金项目资助立项。

本月，金融学院选拔组建 2016 级金融学实验班，实施走班制。

6 月

2 日，姜富伟副教授合作论文《经理人情绪与股票回报预测》荣获 FMA 亚太年会最佳论文奖。

3日，由2015级金融学专业杜洋、刘念月、江怡帆同学组成的可达鸭代表队和2016级金融专硕代晨同学任组长的超能陆战队代表队获得第二届全国高校互联网金融应用创新大赛总决赛全国一等奖。

10～11日，金融学院举行"2017年全国互联网金融专业人才培养与专业（课程）建设"研讨会。

17～18日，金融学院、我校会计学院和澳大利亚及新西兰会计财务协会联合主办2017年中国会计和金融年会，共同探讨交流中国资本市场的相关研究课题。

本月，中央财经大学亚投行研究中心（"一带一路"金融研究中心）通过教育部国别与区域研究中心备案，备案有效期为三年。

本月，王汀汀同志荣获"北京高校优秀共产党员"称号。

本月，金融学院2名同学斩获"中金所杯"全国大学生金融知识大赛特等奖，实现了特等奖零的突破。

8月

4日，金融学院20余名本科生参加与英国剑桥大学沃夫森学院（Wolfson College，University of Cambridge）合作举办的首届暑期交流项目。

9月

1日，金融学院六项课题获2017年度国家自然科学基金资助立项。

2日，金融学院举行金融科技系成立大会暨金融科技前沿讨论会。

22日，2015级金融2班杜洋同学，在北京海军总医院顺利完成造血干细胞采集工作。杜洋同学是金融学院、我校沙河校区首例造血干细胞捐献者，同时也是北京市第289例捐献者。昌平区副区长吴彬、中华骨髓库北京分库与北京市红十字会有关领导到海军总医院看望慰问杜洋同学，并为他颁发《捐献造血干细胞荣誉证书》。

23日，金融学院主办第八届中国金融教育论坛，主题为"智能时代的金融教育教学改革与创新"。

本月，葛仁霞同志荣获"北京市优秀教育工作者"称号。

本月，金融学院92级全体本科校友设立"融金弘德爱心基金"之92校友助学金。

本月，我校入选国家"双一流"建设大学（学科）行列。

10月

11~14日，张学勇教授率团赴美参加2017年金融管理年会。

14日，金融学院与银河期货有限公司、大连商品交易所共同主办的首期"高校期货人才培育工程"签约仪式暨开班典礼在沙河校区图书馆报告厅顺利举行。

18日，金融学院成功举行"卓越领导人才培养项目"启动仪式暨全国优秀共产党员叶如陵讲座。

11月

1日，黄志刚副教授荣获2017年度中国青年经济学家奖。

10日，方意副教授论文《宏观审慎政策有效性研究》入选世界经济学2016年TOP10论文榜。

26日，在全国金融专业学位研究生教育工作年会上，金融学院获全国优秀教学案例两篇，获全国优秀专硕学位论文提名奖1篇。

30日，教育部高等学校金融学类专业教学指导委员会"新时代金融学类专业发展座谈会"在金融学院举行。

本月，史建平教授主编的《中国中小微企业金融服务发展报告（2017）》出版。

12月

10日，由中国高等教育学会高等财经教育分会、高等教育出版社经管分社和金融学院联合发起的"全国高校金融学科在线开放课程（FOOC）联盟"在金融学院举办筹备会。

28日，陈颖教授获得"第一届中央财经大学教学名师奖"。

本月，在教育部第四轮学科评估中，我校应用经济学科获得A+，排名第一。

本年，经校学位委员会审议通过，尹力博副教授具有金融学专业博士生导师资格，王辉教授具有金融工程专业博士生导师资格。

本年，金融学院黄志刚副教授、王忏博士分别在《经济研究》发表论文。

本年，金融学院工会获批北京市教育工会"先进教职工小家"。

本年，金融学院2017届本科毕业生许来香积极响应国家号召，不畏艰苦，自愿报名到西藏基层工作，金融学院在毕业典礼上予以表彰。

2018 年

1 月

本月，李健教授获得 2017 年度中国大学慕课（MOOC）杰出贡献奖。

2 月

25 日，金融学院院长李建军教授率团赴荷兰、英国访问。

3 月

13 日，全国政协委员贺强教授于全国"两会"建议推进我国股指期权上市，并在会上围绕移动支付、金融监管、"去杠杆"等国计民生重要议题建言献策。

15 日，贺强教授当选全国政协经济委员会委员。

本月，张学勇教授、王辉教授申报的国家自然科学基金面上项目《风险投资作用于中国企业成长的机制、路径和成效》《基于线性及非线性模型的高维金融时间序列建模：理论及应用》成功获批。

4 月

16 日，中国人民银行原行长、我校博士生导师戴相龙教授做客金融学院经济与金融名家论坛，做"强国金融战略思考"讲座。

24 日，金融学院举办与兰州银行股份有限公司战略合作协议签订暨"金融科技创新实验室"揭牌仪式。

5 月

2 日，李健教授荣获"首都劳动奖章"。

13～23 日，贺强教授陪同全国政协王政伟副主席到孟加拉国、老挝和缅甸进行国事访问。

20 日，金融学院主办第九届中国金融教育论坛，主题为"新时代金融人才培养与金融问题研究"。

本月，金融学院选拔组建 2017 级本科金融学专业金融科技方向实验班，9 月开始实施。

本月，教育部本科教学工作审核评估专家莅临金融学院检查指导工作。

6 月

13～17 日，张学勇教授前往挪威克里斯蒂安桑的阿哥德大学参加金融管理协会欧洲 2018 年会，并领取了金融管理协会旗下权威期刊 *Financial*

Management 的 2018 春季最佳论文奖。

24～28 日，姜富伟副教授、吴锴助理教授，应亚洲金融协会和一桥大学邀请，前往日本东京参加 2018 年亚洲金融协会年会并做大会论文报告，分别获得两项大会最佳论文奖。

28 日，中央财经大学、全国金融系统青联联合主办，金融学院、兰州银行股份有限公司和财经教育联合承办的，2018 中国金融科技前沿论坛在国家会议中心召开。

本月，王志梅老师获得第十届全国高校辅导员年度人物入围奖。

本月，2015 级金融 2 班杜洋同学荣获"榜样中财"称号。

7 月

本月，金融学院第一次通过全国卓越金融学子夏令营选拔出金融专硕（金融科技方向）的拟录取学生 20 名。

8 月

3 日，姜富伟的论文"投资者情绪协同：一个强有力的股票收益预测数量"（Investor Sentiment Aligned：A Powerful Predictor of Stock Returns）入选 ESI 全球前 1% 高被引论文。

9 月

本月，北京市"双培计划"项目招收专业进行调整，北京工商大学（17 人）、首都经济与贸易大学（14 人）、北京物资学院（12 人）招收金融学专业金融与监管科技方向，北京第二外国语学院首次招收金融学专业（30 人）。

本月，金融学院除 2016 级学术型硕士研究生与 2015 级博士研究生留在学校学院南路校区外，本月起，金融学院其他年级的本、硕、博学生全部在学校沙河校区学学习生活。

10 月

11 日，王汀汀获北下关"新时代好人"提名奖。

20 日，金融学院举行"论资论智"——中央财经大学金融学院财智高峰论坛暨 EDP 首期校友接收仪式。

28 日，金融学院联合举办的"一带一路"金融合作经济效应学术研讨会（2018）暨"一带一路"金融风险研究报告发布会在学校召开。

本月，张碧琼教授获"北京市师德先锋"称号。

11 月

1 日，2018～2022 年教育部高等学校教学指导委员会成立；其中，金融类专业教学指导委员会秘书处设在金融学院。王广谦教授担任主任委员，李建军院长担任秘书长。12 月 10 日金融类专业教学指导委员会第一次全体会议在学校召开。

5 日，金融学院申报的北京市高精尖学科"金融安全工程"通过答辩。

12 日，金融学院主办"第八届亚太经济与金融论坛"，主题是"金融危机十周年：全球金融稳定面临的新挑战"。

16～19 日，金融学院院长李建军和党委书记葛仁霞带队，首次赴海南进行中央财经大学 2019 年本科招生宣传活动。

24 日，金融学院蒂尔堡项目博士生毕嘉获得 2018 年江苏省研究生"防范化解江苏金融风险"学术创新论坛优秀论文奖一等奖。

30 日，金融学院党委入选"首批全国党建工作标杆院系"，金融学院国际金融系教工党支部入选"首批全国党建工作样板支部"。

本月，谭小芬教授国家自然科学基金委员会 2018 年应急管理项目《防范和化解金融风险》成功立项。

12 月

2 日，金融学院举办"改革开放 40 周年中国金融发展与学科建设研讨会"与"金融专硕（金融科技方向）人才培养研讨会"。

6 日，我校与建设银行北京分行签订合作办学框架协议，共同建设"建行大学"，培养人才。

6～8 日，院长李建军带队，首次赴广东进行中央财经大学 2019 年本科招生宣传活动。

本年，中外合作项目中央财经大学——荷兰蒂尔堡大学金融学博士项目通过教育部国际司的评估。

本年，国家精品 MOOC《金融学》改版后上线，选课人数继续领跑经管类 MOOC 课程。李建军、黄瑜琴、王辉老师分别主讲的《互联网金融概论》《行为金融学》《金融工程概论》登录中国大学 MOOC。

本年，郭豫媚老师、彭俞超老师分别在《经济研究》发表论文。

本年，在学校首届"龙马学者"遴选中，李建军教授、张学勇教授获评"特聘教授"，姜富伟副教授获聘"青年学者"。金融学院新引进海归夏聪、吴锴博士。